2017 年度深圳市宣传文化事业发展专项基金资助项目

主　　编：尹昌龙

副 主 编：曹　宇

统　　筹：朱德明　杨　红

编　　辑：关　婷　陈宏强　金　卉

深圳阅读蓝皮书

深圳全民阅读发展报告2018

SHENZHEN QUANMIN YUEDU FAZHAN BAOGAO 2018

深圳市全民阅读研究与推广中心

海天出版社（中国·深圳）

图书在版编目（CIP）数据

深圳全民阅读发展报告. 2018 / 尹昌龙主编. — 深圳 : 海天出版社，2018.4
ISBN 978-7-5507-2382-5

Ⅰ. ①深… Ⅱ. ①尹… Ⅲ. ①读书活动－研究报告－深圳－2018 Ⅳ. ①G252.17

中国版本图书馆CIP数据核字(2018)第064012号

深圳全民阅读发展报告（2018）
SHENZHEN QUANMIN YUEDU FAZHAN BAOGAO（2018）

出 品 人　聂雄前
责任编辑　许全军　王雪婷
责任校对　熊　星　万妮霞
责任技编　梁立新
装帧设计　知行格致

出版发行　海天出版社
地　　址　深圳市彩田南路海天综合大厦（518033）
网　　址　www.htph.com.cn
订购电话　0755-83460397（批发）　83460239（邮购）
设计制作　深圳市知行格致文化传播有限公司　Tel：0755-83464427
印　　刷　深圳市希望印务有限公司
开　　本　787mm×1092mm　1/16
印　　张　23.5
字　　数　300千
版　　次　2018年4月第1版
印　　次　2018年4月第1次
定　　价　68.00元

目 录

特 稿

总报告

阅读综合研究

数字阅读研究

“深圳读书月”研究

图书馆研究

阅读组织研究

阅读空间研究

附录

特稿

深圳全民阅读
发展报告
2018

在阅读的星空下诗意栖居

王京生

党的十八大以来，以习近平同志为核心的党中央高度重视全民阅读。

2012年11月，党的十八大报告提出“开展全民阅读活动”。习近平总书记多次在重大外交场合谈读书经历，推荐书单。

2014年到2018年，全民阅读连续五次写入政府工作报告，充分体现了党和政府对全民阅读工作的高度重视。各项具体措施也有条不紊地持续推进，全民阅读工作迈上了新台阶。

2016年12月，国家新闻出版广电总局正式发布《全民阅读“十三五”时期发展规划》，这是我国首个国家级全民阅读规划，标志着中国进入了一个全民阅读的新时代。令人关注的是，2017年全国两会提出“推动中国经济发展进入质量时代”。当中国经济进入质量时代，全民阅读也进入了新时代，这种“同步”让我们不由得思考两者之间的逻辑关系：全民阅读，对于经济社会的可持续发展，对于国民素质的提升，发挥着怎样的作用？

质量时代的关键是国民素质。一国之产品质量，往往被视为一国之文明程度；一国产品之信誉，往往是一国之国民尊严。没有过硬的国民素质，怎能有过硬的产品质量，怎能彰显一国之文明与尊严？而在国民素质的提升中，阅读不仅可以培育国民的知识素养、文化品位，也锤炼着国民的精神气质。

显然，阅读在国民素质提升和经济社会可持续发展中扮演着愈加重要的作用。热爱读书、善于学习的民族必将自强于天下，而大力推动全民阅读的城市亦将在竞争中赢得广阔天地。

热爱阅读的城市更具竞争力

2016 年中国城市综合竞争力排行榜发布，深圳位列第三。在麦肯锡发布的 2016 中国城市可持续发展指数报告中，深圳位列全国第一。2017 年 4 月 8 日英国《经济学家》杂志发表题为《深圳已成为创新温室》的万字长篇特别报道，就深圳为何成了世界创新和发明的“皇冠上的明珠”、如何改写世界创新规则等进行系统而生动的分析，并给深圳一个比硅谷更为传神的美名——“硅洲”（Silicon Delta）。

在谈及深圳竞争力、可持续发展和创新能力时，我们不能忽略一个持续 18 年的读书活动对城市和市民的恒久影响，那就是深圳读书月。

从 2000 年开始，每年 11 月，深圳市民都会与读书月快乐相约。持久开展的全民阅读，与一座城市的学习热情、竞争能力、创新能力、可持续发展紧密连接，为深圳未来缔造了伟大基石。

早在2000年，当看到这座城市巨大的读书与学习的热情时，深圳市委、市政府顺势而为，在全国率先创立读书月。2003 年，深圳又在全国率先确定“文化立市”战略。正因为明白文化是城市的核心竞争力所在，一个经济特区为此率先提出“文化立市”战略，而“文化立市”的基石就是全民阅读。在读书月创立之初，我们就提出“实现市民文化权利”的观念，因为阅读权利不仅是文化权利的重要内容之一，也是实现文化权利的重要形式。深圳把读书看成每个人的基本文化权利，而创立深圳读书月的目的就是要从读书这一最为基本的文化权利入手，让更多市民享受读书乐趣。

全民阅读，在城市发展关键期为深圳注入沁人心脾的诗书之气，让市民因读书而身心亮丽，让城市因书香而充满诗意。这座快速发展的现代化城市告诉人们，如何用书来平衡经济和文化发展，让居住在这个城市的市民受益；如何用阅读来提升城市软实力，让每个市民拥有通向未来的“护照”；如何在积累了丰富知识之后，让一座城市焕发出强大的创造力。

阅读是个人可持续发展的关键

对于个人而言，阅读是可持续发展的关键。

阅读，是人们进步的阶梯和圆梦的路径，不仅是梦开始的地方，可点燃人们的梦想，同时又是圆梦的地方，人们可从阅读中获得强大的精神动力和行动激情，不断完善和丰富自我，进而逐渐实现梦想。

全民阅读的持续开展，让“以读书为荣”成为我们的价值观念，“以读书为乐”成为我们的生活方式，“以读书为用”成就我们的人生梦想。今天，阅读已成为许多市民的新生活方式。深圳人均购书量连续 27 年保持全国第一，人日均阅读图书 63 分钟，年平均阅读电子图书 10 本，均高于全国平均水平。读书，是门槛最低的高贵之举。深圳通过对阅读的持续倡导，通过创造各种便利条件，使阅读既内化为市民自身的生活方式，又形成一种具有公共性的阅读风尚。通过阅读，人们从知识中获得力量、汲取智慧，而书香也潜移默化地雕塑着城市的精气神，尊重知识、崇尚文化的文明气象开始升腾。

“至乐莫如读书”，唯有读书能带来充满生命力的快乐。有时，我们沉浸在一本书里，从中获得了宁静；有时，我们在一本书里感受到喜悦；有时，我们在书里隔着千年跟先贤对话、与智者沟通，在观点碰撞交流中产生了大脑风暴……无论读什么书，开卷皆能得其乐，当我们真正把读书看成生活的一部分时，将获得源源不绝的快乐。

阅读助力迈向质量时代

当中国进入质量时代，什么精神可支撑这一宏伟目标？

李克强总理在2016年政府工作报告中强调要“培育精益求精的工匠精神”。“工匠精神”一词一提出，在国内渐成燎原之势，并入选2016年度十大流行语。2017年的政府工作报告对“工匠精神”作了进一步阐述——质量之魂，存于匠心。要大力弘扬工匠精神，厚植工匠文化，恪尽职业操守，崇尚精益求精，培育众多“中国工匠”，打造更多享誉世界的“中国品牌”，推动中国经济发展进入质量时代。

当今中国，需要把工匠精神、创新精神、企业家精神作为迈向质量时代的三大支柱。唯有如此，才能实现中国制造向中国创造的转变，中国速度向中国质量的转变，中国产品向中国品牌的转变，才能完成中国制造由大变强的战略任务。这三大精神也是中华民族走向复兴的精神保证和思想动力。而这三种精神，特别是工匠精神与创新精神的锻造，文化尤其是阅读发挥着驱动引领的作用，润物无声，却静水流深。

工匠精神，不仅是一种职业操守，还是一种可贵的信仰，体现着对完美事物和高尚人格的执着追求。工匠精神，推动的是品质的革命、匠心的锤炼，读书不仅带给我们智慧之乐、心灵之乐、和美之乐，实现人的知识积累、理念更新、素质提升，在阅读中通古今、明得失、知兴替的人更容易培育出这种高尚的人文情怀；工匠精神，崇尚的是精益求精、精雕细琢，而专注阅读的人更懂得细节决定成败的道理，更具科学理性的气质；工匠精神，追求的是尽善尽美、锲而不舍，蕴涵着严谨、耐心、踏实、专注、敬业、创新、拼搏等品质，这些可贵的品质心性，可以在阅读中慢慢体会、慢慢磨砺。2016年深圳读书月的主题“创新之城，读具匠心”，道出了阅读对于匠心培育的重要作用。

阅读对于创新型国家建设，其意义也不言而喻。我们常讲创新驱动发展，那又是什么在驱动创新？文化，正是驱动创新的重要因素。文化形态不同造成了国家创新能力的迥异，文化不仅是创新的根本动力，也为创新设置了人文边界。阅读对此功不可没。

以犹太人为例，在以色列，约每4500人就拥有一个图书馆；年平均读书64本，居世界各国之首。正是阅读精神，使这个民族人才辈出，成为世界公认的富有创新智慧的民族。从1901年到2001年，全世界共有680位诺贝尔奖得主，其中犹太－以色列人有152位，占总获奖人数的22%。2001年后又有17位犹太人获此殊荣。

热爱读书的民族必将自强于天下。凡是有着强大创造力和百折不挠精神的民族，都是热爱阅读的民族。

值得关注的是，阅读指数与创新指数高度正相关。在2016全球创新指数中，排名前十的依次是瑞士、瑞典、英国、美国、芬兰、新加坡、爱尔兰、丹麦、荷兰、德国。瑞士连续六年名列第一，北欧更占了三席。欧洲国家年人均读书量约为16本，北欧国家达到24本……在这里，阅读与创新的关系卓然而现，正是国民阅读率，决定了国家创新力。

让城市阅读生机盎然

在国家大力推动全民阅读的浪潮中，深圳仍要勇立潮头。

百舸争流中，深圳要把全民阅读作为城市最重要的无形资产，培育成更为闪耀的城市名片。阅读可以成为深圳走向世界的一张名片：这里不仅是经济特区、改革之城、中国硅谷、创客之都，她还有满城书香浮动，更有不灭的阅读之灯如星火般璀璨。

百舸争流中，深圳要继续呵护市民的阅读热情，营造阅读无处不在的氛围。每天清晨，深圳图书馆门口就排起了等候入馆的长队；每个周末，各大书城都涌动着沉醉书香的人潮；每个深夜，在24小时书店、在无数家庭的灯下，都有着安静阅读的人们……这一幕幕，是这座城市阅读热情的生动表达。如何持续点燃人们的读书热情，需要打造更多阅读空间，让“一区一书城”“一街道一书吧”“一社区一书栈”共同构筑一张星罗棋布的阅读地图；需要有丰富的阅读活动一年四季次第展开；需要与“互联网+”紧密连接。

百舸争流中，深圳要进一步推动《深圳经济特区全民阅读促进条例》实施，实现市民阅读权利，形成全社会参与、支持全民阅读的良好格局。条例明确了党委政府的义务责任，并非消极的规范，而是一个新的巨大推动力，期待各有关部门更加重视，把阅读作为促进城市发展的重要动力，将条例实施作为焕发新一轮全民阅读激情的契机，踊跃成为阅读环境的守护者、阅读热情的点燃者、阅读事业的推动者。

百舸争流中，深圳需要更好发挥家庭、阅读组织等阅读主体的作用，打造更优美的阅读风景线。期待深圳不仅有书香家庭，假以时日还可涌现出书香门第，使这个城市越来越厚重；期待培育更多民间阅读组织，涌现更多像“三叶草”“爱阅公益基金”“后院读书会”一样的阅读组织，满足不同群体对阅读的需求，让城市阅读生机盎然。

“东壁图书府，西园翰墨林。诵诗闻国政，讲易见天心。”一边是安静自在的阅读，一边是持久热情的创新，两者各美其美、美美与共，又不动声色发生着巧妙的化学反应。阅读与创新，已构成深圳两大特征，亦是深圳的希望所在。相信在阅读的星空下，我们可以更加诗意地栖居。

王京生，国务院参事，深圳读书月总顾问

新时代，新阅读

——深圳全民阅读的思考与探索

李小甘

中国特色社会主义进入新时代，是党的十九大对我国发展历史方位的科学判断，意味着中华民族迎来了从站起来、富起来到强起来的伟大飞跃，迎来了实现伟大复兴的光明前景，集中展现了我们党高超的政治智慧、巨大的理论勇气和深刻的历史自觉。新时代不仅描绘了全面建成小康社会、进而全面建设社会主义现代化强国的美好图景，更对下一步工作提出了许多新要求。习近平总书记在参加十三届全国人大一次会议广东代表团审议时强调，发展是第一要务，人才是第一资源，创新是第一动力。尤其是，当前我国社会主要矛盾已经转化为人民日益增长的美好生活需要和不平衡不充分的发展之间的矛盾，只有在继续推动发展的基础上大力提升发展质量和效益，更好推动人的全面发展、社会全面进步，才能让中国特色社会主义在新时代展现出更加强大的生命力。

文化是一个国家、一个民族的灵魂，是驱动高质量、可持续发展的生命之源。党的十九大报告强调，文化自信是一个国家、一个民族发展中更基本、更深沉、更持久的力量，彰显出党和国家以高度的文化自信，推动文化繁荣兴盛，实现中华民族伟大复兴的决心。

深圳是一座热爱学习、崇尚文明、充满活力的年轻城市，市委市政府较早提出文化立市、文化强市战略，积极开展全民阅读和文化创新，取得了丰硕的成果，为深圳贯彻落实中央“五位一体”总体布局与“四个全面”战略布局，建设现代化国际化创新型城市奠定了坚实的文化基础。党的十九大胜利召开后不久，第十八届深圳读书月提出“新时代 新阅读”的年度主题，贯彻落实党的十九大精神，进一步倡导与新时代要求契合、与新时代发展同步的新阅读，力求为深圳努力在新时代走在最前列、在新征程勇当尖兵，高质量全面建成小康社会，率先建设社会主义现代化先行区提供更加强大的文化动力。

一、新时代：全民阅读新使命

全民阅读作为坚定文化自信、推动文化繁荣的重要手段与基础工程，在提升文化素养、推动创新发展等方面正发挥着愈加重要的作用。迈入新时代，全民阅读必须要凝聚新力量、开拓新格局、书写新篇章，更好地肩负起不断满足美好生活需要、持续助力文化强国建设的新使命。

（一）全民阅读是美好生活需要不可或缺的文化构成

阅读是人类获取知识、增长智慧的重要方式，是人民群众美好生活需要不可或缺的文化构成。全民阅读是新时代下完善公共文化服务体系、深入实施文化惠民工程、丰富群众文化活动的重要方向，必须在全面、持续、深入发展的过程中体现出更加强烈的惠民性、社会性，为满足人民过上美好生活的新期待提供更加丰富的精神食粮。

坚持惠民性，意味着要将全民阅读视作人民群众基本的文化权利。2016 年 12 月，我国首个国家级全民阅读规划《全民阅读“十三五”时期发展规划》正式发布，明确提出“以满足人民群众精神文化需求为出发点和落脚点”的指导思想与“坚持公益普惠，深入基层”的基本原则，为“面向基层、面向群众，保障全民平等享有基本阅读权益”的新时代全民阅读奠定了基调。深圳自开展全民阅读工作以来，始终坚持发展为民、发展惠民，积极推动阅读活动进社区、进学校、进企业、进军营、进机关、进家庭，近年来尤其注重依托特区一体化进程完善服务体系，加快推动原特区外阅读设施建设与阅读资源供给，“一区一书城，一街道一书吧”“十分钟文化圈”等覆盖全市、惠及全民的阅读格局初见雏形。《深圳阅读指数研究报告》显示，2016 年深圳建有公共图书馆 627 个，实体书店书吧 162 家，开展阅读活动 15 种 12300 余场，深圳居民人均拥有公共图书馆藏书 2.31 册，参与阅读活动 2.32 次，全市阅读需求得到了较为充分的保障。2016 年，随着国内首部以条例形式颁布的全民阅读地方性法规《深圳经济特区全民阅读促进条例》出台，深圳人的阅读权利从此有了立法保障，深圳全民阅读也正式迈入规范化、法制化的新阶段。

坚持社会性，意味着要将全民阅读视作社会各界参与的公共事业。阅读需要政府的支持推动，更需要社会阅读力量的参与。只有各类社会阅读组织蓬勃发展，全民阅读才能真正实现由政府倡导向社会自觉推动的转变，满足广大市民对美好生活的向往。深圳十分重视培育社会阅读力量，《深圳经济特区全民阅读促进条例》明确提出要“鼓励企事业单位、其他组织和个人开展全民阅读促进活动；鼓励依法设立公益性阅读组织”。2016 年，深圳共有 135 个阅读机构组织、648 位阅读推广人活跃在全市各个角落，全民阅读领域吸引到的各类社会资金投入高达 1600 余万元。深圳全民阅读的代表品牌“深圳读书月”长期坚持“政府倡导、专家指导、社会参与、企业运作、媒体支持”的运作机制，不断动员更广泛的社会力量参与其中，将每年 11 月打造成共襄盛举的“城市文化狂欢节”。多元联动、广泛参与的运作机制，为深圳全民阅读新时代履行新使命打下了扎实基础。

（二）全民阅读为深圳在新时代走在最前列、新征程勇当尖兵提供重要智力支撑

文化兴国运兴，文化强民族强。阅读作为一个国家、一个民族精神发育、文明传承的重要途径，能够且必须为建设富强民主文明和谐美丽的社会主义现代化强国提供更加有力的思想保证、更加强大的精神动力和更高质量的智力支持。尤其对创新之城、开放之都深圳而言，阅读更是新时代走在最前列、新征程勇当尖兵的重要力量。

在创新之城，全民阅读是激发创新活力的养分。创新是引领发展的第一动力，党的十九大报告 50 余次强调创新，为中国加快建设创新型国家吹响了强劲的号角。深圳是国家创新型城市，创新是城市发展的主导战略。全民阅读的推行，有利于构建城市知识系统，积蓄创新动力；有利于构建城市人文精神，孕育创新观念；有利于构建城市品格气质，营造创新氛围。深圳持续推动全民阅读的 20 年，正是快速崛起的 20 年。2015 年起，深圳读书月连续提出“互联网 + 读书”“创新之城 读具匠心”“新时代 新阅读”的年度主题，主张在全民阅读的涵养与驱动下，最大限度地激发大众创业、万众创新的活力与能力，为扎实推进以科技创新为核心的全面创新，打造具有全球竞争力影响力的创新先行区做出了良好表率。

全民阅读也是拓宽对外交流的名片。开放带来进步，封闭必然落后，坚持推动构建人类命运共同体，需要促进和而不同、兼收并蓄的文明交流。深圳是改革开放的窗口，拥有得天独厚的地缘优势，在国家“一带一

路”建设中扮演着重要角色，只有以更加开放的姿态拥抱世界，才能凸显在粤港澳城市群中的集聚辐射作用，力争在世界城市版图中占据更重要地位。作为国内较早开展全民阅读的城市，深圳经过不懈的探索积累，逐渐打造出“阅读”这张崭新的对外交流名片，连年举办的“阅读双城记”等全民阅读品牌活动，在上海、合肥、爱丁堡等国内外城市传播了精彩生动的深圳故事，促成了互惠互利的友好合作。2013年，深圳荣膺联合国教科文组织授予的“全球全民阅读典范城市”称号，标志着深圳全民阅读的桥梁连接到了更加广阔的国际舞台，为加快构建开放型经济新体制，打造在更高层次上参与全球竞争合作的开放先行区提供了全新指引。

二、新阅读：文化生活新特征

习近平总书记在参加十三届全国人大一次会议广东代表团审议时指出，在现代化进程中，要引导人们注重修养品德、保持良知、增强爱心。迈步新时代，肩负新使命，全民阅读需要增添新内涵，焕发新光彩，探索与新时代要求契合、与新时代发展同步的新阅读。这要求我们在深刻理解新时代特征的基础上做出新的抉择和行动，丰富内涵，创新形式，创造与时俱进的文化生活，为人民群众提供更加丰富的精神食粮与更加有力的精神指引。

（一）新内涵：紧扣主题，引领时代

时代是思想之母。阅读作为推动中国特色社会文化繁荣兴盛的重要工具与主要内容，必须在坚守中华文化立场的基础上与时俱进，立足当今现

实，结合时代条件，做好引领工作，弘扬时代精神。这为全民阅读赋予了光荣的时代内涵，要求我们以高度的使命感和责任感，在全社会迅速兴起学习贯彻习近平新时代中国特色社会主义思想高潮，采取切实有效措施，综合运用各种传媒手段，形成强大合力，使习近平新时代中国特色社会主义思想深入人心。

以习近平新时代中国特色社会主义思想为指引的新阅读，洞悉时代发展脉搏，是具有广泛社会凝聚力与强大时代引领力的新阅读。深圳作为经济特区，处在彰显“四个自信”、提供“中国方案”的第一方阵，必须在全民阅读工作中毫不动摇地体现、宣传、贯彻新时代中国特色社会主义基本方略，积极展现“坚持党对一切工作的领导”“坚持以人民为中心”“坚持全面深化改革”“坚持新发展理念”“坚持人民当家作主”“坚持全面依法治国”“坚持社会主义核心价值体系”“坚持在发展中保障和改善民生”“坚持人与自然和谐共生”“坚持总体国家安全观”“坚持党对人民军队的绝对领导”“坚持‘一国两制’和推进祖国统一”“坚持推动构建人类命运共同体”“坚持全面从严治党”等“十四个坚持”的丰富内容，全面传播实现“两个一百年”奋斗目标、实现中华民族伟大复兴中国梦的“路线图”和“方法论”，为城市构建先进的精神体系，为市民提供明确的精神指引。

（二）新形式：阅读永恒，载体创新

互联网技术和应用的日新月异，为新时代创造了前所未有的技术条件和社会条件。深圳作为国内最早建立互联网基础设施的城市之一，已累积接入宽带432.7万户，建成4G基站3.5万余个，实现了互联网的深度覆盖；腾讯、迅雷等互联网领军企业的高速发展，确立了深圳信息时代的前沿地

位；而国家对数字出版产业的高度重视，更推动了深圳数字阅读的迅猛发展。尤其是前国家新闻出版广电总局在文博会新闻出版馆设立的数字出版展区及配套举办的国家级论坛“中国数字出版高端论坛”，每年集中展示我国数字出版产业的最新理论和实践成果，为我国的数字出版未来发展规划了蓝图，也为深圳进一步开展数字阅读工作提供了宝贵的经验和指引。可以说，数字技术的广泛应用，数字阅读的高度普及，为深圳全民阅读的真正实现提供了无限新空间。

秉承“阅读永恒，载体创新”的理念，深圳近年来紧随“互联网 +”浪潮，以全民阅读活动为切入，策划举办“手机阅读季”“好书留声”等一系列电子阅读、扫码听书活动，推广了新技术、新理念；以阅读终端产品为阵地，研究开发“全民阅读 APP”“掌上书城 APP”等一批数字阅读资源聚合平台，铺设了简便快捷的数字阅读新路径；以高端国际交流为契机，两度牵手联合国教科文组织组织召开“图书和知识产权深圳会议”“全球图书会议：数字图书与科技未来”，奠定了参与数字阅读领域国际合作的基础。数字阅读热潮席卷深圳，为深圳全民阅读增添了新形式。研究数据显示，2017 年深圳成年居民人均电子图书阅读量为 12.42 本，数字化阅读方式的接触率高达 100%，远远超出全国平均水平。深圳也连续两年被评为“全国十大数字阅读城市”。

以“载体创新”为主要形式的新阅读，顺应新时代发展趋势，在推广普及新兴载体技术、培育提升科技创新素质方面成效卓著，是成长于创新、服务于创新的新阅读。深圳作为中国发展“互联网 +”比较好的城市，必将发展数字阅读视作培育新阅读的重点，进一步借助数字化手段与互联网力量，加快推动深圳全民阅读事业线上线下一体化建设。

三、新时代，新阅读：深圳全民阅读的思考与探索

第十八届深圳读书月在党的十九大胜利召开不久后举办，旗帜鲜明地提出了“新时代 新阅读”的年度主题，彰显了深圳对新时代下全民阅读工作的思考：一方面，全民阅读要紧随时代，把握好方向，为时代鼓与呼；另一方面，全民阅读要不断创新，利用新技术、新手段、新载体推动阅读活动更加广泛、更加深入、更具特色。在全民阅读已上升为国家战略的今天，如何借助新阅读的力量用文化铸就民族强大灵魂、用知识丰富人民美好生活，是新时代发展道路上的重要课题。

（一）加大出版发行，以优秀出版物宣传贯彻习近平新时代中国特色社会主义思想

全民阅读的载体是出版物，核心是阅读内容。只有不断创作生产符合习近平新时代中国特色社会主义思想的优秀出版物，不断加强精品力作的宣传推广，拓宽传播渠道，才能真正发挥新阅读的时代引领作用，在全社会掀起学习贯彻热潮。党的十九大胜利召开后不久，深圳迅速组织学习宣传贯彻十九大精神主题书展，展销包括《习近平谈治国理政》（第一、二卷）、《习近平的七年知青岁月》、《习近平讲故事》等习近平总书记相关著述和《党的十九大报告辅导读本》《党的十九大报告学习辅导百问》等多种国内最新出版的十九大学习资料和读物共计217种，更新及时，品类全面，是国内规模较大、品种较全的十九大主题书展，受到了广大市民的热切关注与热烈欢迎。为期8天的书展累积销售图书近490万码洋，推动全市学习热情持续高涨，多种主题图书在书展结束后仍长期位列深圳书城畅销书排行榜前列，充分证明了优秀出版物在响应新时

代、推广新阅读中不可替代的作用。迈入新时代，发展新阅读，我们必须立足出版发行，实施精品出版工程，提供优质发行服务，以思想精深、艺术精湛、制作精良的出版物和常态化、制度化、多样化的出版物宣传推介吸引市民读者参与。

（二）深化数字阅读，以专业研究促进新时代数字阅读产业发展

数字阅读是一项技术性强、专业度高的产业工程，深入开展科学研究，是持续践行“阅读永恒，载体创新”理念、高效实现新时代下全民阅读转型升级的理论保障。2017 年，深圳基于大数据用户分析和机器学习模型发布了我国第一份基于用户细分的全民数字阅读报告城市样本《2016–2017 年度深圳数字阅读报告》，通过对深圳十个区数字阅读用户行为的深度挖掘，完成了对全市及各区数字阅读用户规模、用户画像、用户偏好以及未来走向的精准分析，不仅为全市及各区制定有关的数字阅读政策提供了科学依据，也为数字阅读关联企业明确研发方向提供了现实参考，堪称推动提升公共文化服务针对性、有效性和平等性，促进深圳数字阅读产业发展的新时代行动指南。迈入新时代，发展新阅读，我们必须深化数字阅读，通过构建专家团队、聘请咨询公司、合作采集数据、开展市场调研等科学方式开展专业研究，为加大数字化投入、推进“互联网 +”转型提供专业支撑。

（三）优化阅读阵地，以公共服务推动新时代全民阅读事业渗透

图书馆、书城、书吧等公共阅读空间，是开展全民阅读的主阵地，也是辐射市民读者的主据点。发挥平台聚合效应，丰富公共服务资源，是新时代下全民阅读事业进一步向市民群众渗透的主要方式。2017 年，深圳

公共图书馆有效读者证数量达 208 万，同比增长 11.8%；实体书店进出人次达 1170 余万，同比增长 13.4%，公共文化服务平台的覆盖范围持续扩大。随着《深圳文化创新发展 2020（实施方案）》“一区一书城，一街道一书吧”“十分钟文化圈”等设施布局的提出，深圳全民阅读的设施与资源正朝着公益性、一体化、均等化的方向大步前进，深圳书城龙岗城即将开业，深圳书城龙华城投入建设，深入社区、街道、企业、学校等基层单位的特色书吧已累计建成 30 余家，精彩纷呈的阅读文化活动由此遍布全市各个角落。迈入新时代，发展新阅读，我们必须优化阅读阵地，依托广泛伸展的触角将全民阅读打造成人人可参与、想参与的文化惠民工程，产生更加广泛的影响。

迈进新时代，扬帆再起航。新时代，新阅读，一幅更加美好的文化图景正激励我们前行。在习近平新时代中国特色社会主义思想和党的十九大精神的指引下，深圳各界将勠力同心，一道前行，让城市的每扇窗户都透出阅读的灯光，让深圳的全民阅读绽放出新时代的光芒。

李小甘，中共深圳市委常委、宣传部部长

吸收古今中外经验 深入开展全民阅读

——在“2017 华夏阅读论坛”上的主旨报告

邬书林

“2017 华夏阅读论坛”把家庭、学校和社会作为推广阅读的主体（三位一体），统筹研究如何将全民阅读引向深入，抓住了全民阅读的重点，突出了阅读推广的功能。论坛选择在教育家朱熹的出生地福建省三明市（旧称南剑州尤溪，今属三明市尤溪县）举办，既接地气，又传承文脉，因为在中国和世界文化史上，朱熹是较早全面提出阅读观的学者[①]，中国因此而成为世界上最早提出系统阅读观的国家。利用此次机会，我谈点关于深化全民阅读的想法，就教于大家。

一、全民阅读的缘起

（一）联合国提出“世界读书日”

阅读是一个古老的话题，优秀的民族都有悠久的阅读传统，积累了丰富的阅读经验。不过，把“全民阅读”作为重要概念提出的时间并不长。

① 朱熹 . 四书集注 : 论语序说 [M]. 上海 : 商务印书馆 ,2016.

1995年联合国把每年4月23日定为“世界读书日”，提出“让世界上每一个角落的每一个人，不管是贫困还是富有，不管是健康还是疾病，都能读到书”。之所以选择这一天，是因为许多著名的文学家在4月23日出生或逝世，如莎士比亚、塞万提斯。在讨论设立“世界读书日”的过程中，俄罗斯和东欧学者提出把保护知识产权和阅读打通，该建议被采纳，因此“4·23世界读书日”和“世界版权日”是同一天。中国作为联合国常任理事国，联合国设立了“版权日”，中国就要响应。当时新闻出版总署是版权的责任部门，于是开展版权宣传。在宣传版权的过程中认识到阅读与版权同样重要，这是新闻出版总署推动全民阅读的原因之一。

（二）深圳率先开展广泛的阅读活动

联合国1995年设立“世界读书日”，深圳1996年就把市民阅读作为重点文化工作，迄今从未间断。2005年新闻出版总署在深圳调研，深圳市委宣传部的负责同志希望中央有关部门重视阅读工作，在全国开展阅读活动。新闻出版总署党组经过研究，决定把推动全民阅读活动作为2006年度的重点工作；同时向中央有关部门报告，希望在全国开展全民阅读活动。2009年经中央领导同志批准，中宣部、中央文明办、新闻出版总署、文化部、教育部等在深圳联合召开全民阅读工作经验交流会，2010年中宣部、中央文明办、新闻出版总署、文化部、教育部、团中央、全国妇联等10多个部委联合发出《关于开展全民阅读活动的倡议书》。

二、全民阅读的主要进展

（一）党和政府高度重视

中国共产党十七届六中全会第一次把“全民阅读”写进中央文件，倡导“全民阅读”，并将其作为建设学习型政党、学习型社会的工作来推动。党的十八大政治报告强调倡导“全民阅读”。近5年来，历届政府工作报告都把倡导“全民阅读”作为国务院的工作进行部署，2017年的政府工作报告进一步提出“大力推动全民阅读”。习近平总书记在多个场合强调领导干部要带头“多读书、读好书、善读书”。

（二）以立法保障公民的阅读权利

2013年在全国政协代表大会上，出版界、文化界、教育界、科技界100多名政协委员联合署名，提出把全民阅读作为国家战略的议案，通过立法保障公民的阅读权利。近期将有3部涉及阅读的法律法规出台和实施。一是已由全国人大颁布实施的《公共文化服务保障法》，把阅读作为公民的基本文化权益，作为落实宪法规定的公民基本权利，以法律条文的形式确定下来，这在中国文化史上、法律史上是开天辟地的大事。阅读关乎国家富强、家庭幸福、个人成长，阅读是伴随公民终生的最基本的文化权益之一，《公共文化服务保障法》把国家、社会在阅读方面的责任写清楚至关紧要。二是《公共图书馆法》（征求意见稿），2017年4月由国务院常务会议通过，已报请全国人大审议。图书馆界在全民阅读中起着基础性作用，图书馆是全民阅读的重要场所，《公共图书馆法》的出台对建设阅读场所、提高阅读水平、推动阅读研究具有重要意义。三是《全民阅读促进条例》（征求意见稿），2017年3—6月国务院法制办公开向全社会征求意见，经修改后正在报请国务院常务会议批准实施。《全民阅读促进条例》明确了全民阅读的意义，规定了各级政府在全民阅读中的责任，强调了学校在全民阅读中的作用。此前江苏、深圳、湖北、辽宁等地已完成地方全民阅读的立法。

（三）全民阅读活动贯穿全年

从2006年至今，全民阅读活动基本全年不断线：每年春节，国家新闻出版广电总局（原称新闻出版总署）在北京火车站免费发放1个小书包、2本书、1支笔，让外来务工人员带1本书回家过年，营造阅读氛围；在“4·23世界读书日”推荐年度好书，中央电视台一套在黄金时间用讲故事的方式，把上一年销售比较好、影响比较大、有文化价值的书，经专家学者评审后向社会推荐，每年30本左右；“六一国际儿童节”向少年儿童推荐100本优秀少儿读物，特别是我国原创少儿图书；每年8月在北京举办中国国际图书博览会，向世界出版界介绍中国好书，引进世界上的好书，现已成为全球第二大图书博览会；岁末年初，经网民投票与专家评审，推荐大众喜爱的图书50种。近10年江苏、上海、深圳等地每年举办书展，倡导全民阅读的活动有数百场；各地开展了丰富多彩的书香活动，如广东有南国书香节、新疆有天山书香节、北京有图书阅读季，全国开展的“书香社会”活动有3000多个。

（四）阅读设施建设取得重大进展

近年图书馆建设取得重大进展，县以上公共图书馆和乡镇图书室建设稳步推进。2006年新闻出版总署在提出“全民阅读”的同时，提出实施“农家书屋工程”：在每个自然村建一个小的图书馆或者阅览室，放3000

种图书、100 种期刊、《人民日报》等 10 多种报纸和 1 台电脑，旨在解决农村阅读场所问题。目前全国已建成 60 多万个农家书屋。

（五）青少年阅读受到各方面重视

提高全民阅读水平，要从娃娃抓起，抓好青少年阅读是提升阅读水平的关键。经过多年努力，青少年阅读受到家庭、社会各方面的关注。从出版来看，每年新出和再版的少儿读物 5.8 万多种，少儿图书市场占有率从 15 年前的 13% 左右提升至 20%，市场上能购买到的少儿读物近 15 万种。但也要清醒地看到，提高一个国家和民族的阅读水平是一个长期的过程，养成阅读习惯需要几代人的努力；“全民阅读”从提出到现在仅仅 10 多年，目前阅读设施虽有改善，但水平还不高，而对阅读重要性的认识和阅读规律的研究也有待深入。

三、吸收古今中外的阅读经验

要提高“全民阅读”水平，需认真研究和自觉吸收古今中外的阅读经验。比如，需要从理论上讲清楚为什么要读书？为什么而读书？如何按照科学规律，从儿童开始培养阅读兴趣，养成阅读习惯，提高阅读技能？在互联网时代，如何使传统纸本阅读和数字阅读相得益彰？下面就这些问题谈点看法。

（一）为什么要读书？

为什么要读书？这是首先要回答清楚的重大问题，实际上古今中外的先贤、智者也都做过描述。雨果说："书籍是造就灵魂的工具。"[①]培根说："读书是塑造完全的人格。"[②]我比较喜欢赫尔岑的一段话："书和人类是一起成长起来的，一切震撼智慧的学说，一切打动心灵的热情，都在书中形成结晶，书本中记述了人类生活的宏大规模的自由，记述了叫做世界史的宏伟自传。"[③]这些关于阅读重要性的生动、富于哲理的警语对推广阅读十分重要。但我认为，从哲学上讲清楚为什么要读书，讲得最好的是宋代的朱熹。朱熹在《朱子语类》中有两卷专门谈读书，即《读书法上》《读书法下》。过去对朱熹的阅读的认识往往关注读书方法，即朱子六法——"循序渐进、熟读精思、虚心涵泳、切己体察、着紧用力、居敬持志"，这当然重要，也有用。实际上朱熹最大的贡献是从理论上讲清楚了为什么要读书的问题。朱熹在《读书法上》开篇写道："读书已是第二义。盖人生道理合下完具，所以要读书者，盖是未曾经历见许多，圣人是经历见得许多，所以写在册上与人看。而今读书，只是要见得许多道理。及理会得了，又皆是自家合下元有底，不是外面旋添得来。"[④]在他看来，读书是第二要义，第一要义是人生经历，但人生经历有限，不可能事事经历，而圣人们是经历过的，把自己经过实践的东西写在书上让人看，我们读经典，是把圣人从实践升华成理论层面的东西变成自己的东西。这样来理解阅读，在哲学层面就更加完善，也可以更好地了解阅读的学术价值。

---

① 周密．齐东野语：书种文种 [M]. 北京：中华书局，2016.

② 弗朗西斯·培根．培根随笔：论读书 [M]. 蒲隆，译．上海：上海译文出版社，2010.

③ 赫尔岑．赫尔岑论文学 [M]. 辛未艾，译．上海：上海译文出版社，1989.

④ 黎靖德．朱子语类：读书法 [M]. 北京：中华书局，1986.

（二）为什么而读书？

欧阳修认为："立身以立学为先，立学以读书为本。"[①] 他把三者的关系在理论层面讲得很清楚。程颐给《论语》作序时写道："今人不会读书，如读《论语》，未读时是此等人，读了后又只是此等人，便是不曾读。"[②] 朱熹关于读书要"明德明理明志"的观点是值得今天重视的。不过，从理论上把为什么而读书分析得最好的是马克思，他在讲到中国几大发明对世界文明的贡献时，有一段很精彩的话："火药把骑士制度炸得粉碎；指南针开辟了世界市场，使殖民地成为可能；印刷成为新教的工具，成为思想创新的必要前提，是推动社会进步最强大的杠杆。"[③]

（三）如何按阅读规律把全民阅读引向深入？

要搞好阅读，国际经验值得借鉴。比如，如何在 0—3 岁培养阅读兴趣？如何在 3—7 岁养成良好的阅读习惯？如何在中小学阶段掌握阅读技能与方法？如何在大学阶段提高阅读水平，造就"大家"，培养读书"种子"？国外在这些问题上做了大量研究，我们要进行借鉴，并根据国情消化吸收。

（四）传统阅读和数字阅读如何相得益彰？

传统阅读和数字阅读并行不悖，相得益彰，既要抓好传统阅读，也要搞好数字阅读。数字技术使人类能够更好地加工、传播信息和知识，人们可以用较少的时间获取更多的信息和知识。研究表明，数字阅读使科研人员阅读

---

① 杨伯峻 . 论语译注 [M]. 北京 : 中华书局 ,2011.
② 欧阳修 . 欧阳文忠公文集 [M]. 上海 : 商务印书馆 ,1929.
③ 中央编译局 . 马克思恩格斯全集：第 47 卷 [M]. 北京 : 人民出版社 ,2005:427.

的学术期刊增加2倍，获取的信息和知识量提高25%。今后需要特别重视人工智能对阅读的促进作用。值得一提的是，要学习和掌握知识，特别是欣赏性阅读，纸书仍然很重要，不可或缺。我们生活在幸福的阅读时代，仍需要研究：根据不同人群、不同阅读目的，采取不同的阅读方法；在什么环境下用纸本阅读，什么环境下用数字阅读；获取哪些知识要用数字阅读或进行纸本阅读。总而言之，跟上时代步伐，阅读才会发挥更大的影响力！

邬书林，国家新闻出版广电总局原副局长

"知识正能量"与"全民阅读力"

——以"深圳读书月"的都市阅读推广实践为例

徐雁

"全民阅读力"的大小与"知识正能量"份额的多少，同每一个人、每一个读者、每一个公共文化从业者，同中心图书馆和社区分馆（农家、职工书屋），同任何家庭、任何学校，都有着极其密切的关系。

这是因为，在当今信息化时代的知识经济社会格局中，来自书本的常识、知识和学识，取自前人的教训、经验和智慧，乃是一个人由无知走向有知，且不断获取新知的基础，其与生活实践和社会阅历的化合融会，则是形成价值观的必然过程。而价值观，直接决定着一个人心理上的是非判断，行为中的善恶抉择，深刻地影响着人的前途和运程。

正如现任国务院参事，中共深圳市委原常委、宣传部部长王京生先生在"书香中国：全民阅读推广丛书"（深圳海天出版社 2017 年版）的前言中所说："今天，全民阅读活动在中国渐成声势。这种声势的形成，有专家的倡导，有政府的支持，有舆论的推动，有个别杰出城市的示范和高贵的坚持，但最重要的动力，还来源于民间日益高涨的热情，而其背后则是我国传统文化根深蒂固的影响，是国民素质面对世界潮流与挑战的提升。因为览古今中外，无论对于民族、对于城市，还是对于个人而言，阅读都是可持续发展的关键。具体到个人而言，读书是可持续发展的关键，是快乐的可持续……最重要的可持续在于人的可持续，在于人类在文明进程中的承续相接与不断创造，而人的可持续，最根本还是来源于读书学习。”

一、从“阅读社会”的倡议，到《公共图书馆宣言》的共识

早在1970年，联合国教科文组织就在第16届大会上通过决议，决定把1972年定为“国际图书年”，以倡导人人读书的良好习惯，引导和鼓励各国迈向“阅读社会”（Reading Society）。联合国教科文组织在1972年“国际图书年”所发布的《图书馆宪章》首款即开宗明义道：“人人都有读书的权利。社会有义务保证每个人都享有看书的机会。”

1995年，联合国教科文组织、国际图联发布了《公共图书馆宣言》，进一步明确宣告：“自由、繁荣以及社会与个人的发展，是人类根本价值的体现。人类根本价值的实现，取决于智者在社会中行使民主权利和发挥积极作用能力的提高。人们对社会以及民主发展的建设性参与，取决于人们所受良好教育和存储知识、思想、文化和信息的自由开放程度。”该宣言指出：“公共图书馆，作为人们寻求知识的重要渠道，为个人和社会群体进行终身教育、自主决策和文化发展提供了基本条件。”

为此，联合国教科文组织坚信，“公共图书馆是传播教育、文化和信息的一支有生力量，是促使人们寻找和平和精神幸福的基本资源”，并由此建议各国和各地政府支持并积极参与公共图书馆的建设，因为“公共图书馆是地区的信息中心，它向用户迅速提供各种知识和信息”。而图书馆的馆藏资料和服务“必须反映当前趋势和社会发展过程，以及记载人类活

动和想象的历史”，且“不应受到任何意识形态、政治或宗教审查制度的影响，也不应屈服于商业压力”，其读者服务的核心应与信息、扫盲、教育和文化密切相关。

在公共图书馆多达十二项的主要使命中，“养成并强化儿童早期的阅读习惯”“激发儿童和青年的想象力和创造力”“加强文化遗产意识，提高艺术鉴赏力，促进科学成就和科技创新”等赫然在目。该宣言还建议：“公共图书馆的网络设计必须考虑到与国家图书馆、地方图书馆、研究图书馆和专业图书馆，以及大中小学图书馆之间的关系”“使社区每一个人都能切实得到图书馆服务，需要有理想的馆舍环境、良好的阅读学习设施，以及相关的技术和充足的开馆时间，包括对不能到馆的用户提供馆外服务”“图书馆服务必须适应乡村和城市社区的不同需求”“图书馆员是图书馆用户和馆藏资源之间的能动的中间人。图书馆员的专业培训和继续教育对保证服务质量非常重要”“必须制定馆外教育和用户培训计划，帮助用户从各种馆藏资源中获取有价值的信息”等。

随后，相关国家的基础教育和公共文化服务建设，都把推广阅读风气、提升国民阅读能力作为重点。我国政府在积极响应和跟进建设“阅读社会”的过程中，融合中国传统文化理念，提出“书香社会”“全民阅读”两个概念，并先后颁布实施《中华人民共和国公共文化服务保障法》《中华人民共和国公共图书馆法》及《全民阅读促进条例》。

自去年开始陆续出台的“两法一条例”，首次就中央到地方政府有关部门及公共图书馆等主体的责任、义务、权利等方面，用法言法语规定公共文化服务的基本内涵、公共图书馆的社会文化职能及“全民阅读”的法律地位、国家责任和文化理念。值得注意的是，在推进“书香社会”“全民阅读”与“学习型城市”建设的进程中，“深圳读书月”的率先创意实践和可持续创新发展，为中国内地构建“学习型城市”积累了颇为丰富的有益经验。

二、“深圳读书月”的率先创意实践与可持续创新发展

早在2000年，中共深圳市委、市政府便创立并举办了以深圳市民为公共文化服务主体的大型读书活动，搭建了“深圳读书月”（每年的11月）这一平台载体。十八年来，“深圳读书月”组委会秉承营造书香社会、实现市民文化权利的人文关怀，以“阅读·进步·圆梦”为总主题，着力提升市民素质，并通过机制优化、内容改革和文化创新不断提升活动的知识内涵和人文品质，每年策划并成功举办包括“深圳读书论坛”“年度十大好书”“经典诗文朗诵会”“书香家庭评选”“绘本剧大赛”“赠书献爱心”“手机阅读季”“温馨阅读夜”等数百项阅读文化与阅读推广活动。

（一）“深圳读书月”活动内容与人文内涵

俗话说：“活动活动，不动不活。”精神食粮的社会推广，与物质营销有所不同。“酒香不怕巷子深”，但“书香偏惧路途远”。历年来“深圳读书月”活动的着力之处正在于此。它紧跟着市民人群的文化需求、社会生活的基本脉搏和科技发展的新进度，与时代共进步。

试观“深圳读书月”历年年度主题，从“营造书香社会，共创美好未来”（2000年度）、“探求科学真理，弘扬人文精神”（2001年度）、“建设公民道德，实现文化权利”（2002年度）、“提升城市品位，享受健

康人生”（2003年度）、“提高市民素质，面向城市未来”（2004年度），到“读书为乐，读书为荣”（2005年度）、“让城市因阅读而受人尊重”（2006年度）、“实实在在读一本书”（2007年度）、“我阅读，我快乐”（2008年度）、“城市推崇阅读，阅读改变城市”（2009年度）……可以看出“深圳读书月”在做实、做好活动中所培育的文化自信力和文化自豪感。而社会事实也正是如此，“深圳读书月”年度活动参与人次，由首届的170多万人次逐年上升至2017年的逾千万人次。

如今，“深圳读书月”已被打造成为在海内外享有知名度与美誉度的都市文化名片，并成为全国众多省会城市以及无数地级、县级城市取经学习、见贤思齐的典型。2013年10月，联合国教科文组织特别授予深圳“全球全民阅读典范城市”荣誉称号，以表彰深圳坚持不懈推动国际化建设和全球文化交流合作，尤其在推广书籍和阅读方面为全球树立了不可多得的典范。

与此同时，深圳图书馆的“图书馆之城”计划、“南书房家庭导读书目”及“馆员书评”等创意创新项目，也不断地为深圳的全民阅读提供着公益性的服务。深圳海天出版社也适时跟进，自觉介入了全民阅读主题图书的编辑出版、发行推广，近十年来，先后组稿出版了包括《全民阅读推广手册》《全民阅读参考读本》，以及朱永新《书香，也醉人》、吴晞《斯文在兹》、王余光《阅读，与经典同行》、徐雁《纸老，书未黄》、郭英剑《域外好书谈》、彭国梁《近楼，书更香》等在内的一大批书香类图书，成为当代中国出版界全民阅读类图书出版的佼佼者。

2017年春，海天出版社在“4·23世界阅读日”前夕出版了“书香中国：全民阅读推广丛书”，一套四种，以“书香”为关键词，通过强化对全民阅读尤其是数字阅读的引领，把全民阅读具体分解成为家庭、校园两个重要空间，依次编著出版《书香社会：全民阅读导论》《书香在线：数字阅读导航》《书香传家：家庭阅读指南》《书香满园：校园阅读推广》，计有百余万字，以理论联系实际的务实学风，对学龄前儿童的家庭导读、未成年人的课外阅读以及中外经典阅读的人文内涵和古今读书方法等，加以阐发和分析。此外，还对包括“深圳读书月”“苏州阅读节”等全民阅读品牌在内的典型活动，进行了具体化的经验总结，为全民阅读推广工作提供了参考和借鉴。

（二）“东莞读书节”与“苏州阅读节”活动内容与人文内涵

除深圳以外，广东省的东莞市和江苏省的苏州市，也是特色鲜明的两个全民阅读的典范城市，具有重要的参照分析价值。

晚于“深圳读书月”五年设立的“东莞读书节”，是中共东莞市委、市政府自2005年创立并开始举办的大型综合性群众读书文化活动。作为东莞市着力打造的一项知识传播活动品牌，在东莞图书馆的具体执行下，“东莞读书节”从2005年至2017年累计举办各类读书文化活动5000余项，吸引逾3900万人次参与。

每届“东莞读书节”，以未成年人、新莞人、农民、残障人士四类人群为关注点，以“读、写、讲、赛”为主题，精心策划、组织开展专题展览、学习论坛、知识竞赛、征文、书画、演讲比赛等活动，让不同年龄段、不同阅读爱好的人，均可拥有图书文化和知识传播的获得感。如自2005年开始举办的“我的打工成才路”大型巡回演讲，每年推选约十名各行各业的优秀新莞人作为演讲嘉宾，讲述各自的人生故事，为广大新莞人带来圆梦的“精神正能量”；近年来开展的“新东莞、新阅读”全民掌上阅读活动，推广“企业掌上图书馆”阅读功能，采用市民读书、政府补贴的新形式，将手机阅读普及至广大市民日常生活之中。同时，还组织了数字阅读进校园、进村（社区）、进家庭、进企业系列活动，积极营造随时随地可以求知、学习的公共阅读空间，并立足地方特色，向市属各个镇（街）辐射、延伸，进行主题鲜明的阅读推广，形成了如莞城的“文化周末大讲坛”、东城的“黄旗山放歌”五月诗会、虎门的青少年雏鹰系列活动、常平的国学吟诵活动，大朗的“朗读亲子馆”、长安的“榕树下”文化空间、石龙的小图书馆管理员暑期实践活动等多样化的阅读文化活动。

晚于“深圳读书月”六年设立的“苏州阅读节”，自2006年首度举办伊始，就走的是“政府倡导，专家指导，社会支持，群众参与”的活动路径。作为苏州市群众性精神文明建设的重要载体，“苏州阅读节”以苏州图书馆及其众多社区、乡镇分馆为中心，每年策划并成功举办包括“名家大讲堂”、“东吴讲坛”、“苏州大讲坛”、“文博论坛”、“创业大讲堂”、“4·23世界读书日”经典诵读、“少儿国学经典传习”、“苏州晒书会”“苏州经典著作”评选、“当代藏书家”评选、“悦读嘉年华”、“你选书，我买单”“你荐好书，我赠新书”、“苏州职工读书月”、“职工书屋”建设、“美丽乡村文学读写”、“苏州市新春诗会”等缤纷多彩的活动，逐渐吸引了数百万苏州城乡居民的参与，在提升地区市民文明素质、提升城市文化品位、弘扬苏州城市精神等方面发挥了重要作用，如今已成为在江苏省乃至全国都有积极影响的文化品牌。

在“苏州阅读节”这一公共文化服务和知识传播平台上，苏州图书馆的“总－分馆体系”建设、“悦读宝贝”早期读书启蒙行动及《市民阅读手册》（苏州古吴轩出版社2017年版）等接地气、联文脉、扬书香的特色活动，令人印象深刻。

如今，“深圳读书月”及“东莞读书月”“苏州阅读节”，已成为中国内地城市全民阅读的三大品牌，成为各自所在都市精神文明建设的重要平台和城市文化的亮丽名片。

三、学习型家庭 + 书香校园 + 图书馆阅读推广“三位一体”全民阅读推广方略

福建三明学院承办的“2017 华夏阅读论坛”首次明确提出并阐述了“学习型家庭 + 书香校园 + 图书馆基层阅读推广”这一“三位一体”的全民阅读推广方略。韩梅花馆员在《全民阅读“三位一体”推广方略解析》一文中评介说，以“书香 + 艺馨”为文化基调的“学习型家庭”、以“才华 + 学识”为基础的“书香校园”及以“读书做人，知行合一”为基本内涵的“图书馆阅读推广”“三位一体”系统工程，立足当下，着眼未来，是一份具有前瞻性的方略。它的提出，“标志着全民阅读推广在经过十余年坚持不懈地探索之后，开始进入了一个理性发展的新阶段”，其创新之处，在于将阅读推广目标由以往侧重倡导“阅读价值观”的培育，转向夯实“儿童读书情意”的人文基础，并呼吁各级各类图书馆发挥阅读推广主体作用，针对儿童生长发育的不同时期，提供专业的、系统的、长期的阅读服务，培养儿童内在的阅读自觉，促使阅读主体发自内心地热爱阅读，养成终身阅读的良好习惯。全民阅读“三位一体”推广方略，将阅读推广目标定位在把“读好书，好读书，读书好”的“阅读情意”植根在儿童的心田和脑海中，“具有非常重要的战略意义”。

全民阅读“三位一体”推广方略的提出，打破了以往全民阅读工作的局限。长期以来，人们习惯上会把公共图书馆所从事的全民阅读推广

与“学习型家庭”“书香校园”建设，仅仅操作成为“点”到“点”（与社区、乡镇分馆）的线性关系，即一个中心点（城市公共图书馆中心馆）—线（“送书、送资源、送服务”）—分点（社区乡村的基层服务点）之间的关系。“三位一体”推广方略，则以城市公共图书馆中心馆为中心圆点，构建和打造一个圈状的“书香核心区”。也就是说，以城市公共图书馆中心馆为知识传播和书香辐射圆心，向附近以至更宽泛地域的居民社区、学校、镇乡图书分馆辐射书文化，推广阅读。在这一方略的指引下，图书馆全民阅读推广活动将更加行之有效，成绩卓著。

（一）阅读，尤其是读书，达到“要从娃娃抓起”的社会共识

图书馆的全民阅读推广要可持续发展，最离不开的是年轻力量的加入。吸引年轻一代的学子、书生、读书人加入到图书馆的读者队伍中来，必须从源头活水——“书香校园”入手；而“书香校园”的孩子，则要依靠“社会的细胞”——家庭培育。

因此，在全民阅读立法促进的时代，社会呼唤大量的“学习型家庭”以及无数的“学习型家长”，惟其如此，才可能生生不息地涌现出无穷尽的“书香娃娃”。而在“全面两孩”的新人口政策下，不仅要有“书香宝宝”，还要有“书香贝贝”，亟须在“学习型家长”的家庭导读下，让“书香宝宝”给“书香贝贝”树立起阅读典范，从而共同参与一家四口基本人口格局下的“学习型家庭”的构建。只有这样，公共图书馆的全民阅读推广才会有源头活水，才会有一代代新生人口加入进来。人们总是美好地期待，作为家长来说就是期待孩子，作为老师来说就是期待学生，作为成人来说就是期待年轻人，一代更比一代强，青出于蓝而胜于蓝，长江后浪推前浪。而如此良性循环、优化发展的愿景的实现，离不开全民阅读推

广这种公共文化服务的重要抓手。

阅读，尤其是读书，读中外名著经典、古今好书佳作，要从娃娃抓起，这已经是老生常谈，同时也逐渐成为人们的共识。如今一对夫妇可以生养两个孩子的国家人口政策，倍增了家庭导读和校园阅读推广的时代重任。它意味着，在“书香宝宝—学龄儿童—青少年书生”这一社会阅读人口的可持续发展链条上，“家庭（以亲子阅读为中心）—校园（以书香校园为中心）—社会（以学习型图书馆为中心）”，将依次担负起更多更广泛的文化责任。

众所周知，教育的本质功能是：既“教书”，传授常识、知识和学识，又“育人”，造就善人、贤人和哲人，寓“教”于“育”与寓“育”于“教”相辅相成。也就是说，教育的出发点和终极人文关怀，是以“教书”为手段和工具的“育人”：造就有基本常识和专门学识的人，最好是还富有见识和胆识的人才；造就有一技之长的人，最好是一专多能的复合型人才。而较之更难能可贵的目标则是，造就出类拔萃的精英人才、推陈出新的创造型人才，以及拥有家国情怀的栋梁之材。

如今，面对全民阅读的时代焦虑，如何做实做好阅读推广工作，可谓任重而道远。可喜的是，多年来已经有越来越多的有识之士，走上了为之上下求索之路。仅以全国政协委员系统而言，邬书林先生提出，全民阅读需要建立长效机制，“设立国家全民阅读基金，重点保障特殊群体、困难群体的基本阅读需求”“成立‘国家全民阅读指导委员会’”“鼓励民间成立阅读推广机构和基金会”“设计‘全民阅读计划’，细致考虑各年龄段、不同层次的全民阅读需求，特别强化学校的阅读课程”等种种有益建议，不仅充满了文化远见和卓识，更洋溢着现实的人文关怀。

撬动全民阅读推广的关键抓手，第一个就在于作为导读人和领读者的家长，在于家庭中是否确实拥有求知学习的良好氛围。这是因为“社会的细胞是家庭”，书香社会的追求，最离不开“学习型家长”及“学习型家庭”这一关键少数。教育规律昭示我们：0—3 岁婴儿的“启蒙教育”，3—6 岁幼儿的“文化教育”，以及自 6 岁开始的“儿童知识教育”，直接关系到孩子的成长路径和成才基础，关系到他们在未来的人生道路上，社会生存水平的高低和报效家国能力的大小。而从整体上来说，这还严重关系到整个中华民族在世界范围内竞争力的强弱。而在可预见的中国未来，“全面两孩”的家庭人口基本格局，使得婴儿的文化启蒙教育和幼儿的文化教育迫在眉睫。

因此，撬动全民阅读这一社会板块的支点就在家庭，在万户千家和千家万户中的家长。

现代教育学的原理昭示我们，“推动摇篮的手，是推动未来的手”“生孩子容易，养孩子难，教孩子更难”“没有人天生会教养孩子，是孩子让我们学习如何做个好父母”。因此，“好父母都是后天学来的”。要让自己的孩子不输在人生起跑线上容易，不让孩子跌倒在读书学习的阶梯上则比较难，至于脚踏实地，一步一个脚印，一步一个台阶地引领孩子，则更是一个“慢工出细活”“精益求精无止境”的言传身教工程。

因此，就一对年轻夫妇而言，在无师自通地生养儿女之外，更重要的是如何学习教儿育女之道，让自己的孩子在成人的阶梯上成长，在成长的进程中成才。其中的关键，则在于以书香为底蕴的“学习型父母”的示范和引领。孩子是父母双亲的合作产品，也是其参与未来社会的生命化身。在培养孩子耳聪目明、身健体壮、心善脑慧等方面，为人父母者是第一责任人，情在当然，义不容辞。孩子“好习惯”“佳人品”和“高素质”的养成，离不开家庭尊长共建的家风户范，离不开父母双亲的身教言传，更离不开知教善学的父母具体引进和切实践行教育智慧。因此，“学习型父母”和“书香家庭”建设，便成了全民阅读进程中最为基础的一个重要环节。

（二）阅读，“书香校园”不该是只读“应试”之书

最是书香能致远。如果知识的芬芳酿造的阅读精神正能量，能够让人生的理想插上书香的翅膀，那这样的人生就会非常有价值、有意义、有色彩。在人的成长道路上有一条捷径，这条捷径必须是三点一线不走弯路。而所谓“三点”，就是成人、成长、成才要同步发展，也就是说在成人的过程中成长，在成长的进程中成才。如果三点一线、三位一体地实现成人、成长、成才，那人生就不会走弯路，既不输在人生的起跑线上，更不会跌倒在读书、学习、学业的台阶上；那这样的孩子、这样的学生长大成人后，就不仅是“祖国的花朵”，而且还是“民族的栋梁”。

在这个过程中，首先要强调的是要读“有字书”，通过读书来求知识、学文化、受教育，进而明白人生须勤奋努力、不断进取的道理。于是，书香校园建设就成为一个非常重要的环节。

书香校园建设，看似是一个伪命题。孩子上学就是为了读书，就是为了读好书，把书读好，这样说来，好像强调书香校园并无必要。其实不然！求学过程中存在两种类型的孩子：一种是爱好看“闲书”，尤其是从小爱读文学作品、科普书刊的孩子，将来不管学文科、理科或工、农、医科等，基本上都会继续保持阅读的爱好和兴趣，成为一个“终身学习者”。另一种是只会读教材、读课本、读教学参考书，只善于做习题、写应试样式的作文，而没有文学阅读、科普阅读爱好，这样的孩子即使考上了大学，读了研究生，在从业以后也不会再去读更多的书。

因此，书香校园建设从本质上来说，指的就是对课外阅读，对以人的文化素质、人文素养为导向的阅读的一系列具体实践。对此，日本学者斋藤孝教授的《阅读的力量》（武继平译，鹭江出版社 2016 年版），足以给予我们思想上的启迪和行动上的借鉴。

斋藤孝先生观念中的“阅读的力量”，其实说的正是文化传统上的“读书力”。他在书中说“日本乃读书立国之邦”，指出：“读书意味着对知识的渴求，我们应该让这种求知欲变得更加旺盛。一个国家，要是每一个人都有很强的阅读能力，那么这个国家一定大有潜力可发掘，一定相当有气魄。”“读书能力乃日本国的软实力资本。”“日本人平均阅读能力强”的国际观感，正是因为日本国家基础教育质量比较高，“显示出日本人信息处理能力、求知欲及上进心的旺盛”。《阅读力》（三联书店 2017 年版）的著作者聂震宁先生，在《阅读的力量》一书的出版推荐语中，也表示认同：“阅读成了一个社会问题，这个问题将影响到社会、民族现实的精神状态和长远的精神走向。”

四、结束语

《阅读的力量》告诉我们一个十分宝贵的经验：做实学龄儿童和少年读书求知的基础教育，对于形成和保持一个国家的可持续发展力、文化软实力和科技创新力，具有极其重要的战略意义。

正如王京生先生在“书香中国：全民阅读推广丛书”序言中所强调指出的那样：“只有通过读书，才能真正培养人的科学精神和人文精神。强国自国民始，提升国民自教育始，教育自读书始，热爱读书的民族必将自强于天下”“对于一个城市而言，读书是城市前行与发展的重要动力……深圳之所以能够创造经济奇迹和文化奇迹，是因为人们保持着对读书的巨大渴求、对知识的巨大热情，一座城市积累的丰富知识一定能转换成强大的创造力。深圳强大的学习能力、创新能力、创意能力、创造能力，都与读书密切相关，无数大胆的设想和创意，都来源于持续读书与勤学善学。”

总之，阅读，尤其是读书，是涵养地域人文气质，积累可持续发展能量，汇聚与时俱进创新能力的源头活水。而这也正是深圳市人大常委会批准颁布的《深圳经济特区全民阅读促进条例》中将自2016年起每年的“4·23世界读书日”确定为“深圳未成年人读书日”的深远社会意义。

徐雁，中国阅读学研究会会长

南京大学信息管理学院教授

总报告

2017年深圳全民阅读发展报告

总报告课题组

作为改革开放后崛起的新兴城市，深圳不仅在经济发展和科技创新领域取得了为世人瞩目的成就，成为展示中国改革开放巨大成果的一面旗帜，而且在城市文化上实现了跨越式发展，尤其是在全民阅读领域成为全国的领先者，成为因热爱阅读而受人尊重的城市，在国际上也引起了越来越大的关注，被联合国教科文组织等国际机构授予“全球全民阅读典范城市”“杰出的发展中的知识城市”等荣誉称号。2017年深圳的全民阅读工作在相关政府部门与社会各界的紧密合作和共同努力下，继续围绕现代化国际化创新型城市和国际产业、科技创新中心的建设目标，以落实《深圳文化创新发展2020（实施方案）》为抓手，全力推动深圳全面阅读工作再上新台阶。本报告首先对2017年的新进展予以重点总结，然后对2018年深圳全民阅读工作进行展望。

一、2017年全民阅读开展情况

2017年，深圳全面落实《全民阅读“十三五”时期发展规划》确定的各项任务，在新时代的背景下积极推广满足美好生活需要、激发文化创新活力的新阅读，在新征程的起点上积极探索专业化、品牌化、国际化、数字化“四轮驱动”的新发展，通过开展覆盖更广、水平更高、内涵更深的阅读活动，努力扩大全民阅读服务的有效供给，着力解决全民阅读发展不平衡不充分的矛盾，不断提高全民阅读质量，努力为深圳率先建设中国特色社会主义先行区提供精神动力和文化支持。主要成绩或进展体现在如下方面：

（一）加快推进阅读阵地建设，高品位的城市阅读空间初步形成

经过多年发展，以深圳书城为主体的书店群已成为深圳开展全民阅读活动的重要阵地。2017 年，深圳加快推进“一区一书城，一街道一书吧”建设，不断拓展全民阅读的阵地。龙岗书城已完成主体封顶及外立面工程，并完成 95% 重点商户的招商任务。中心书城维修改造项目完成论证及立项工作，项目实施的资金保障问题得到解决。深圳书城龙华城开工建设，湾区书城概念设计和数字书城（坪山）总部基地项目用地需求编制工作顺利完成，稳步推进光明书城及大鹏书城项目选址工作。特色书吧建设稳步推进，已建成书吧 31 家，基本实现全市覆盖。其中，2017 年新签约 19 家，建成运营 10 家。书吧建设运营政策支持取得突破，“社区书吧连锁网点建设项目”获得国家文化产业资金 300 万元补助。深圳书城罗湖城、中心城、南山城、宝安城被评为新华书店 80 周年“百佳文化地标”。深圳书城宝安城、友谊书城覔书店（壹方城店）分别荣获中国书刊发行业协会颁发的“年度学习型书店”和“年度最美书店”。简阅书吧深大店在广东省“书香岭南，最美悦读”评选活动中获最美阅读空间奖。

深圳书城罗湖城、中心城、南山城、宝安城等四大书城作为开展全民阅读活动的主阵地，加大活动创新、组织力度，2017 年策划开展上千

场高品质的公益性文化活动、服务项目和节庆品牌。“深圳晚八点”“沙沙讲故事”“深圳讲书会”“地铁阅读季”等品牌文化活动深入人心，“亲子阅读中心”“文明阅读小义工”“小桔灯童书会”“学童书苑”等亲子品牌活动也越来越受市民欢迎。各书城持续优化卖场陈列布局，实施优品战略，建立书城常备品清单系统实时跟踪机制，及时更新常备品清单；优化出版物品种结构，突出陈列“深圳书城选书”“读书月年度十大好书”“名家名社专架”等主题书目，不断提升卖场阅读指引力。

四大书城全面启用微信、支付宝等移动支付手段，中心书城研发使用了自助收银机并推广至罗湖书城和南山书城，创新了终端服务手段，提升了卖场的科技感、时尚感和便利性，深受市民欢迎。书城天猫店主打文教类商品，适度增加文艺、社科、儿童、工具书品种，强调单品效率，实现由“第三方配货”到“完全自营”；益文天猫店大力拓展外文图书线上销售，与益文书局形成“线上下单，线下取货”合作模式，两家天猫店全年实现销售同比增长 206.60%。

特色书吧坚持面向基层、服务群众，广泛深入社区、工业区，以建设人文关怀的公共文化阅读空间为定位，为居民提供一站式、便利性的公共文化阅读服务。2017 年简阅书吧共举办各类读书活动 580 余场次，同比增长 163%；参与人数 150 万余人次，同比增长 25%；阅读双城记、大书城精英荟等大型活动获得上级领导的高度评价；针对不同的读者策划的主题活动，如专为儿童打造的“简阅小小生活家”，为成年人打造的阅读类活动“简阅悦读”、手工类活动“简阅手作”、职场技能类讲座“简阅充电站”、对话类活动“简阅真人书”、文娱类活动“简阅时尚派”等，有力推动了全民阅读风气的形成。通过近年发展，书吧不再仅是图书卖场、图书阅览室，还具备借阅功能，更是市民分享阅读、聚会休闲的社区型文化生活空间，有效承担了社区图书馆的职能，成为传播公共文化、提升文化品质的重要载体。

（二）深入推进“图书馆之城”建设，全民阅读服务日益完善

公共图书馆是全民阅读服务供给的主体，是开展全民阅读活动、提供全民阅读推广服务的重要场所。一年来，深圳加快推进“图书馆之城”建设，不断提高全市公共图书馆共建共享水平。2017年8月，市文体旅游局、发改委、财政委联合发文，转发广东省《关于推进县级文化馆图书馆总分馆制建设的实施方案》，并提出具体目标任务，要求到2018年全市各区（新区）全部建立图书馆总分馆制，统筹本辖区“人员、资金和资源”，为公共图书馆共建共享指明了方向。罗湖区图书馆正式加入“图书馆之城”联合编目平台，至此全市10个区级图书馆均已加入该平台。截至2017年底，全市共有259家公共图书馆、249台城市街区自助图书馆、35台光明新区书香亭加入“图书馆之城”统一服务。统一服务平台年度新增办证读者22.8万人，文献外借量达到1236.8万册次，同比增长5.15%，全城一体化服务效益日益显著，市民图书馆意识不断增强。继续优化中文图书采访质量控制，不断扩大文献资源共建共享范围，并于2017年5月正式申请加入上海市文献联合编目中心。数字资源采购有序展开，服务数据分析同步进行。

创新“图书馆之城”移动服务平台，进一步完善“微信”“支付宝”等移动社交平台上的“图书馆之城”服务功能，创新推出预借图书“快递到家”、文献转借、二维码读者证和扫码登录、线上支付、扫描ISBN快速检索图书等服务，受到读者的广泛欢迎。优化移动服务门户，增加活动公告、资源推介等栏目，逐步实现各项业务“移动终端化”，服务效能显

著提升，使用率一路攀升。2017年全年移动服务平台访问量达到227.9万人次，同比增长4倍，已超过PC端网站访问量。2017年7月，正式开通微信支付业务，全年微信支付达5万次，大大方便了读者办理相关业务。深圳图书馆微信服务公众号正式开通上线，微博、微信关注总用户近40万人。完成“图书馆之城”大数据应用平台EasyLod的系统研发并投入使用，进一步优化数据挖掘和统计分析功能。全面完成“深圳图书馆读者服务基础设备更新”项目，深圳图书馆楼层网络设备全面升级为“万兆核心、千兆桌面”，联网速率为更新前的10倍，可供同时使用无线网的读者数量扩充10倍。

深圳图书馆联合华润集团创建求贤阁分馆，针对读者群体提供精心挑选图书3000余册，并配备自助借还机、自助查询机、电子图书借阅机等数字化服务设备，成为深圳人才公园一道特别的人文风景。联合社会企业分别于2017年4月、11月创建深圳捐赠换书中心集悦城分中心和必胜客分中心，捐赠换书活动走进社区、走进基层，便利市民进行图书交换，深入传播阅读分享理念。深圳图书馆设立读者讨论室，读者可凭证预约使用，搭建阅读和交流的平台，满足不同群体研究学习、交流分享的需求。进一步提升自助图书馆服务效能，加快优化服务点布局，全年迁移服务点7个。自助图书馆文献流通量稳步上升，外借图书95.9万册次，同比增长1.27%；还书141.74万册次，同比增长4.72%；预借服务请求24.06万册次，成功预借图书量首次突破20万册，达到22.97万册次，同比增长19.6%。

（三）加大精品出版力度，全民阅读内容供给更加丰富

阅读内容供给是提升全民阅读水平的重要方面。2017年，深圳加大

精品出版力度，努力推进出版更多出版物精品，丰富全民阅读内容供给。

海天出版社出台并实施《海天出版社振兴计划（2018—2020）及2025远景目标》，取得显著成效，全年荣获10项大奖。《草木深圳·郊野篇》入选第十八届深圳读书月“年度十大好书”，并以最高票当选“年度推荐图书”，同时还获得2017年“书香岭南 最美悦读”推荐活动“最美读物”称号（全省只有5种图书入选）。《浴火重生：中国抗战稀见历史影像修复与考订》《中国传统海洋文明丛书》获得国家出版基金资助，创连续四年有两个项目入选国家出版基金的纪录。《中国反贪史料长编》《深圳质量创新模式丛书》入选“十三五”国家重点图书出版规划增补项目。《本色文丛》（第三辑）获全国城市出版社优秀图书一等奖。《创客志：中国创客经典案例研究》《华为三十年：解密华为成功基因丛书》入选广东省委宣传部纪念改革开放40年重点选题图书。《袁庚传：改革现场》《深圳风物志》（第一辑）获2017年第四届“深圳年度十大佳著（非虚构类）”。开发出版《社会主义核心价值观教育读本》《青少年法治教育读本》两套地方教材，销售码洋达2250万元。2017年6月，《我们的少年时代》首印10万册，首发10万册，9月份加印1万册，是海天出版社近十年第一本首印10万册，当年实现销售10万册的图书，在全国地面店、当当、京东、天猫均广受读者好评，与同名电视剧一起掀起了“现象级”青春狂潮。该书在上市之前还与腾讯旗下阅文集团签署了电子书版权转让合同，单本图书单笔预付款收入就达到12万元。

报业集团出版社围绕“建队伍、创品牌、增效益”总体思路，进一步充实、完善现有3条品牌产品线——自然系列产品线、《我们深圳》丛书产品线、“共同体文库”产品线，出版了《四分之三的香港（精装纪念版）》《中国传媒风云2015—2016》《深圳电子三十年》《晚风细雨》《羊齿》《枯山水》《了不起的盖茨比》《人在深圳2》等精品好书，在深圳各大书城、西西弗书店等组织了十余场新书首发活动，扩大了出版社知名度和影响力。《血脉中华：罗氏人家抗日纪实》荣获广东省有为文学奖第二届“有为杯”报告文学奖金奖，《杨争光：文字岁月》被评为第四届“深圳年度十大佳著（非虚构类2017）”，《深圳古代史》在深圳市第八届哲学社科优秀成果评奖中荣获“优秀科普著作”奖。

继续推进全民阅读数字出版分众平台建设，开发全民阅读App（第二期）分众定制化产品。第二期主要针对分众市场的不同需求，在可控区域内接入B2B内容，重新设计产品功能模块，建设独立的业务支撑和后台管理平台，极大提升产品的自主操作性，并与第一期产品形成在大众市场和细分市场的完整产品组合，以“分众定制”引领全民数字阅读，全面呈现数字阅读和数字出版集合平台功能。全民阅读数字出版分众平台获国家文产资金（地方配套）资助420万元，全民阅读App获“中国数字出版创新论坛数字出版创新奖”“2017年度深圳数字阅读最具创新产品奖”。累计用户人数已超过130万人。华文国际继续推进原创出版物的发展，提供数字出版、发行、运营等一条龙服务，为国内外优秀数字作品提供优质出版服务，全年出版音像电子作品20款，出版网络游戏52款。

（四）第十八届深圳读书月成功举办，书香城市氛围更加浓郁

深圳读书月作为深圳开展全民阅读的品牌，已成为城市的文化名片，在引领城市阅读中的作用日益突显，其影响力辐射全国。第十八届深圳读书月以“新时代 新阅读”为主题，进一步加强专业引领、激发品牌活力、拓展合作交流、推动载体创新，切实提升全民阅读能力与水平，全力营造“爱读书、会读书、读好书”的社会风尚。本届读书月共组织策

划阅读活动 835 项，其中重点活动 58 项，占总活动数的 6.9%；创新活动 22 项，占重点活动的 38%。共吸引逾 1000 万人次市民参与，品牌影响力更加广泛。

本届读书月以学习宣传贯彻党的十九大精神为主线，策划实施了“学习宣传贯彻十九大精神主题书展”“诗韵南山·祝福中国——南山区庆祝党的十九大胜利召开诗文朗诵大赛”“重读红色经典——青少年红色阅读特别活动”等形式多样的主题活动，引导市民学习贯彻十九大精神及习近平总书记系列重要讲话精神，营造爱国爱党的社会舆论氛围，凝聚社会共识、坚定发展信心。

读书月进一步拓展名家名社资源、创新阅读互动体验，充分调动全民参与热情。莫言、王京生、张抗抗、樊希安、毕飞宇、李敬泽等学者大家做客读书论坛，场面火爆，盛况空前。诺贝尔文学奖得主莫言以讲座“民间艺术对我小说创作之影响”亮相中心书城，吸引 5000 余人次驻足聆听，创造近 8 万人次的单日客流；国务院参事王京生、张抗抗、樊希安同台参与“在历史的天空下——城市与阅读”高峰论坛，引发 300 多位听众思考。知名文化学者于丹亮相“阅读看见未来——书香宝安行”系列活动，进行“读书·读城”分享交流。故宫博物院院长单霁翔到访盐田，做了“坚定文化自信，做中华传统文化的忠实守望者”的专题讲座。尹昌龙、杨争光、邓一光、陈诗哥等本地文化学者受邀参与音乐频率“声音书房”诵读会，用声音构筑文学世界。组织“深圳学人·南书房夜话”“一本书的攀越”等高水平阅读引领活动，传播优秀传统文化。举办“诗礼传家”“书香古色·知书识礼”等形式多样的体验活动，深化读者的阅读体验。通过“推荐书目”“深圳读书月年度十大好书”等活动引领阅读品位，引导市民多读书、读好书。组织策划“亲子论坛”“领读者论坛”等活动，加强对未成年人阅读、数字阅读等的方法指导。本届读书月还创新打造"主宾出版社"概念，牵手拥有百年历史积淀的中华书局，策划举办展览展销、新书首发、专题讲座等系列活动，以传统魅力感染带动更多市民加入阅读行列。此外，罗湖区经典品牌"诗礼传家"组织开展儒学讲座、歌舞朗诵等活动 6 场，场场爆满。

总之，本届读书月在继续办好"十大好书评选""深圳读书论坛""经典诗文朗诵会""深圳阅读指数报告""温馨阅读夜"等品牌活动的基础上，通过"读书月文创产品设计大赛"等新办活动让"读书月"的品牌形象深入人心，同时通过线下推广与线上宣传的结合，全面展现读书月 18 年的发展成果与突出亮点，并推出"读书月品牌及经典活动回眸"，展现"区区有精品、行行有活动"的读书月大格局，使城市的书香氛围更加浓郁。

（五）加强未成年人阅读推广，着力培养少年儿童阅读兴趣

未成年人阅读关系未来国民素质和国家软实力提升，是全民阅读的重要突破口和主要切入点。深圳始终重视未成年人阅读工作，着力建设适应未成年人实际需求的未成年人阅读服务体系。深圳少年儿童图书馆充分发挥未成年人阅读推广主阵地作用，深入实施"常青藤"计划。2017 年，淘金山小学、滨河小学、龙岗伊思顿书院等 6 所学校加入该计划，全市加盟"常青藤"项目学校累计达 101 所，21 万余册图书投入中小学校流通。此外，加盟学校还可以免费使用深圳少儿图书馆所有的电子资源，共享优质数字阅读资源。

成功主办第四届"我最喜爱的童书"阅读推广活动。作为全国性阅读推广活动，2017"我最喜爱的童书"评选由深圳少年儿童图书馆联合

26 家省市图书馆共同举办，活动辐射范围与参与人数均创新纪录。该活动致力于建立童书评选创新平台，以更全面、更广阔、更主动的姿态打造国内具影响力、权威性的童书榜单。全国 322 所学校参与，总计选票 90 多万张，30 本童书脱颖而出，入围 2017“我最喜爱的童书”提名，最终 9 本童书分获儿童文学、图画书、知识性读物三大类别金银铜奖。有别于国内外众多图书评选，“我最喜爱的童书”评选是国内首个完全由孩子做主票选的童书评选，活动将关注点放在儿童本身，将阅读的选择权交到孩子手中，让他们选出自己真正喜爱的童书，让阅读变成一种独立、自主的行为。

深圳少年儿童图书馆进一步完善阅读积分计划，通过读者积分的增加或扣除，鼓励读者爱阅读、多阅读，培养良好的阅读习惯；鼓励图书捐赠，促进图书资源的循环利用；鼓励读者积极参加该馆的小读者服务队，奉献爱心，用自己的义工行动，积极参与到公益服务之中。少儿图书馆继续依托分馆、馆外流通点为市民提供便捷的图书馆服务，开展“蒲公英”劳务工子女图书馆计划和“康乃馨”无差别阅读计划。全年组织下基层辅导活动达 20 次，提升基层阅读推广服务水平。联合深圳市儿童医院、南方都市报和深圳市阅读推广人协会启动了“重症儿童陪伴阅读计划”，组织专业的阅读推广人到儿童医院血液肿瘤科给小患者讲故事。

深圳图书馆网站改版少儿服务网页，强化以少儿智慧银行为平台的阅读活动，《全市联动创少儿服务品牌 携手推进促效能提升——深圳“图书馆之城”统一服务“少儿智慧银行”项目案例》被评为“公共文化建设现场”——2017 广东公共文化服务优秀案例。

继续实施“亲蓓蕾”早期阅读培养计划，进一步完善活动内容，新增有声读物区阅读活动。红姐姐讲故事、智慧宝宝手工、卡通乐园、立体图书馆等活动致力于培养儿童阅读兴趣，提升儿童认知能力，深受家长和儿童欢迎。“簕杜鹃”青少年经典阅读计划致力于打造青少年阅读品牌，第九届“优秀书虫”暨优秀读书笔记评选，通过积分奖励的方式鼓励更多读者阅读经典名著。“红牡丹”中华文化传承计划开展了国学宝贝评选活动，鼓励少年儿童读经典、读国学；亲子共读经典公益大讲堂本着将“经典生活化，生活经典化”的理念，组织孩子和父母一起参与每周一次、每次 2 小时，持续 3 年的共同学习，让孩子在轻松快乐的氛围中、在爱与鼓励的互动中以多种形式诵读经典。喜阅 365 亲子共读计划开展的“一周一次喜阅读书会”于每周六下午举办“梧桐树下”故事屋活动，为 12 岁以下的儿童举办一场精心策划的“喜阅读书会”，服务读者约 5000 人次，既吸引了越来越多的孩子成为固定的小粉丝，也架起了家长们与优秀童书之间的桥梁。“一天一本优秀亲子共读书”活动推出《“喜阅 365”2018 亲子共读计划》，在国内已出版的优秀童书中精选 365 种书目。联合福田区教师培训中心主办的 12 期名师公益讲堂，通过名校名师讲座及与家长学生交流的形式，帮助孩子们解决学习和成长问题，受到了家长和学生的一致好评，成为深圳少年儿童图书馆最受欢迎的活动之一。

为引导少儿到图书馆多读书、读好书，深圳少年儿童图书馆从 2013 年起于每年的“4·23 世界读书日”期间举办“图书馆之夜”活动。2017 年活动邀请 131 组少年儿童的家庭在图书馆共聚一夜，开展绘本阅读、艺术创作、英语互动、童话 COS 秀、国学竞猜等形式多样的阅读活动，让小读者感受分组阅读的生动有趣；与家长一起搭帐篷露营，体验家庭阅读的温馨愉悦；共度次日早晨的读书会，领略集体阅读的魅力。

（六）深化全民阅读创新，努力为市民提供高质量阅读服务

品牌和活动创新是增强全民阅读影响力的基本动力。深圳始终重视全民阅读服务内容和形式的创新，通过创新吸引更多市民参与全民阅读并喜欢阅读。世界读书日期间，深圳图书馆牵手央视设立朗读亭，吸引近700人走进朗读亭，传播深圳人的阅读理念，激发市民朗读热情，微博、微信相关阅读量达到50万人次。“M地铁·图书馆”移动阅读项目与港铁（深圳）轨道交通有限公司合作，乘客在地铁4号线候车、乘车时，可通过手机扫描二维码免费阅览电子图书，适应了当前新媒体阅读的社会化需求，为读者创造了阅读新体验。“新书直通车”项目推出“读者选书，图书馆买单”的新型借阅服务。全年快递送书到家约1.8万册次，打通了图书馆和读者之间的“最后一公里”，实现了读者和图书的零距离。读者之间自行扫码交换所借阅文献，全年实现文献转借近5万册次，二维码读者证全年扫码登录近12万人次。全市11家公共图书馆举办的“阅在深秋”活动，创新开创体验式阅读模式，开展雕版印刷、古籍装帧、拓印展示等传统印刷技术互动体验项目，市民大排长龙参与体验。

深圳读书月“地铁阅读季”在11号线增开“书香专列”、新设“扫码阅读”，彰显了广泛渗透的品牌活力。“温馨阅读夜”首次推出“书童”吉祥物，与近万名青少年读者互动，突出了读书为乐的品牌取向。“经典诗文朗诵会”精心安排朗诵名家和青年器乐演奏家同台“对话”，展现了大气雅致的品牌特质。“大鹏自然好书奖”颁奖活动融入大量大鹏半岛动植物元素，强化了自然和谐的品牌调性。

深圳首次举办的“看见城市的光——2017最美小书店”评选活动特设评审专家“走读小书店”环节，实地感受参评书店魅力，充分调动新媒体资源，以视频直播、获奖者访谈等方式对活动进行多角度、全方位、立

体式的传播报道，吸引数万人在线观看。坪山区深入各大企业，创新开展“朗读者”大赛。龙岗区通过“领读者论坛”整合推出涵盖38个阅读交流点的“友好阅读联盟”，并制成地图向广大市民派发。广电集团“声音书房”——音乐下午茶诵读会以主持人现场诵读的方式带领读者感受阅读之美，使阅读更“接地气”。杂文学会“说文解字”——中华古诗文公益课堂全新开辟家风课程，线上线下23000余人共同感受中华传统古诗文魅力。南山书城首次招募“文明阅读小义工”，收到千余人踊跃报名。光明新区“大眼睛亲子阅读绘”融合角色扮演、剧场演绎等互动体验形式，吸引300余人共度阅读时光。宝安区创新活动“书香古色知书识礼”邀请嘉宾与粤港澳大湾区师生着汉服朗诵诗词，场面十分壮观。龙华区“文以载道”诗文朗诵活动融合非遗元素，吸引上千名家长与孩子近距离感受非遗魅力。

市、区两级公共图书馆开展“阅读·深圳”经典诗文朗诵会、4·23“儿童阅读周”、“一间书房”阅读空间、光明大讲堂、榕树头书场、盐田读书会阅读推广计划、坪山品牌阅读活动季等系列活动350场，引领深圳阅读风尚。报业集团开展“爸爸书房”、“深圳校园十佳文学少年”评比活动、“寻找城市灯火”——特色小书店系列文化活动、深圳历史故事儿童绘本进校园分享会等活动230场，以媒体影响力带动全民阅读。民间阅读组织立足基层，在全市特别是原特区外地区开展“一书一世界”户外阅读、人人都是会讲故事的阅读家、儿童生命教育主题读书会、社区阅读加油站、说文解字——中华古诗文公益课堂、“享生活·爱阅读”公益阅读推广活动等500余场，覆盖全年的阅读活动丰富了基层群众的文化生活。

（七）积极拥抱数字阅读，着力提升数字阅读城市影响力

数字阅读作为互联网时代阅读发展不可逆转的趋势，是新时代阅读的重要标志之一。深圳紧扣时代脉搏，不断创新、丰富数字阅读的新理念新内涵，发挥深圳作为高新技术城市的先发优势，运用新媒体推动数字阅读的推广普及。继续办好“手机阅读季”，丰富“最美小书店评选”“书和她的朋友们——城市人文互动展”“地铁阅读季”“辩论赛”“厉害了，我的读书月”H5设计大赛等活动的数字化手段，为深圳市民搭建听书、手机阅读、社交媒体阅读的生活场景。充分依托深圳作为“全国十大数字阅读城市”的良好基础，进一步在阅读平台、阅读形式、传播方式上探索创新，加强理论研究，组织举办《2016—2017年度深圳数字阅读用户行为报告》发布会、“首届全媒体有声读物互联网应用高峰论坛”等行业交流会，确立深圳数字阅读在国内的领先地位。“手机阅读季”在“咪咕阅读”App中设立“偷书”专区，鼓励用户相互共享、免费借阅电子图书。市妇联创新打造0—6岁儿童早期阅读专业推广线上平台“阅芽计划App”，积累用户19万余人。深圳书城网络科技有限公司通过“厉害了，我的读书月”H5设计大赛，引导读者用更加多元的数字载体记录、展现阅读的价值与魅力。

完成“统一资源发现与获取云服务平台”“深圳学者知识库及云服务平台”“馆际互借服务平台”建设。“深圳文献港”正式升级为3.0版上线发布，面向广大读者推出资源统一发现与获取、学者知识库和馆际互借三大服务板块，首次实现跨图书馆、跨平台的纸本图书互借互还，进一步推进合作馆之间纸本资源共享。推进数字资源联合采购，数字资源利用分析与推广取得突破性进展。年度采购数据库37种、77个子数据库，其中中文数据库56个，外文数据库21个，新增万方中外专利数据库、CNKI经

济社会大数据研究平台、库客云 CD、中科 VIPExam 考试学习资源数据库等。举办“发现·数字图书馆”主题展览、“数字图书馆嘉年华”“阅在深秋·数字阅读体验”“数字资源培训月”等系列活动百余场，启动并累计发布 22 期“E 学易用”及“e 书单”数字资源线上推广图文。引进数字资源监控与统计分析系统，按季度形成《电子资源利用统计分析报告》。2017 年，深圳图书馆数字资源下载量 5164G，同比增长 20.82%；数字资源馆外访问 66.55 万人次，同比增长 13.07%；“手机阅读”微信菜单点击量 28 万次，月均 2.3 万次。

加强数字阅读理论研究，在深圳市全民阅读研究与推广中心、深圳市华文国际传媒有限公司的牵头组织下，本届读书月发布了全国第一份基于用户细分的全民数字阅读报告城市样本——《2016—2017 年度深圳数字阅读报告》，同时评选出“2017 年度深圳数字阅读奖”。通过大数据分析，从用户需求角度入手，推进深圳数字阅读产业发展。

（八）精心策划系列阅读推广活动，形成全社会参与全民阅读的合力

全民阅读推广活动是市民享受阅读服务、营造全民阅读氛围的重要载体。2017 年，深圳体制内外阅读服务机构精心策划系列全民阅读推广活动，形成全方位、多层次全民阅读活动体系，营造了浓郁的书香城市氛围。

深圳图书馆加强统筹规划，不断丰富深图讲座、深图展览、深图艺苑、深图活动四大类型活动，深化学术文化、经典阅读、创意思维、艺术阅读、传统文化、公益培训、公益法律、阅读关爱、未成年人阅读、银发阅读、现代生活和数字阅读等 12 个系列活动。注重打造活动品牌，初步建立活动品牌分级管理体系，加强市民文化大讲堂、深圳学人·南书房夜

话、民断是非等重点品牌活动的建设与宣传，进一步提升辨识度、知名度与影响力。在世界读书日、图书馆服务宣传周、深圳读书月、春节、暑假等重要时间节点，策划推出数百场精彩活动，丰富了市民文化生活。全年共举办各类读者活动1476场，同比增长3.8%，参与读者202.17万人次。加强区域联动和全民阅读活动进基层工作，联合全市公共图书馆和高校图书馆，于世界读书日当天在全市104个公共空间开展“共读半小时”全城阅读活动，近万名市民参与，用群体的共读行为诠释“让阅读真正成为一种习惯”，该活动被中国图书馆学会评为“年度阅读推广优秀项目”。“阅在深秋”公共读书活动，在市内10家公共图书馆和高校图书馆精心设计了13个阅读区域，以“阅读是一种生活方式”为主题，以文献展示、现场阅读、数字资源推介、自由交流等方式，推荐丰富资源，展示图书馆多元文化功能，彰显阅读之美，现场共接待读者两万多人次。第三届“思维之星——深圳大学生思辨大赛”联合读特App，使深圳各大高校积极参与其中，倡导大学生关注社会问题，培养大学生的创造性思维和包容性思维。借与分馆、社区、学校、工厂等的广泛合作，举办“走出去”活动50余场。

深圳少儿图书馆国学社设立文学、国乐、棋弈、书画、舞蹈、茶艺、插画、手工、武术分社，在少年儿童中弘扬优秀传统文化。开展科创阅读活动，举办面向青少年的公益科创活动34场，内容包括科学知识讲座、机器人模型搭建、少儿编制作、激光雕刻、微型机床、3D打印、无人机体验等。在传统节目的基础上，组织开展阅读实践活动，如组建国乐团教师团队、节目编排及对外文化交流，宣传推广亲子关系、生命危机干预等家长公益课堂，深受家长孩子喜爱。根据6—12岁少儿尤爱漫画、连环画读物的特点，组织“童画帮”动漫系列阅读活动，以读画、绘画为本并结合循序渐进的英语教学活动，让孩子们既感受到“画”的乐趣，又学习到英语。第八届“名著新编短剧大赛”邀请编剧、导演、表演方面的专家为孩子做名著阅读推广活动。策划举办优秀读者跨年联谊会，促进读者交流，增进阅读兴趣培养。

深圳市阅读联合会及其会员单位全年共举办各类常态化阅读推广活动上万场，参与人次近千万。其中，市、区两级公共图书馆开展阅读推广活动近万场，18 家民间阅读组织开展阅读推广活动约 2500 场，书城、书吧、报业、移动等 24 家企业单位开展阅读推广活动约 3000 场，受惠市民近百万人次。深圳市阅读联合会荣获南方都市报“第十届深港生活大奖——人文大奖”。

（九）深入实施阅读关爱行动，着力实现阅读公平

在全民阅读中体现人文关怀，促进阅读公平一直是深圳推广全民阅读的重要理念。2017 年，深圳继续加大阅读关爱力度，深圳读书月开展“赠书献爱心”活动，向军营、监狱、中小学校等 28 家单位捐赠爱心图书近160万码洋，并在嶂背社区工作站等地新设4家“青工书屋”。市妇联“阳光童年”活动深入河源和平、深圳龙华等地，开展主题服务 40 余场，覆盖 4200 余人次。南山书城走进深圳监狱，围绕“阅读重塑人生”主题进行帮教演出，展出图书 2.6 万余册。“阅读志愿者在行动”组织 568 名阅读志愿者开展咨询引导、陪读伴读等阅读服务。

深圳少儿图书馆建设的深圳捐赠换书中心（青少年中心）成立 5 年来，共有超过 3 万人次交换近 17 万册图书，以“公益书屋”形式，通过图书捐赠交换和企业捐赠、学校捐赠等途径，向边远贫困地区学校和图书馆累计捐赠近 7 万册图书，同时为广东省内边远山区的贫困学校筹集书

籍、文具、电脑等援助物资，结合广东省目前已在实施的“千校扶千校”活动，与深圳相关中小学、腾讯慈善公益基金一起探索“3+1”帮扶模式，共同发起“开启梦想·万卉书香——贫困地区学校启卉书屋援建行动”，成为助力文化扶贫的重要力量。截至2017年底已援建完成14所“启卉书屋”，共计援助图书四万余册，电脑设备五十余套。全年举办“换书节”活动12场，累计捐换图书近4000册次。

深圳市阅读联合会常年组织开展公益阅读活动，倡导阅读公平，关爱弱势阅读群体，为这类家庭提供阅读帮助，累计发放儿童阅读类书籍近10万册，带领数万户家庭感受到了亲子阅读的乐趣。彩虹花公益小书房“梦想书包”为流动儿童家庭提供书籍及阅读指导，服务了5所小学及16个城中村社区，投放书包5500个，受益家庭近万户。爱阅公益基金会“阅芽计划”为深圳儿童免费发放“阅芽包”并提供早期阅读指引，累计发放“阅芽包”约50000个，预计在5年内为全市家庭发放不少于50万个“阅芽包”。南都读书俱乐部“阳光陪伴——重症儿童陪伴阅读计划”全年在市儿童医院开展伴读活动30场，培训阳光义工24名，服务重症儿童143名，赠送故事绘本82套，受益3500人次，为重症患者儿童点亮生命的灯火和希望。“盲人阅读推广与社会教育示范应用”项目组织诗文朗诵、夏令营等各类活动81场，参与读者888人次。“银发阅读”项目精心打造“乐读读书会”读书分享活动，举办电脑、摄影、书画、智能设备使用等培训活动，不断丰富中老年读者生活，致力实现“老有所乐，老有所学，老有所为”。该项目荣获2017年“深圳市全民阅读示范项目”。

（十）加强全民阅读合作交流，彰显全球阅读典范城市气质

作为因阅读而受人尊敬的城市和全球全民阅读典范城市，深圳始终

注重全民阅读外溢发展，加强与国内外城市的合作，通过交流互鉴提升城市文化影响力。在“4·23 世界读书日”期间，深圳市文体旅游局与上海市新闻出版局联合举办“深圳——上海儿童阅读交流研讨会”活动，邀请深圳、上海以及台湾、香港的著名学者参加研讨会。在上海书展期间，沪深两地联合主办“2017 上海·深圳城际阅读交流”系列活动，两地以“阅读与城市”为主题开展“阅读推广组织交流”“沪深两地作家创作阅读分享暨读者见面签赠会”“上海浦东·深圳青少年阅读公开课”等多项精彩活动，进一步促进两地阅读资源与平台共享，推动两城阅读文化交流与提升。

为进一步落实深圳澳门两地《开展全民阅读合作备忘录》，澳门特别行政区政府文化局组团参加第 18 届深圳读书月启动仪式，澳门出版的 200 多种图书也在深圳书城专柜展出，并开展了“澳门图书馆义工深圳古村行”等交流活动。深圳也赴澳门参加“2017 好书大晒启动礼暨《澳门阅读地图》发行仪式”。

2017 年 11 月，安徽省合肥市本土文化名人、专家学者到深圳开展阅读交流活动，与深圳文化学者、阅读推广人共同探讨两地在全民阅读方面的推广经验，深化两地的文化交流，促进两地的文化合作，并签订了“深圳合肥 2017—2018 年全民阅读双城合作协议”。

深圳读书月秉承“引进来”“走出去”并重的承办思路，组织举办的合作交流活动覆盖国内国际数十个地区，利用阅读名片展现了真实、立体、全面的深圳形象，彰显了“全球全民阅读典范城市”气质。海天出版社邀请法国哲学学会会长皮埃尔－亨利·达瓦佑同职业养蜂人弗朗索瓦·达瓦佑出席《蜜蜂与哲人》新书首发暨学界交流会。“阅芽计划”重磅打造的全国儿童早期阅读发展与教育峰会，吸引了美国哈佛大学教育学院终身教授凯瑟琳·斯诺等国内外幼教专家参与，为早期阅读教育赋予了更加国际化与更具前瞻性的意涵。领读者大奖辐射全国，覆盖各地读书组织、机构与个人，表彰了合肥文广新局、沈阳师大图书馆、宜兴惠人书友会等领读力量，着力打造闻名全国的全民阅读盛会。海洋文化论坛落地扬州，以“一带一路”古地图交互式多媒体展、“海上丝绸之路”国际研讨会等活动汇集长三角、珠三角地区公共图书馆代表，吸引数十名“一带一路”沿线国家留学生参与。“弘文百乐杯”阅读绘画百米长卷活动在珠海、太原、湛江、佛山、天津等地开展，将深圳创意创新的文化艺术气息播撒至多个地区。

阅读指导专家和会员代表分赴合肥、大理开展“合肥·深圳”“大理·深圳”两场城际阅读交流活动，分享各自全民阅读推广经验，推动双方在阅读文化资源上的共享与合作。爱阅公益基金会、三叶草故事家族、深圳读书会等5家深圳民间阅读机构首次亮相南国书香节，在全省阅读推广机构专题展区举办了包括论坛、分享沙龙、现场读书会和绘本剧表演等10场现场推广活动，充分展示了深圳民间阅读组织的活力与风采。

在深圳推进全民阅读发展取得成绩的同时，也存在一些不可忽视的问题，主要体现在以下方面：

一是全民阅读政策体系还不够完善。近年来，中央及各兄弟省市相继出台了一系列全民阅读规划、制度等相关政策，大力推动各自全民阅读发展。深圳全民阅读发展中也初步形成了以《深圳经济特区全民阅读促进条例》为标志的政策系统，但在面对一些新情况、新问题时仍不够完善，有必要根据新的发展形势需要，及时推出一些创新性举措，建立系列全民阅读配套制度，以保持深圳在全国全民阅读中的领先地位。形成与全球全民阅读典型城市相匹配的政策体系，需要加快出台全民阅读发展纲要，推出民营书店扶持办法等，更要依据《深圳经济特区全民阅读促进条例》相关法律条款，组建运作“深圳市全民阅读基金”，以破解目前全民阅读经费来源单一从而影响全民阅读的进一步开展等问题。

二是不同部门之间的协同仍需加强。目前，在开展全民阅读服务过程中仍存在相关部门各自为政的现象，还未形成有效合力，文化、教育、工会、共青团等部门之间统筹协调力度还需进一步加大。市全民阅读指导委员会的协调机制有待进一步完善，以更好地统筹全市全民阅读基础设施建设和资源分配，规划、协调全市性全民阅读重大活动，解决全民阅读工作中的一些重大问题。

三是全民阅读发展不平衡不充分的问题仍很突出。尽管近年深圳在文化领域推进特区一体化力度很大，实施了公共图书馆总分馆制，推动了“一区一书城、一街道一书吧”建设，一些阅读活动也有针对性地向原特区外倾斜，但这种不平衡不充分情况短期内仍不能充分解决，对未成年人、老人、外来青工等特殊群体服务存在薄弱环节，本土阅读资源供给不足等问题仍存在，影响了广大群众美好阅读生活需求的满足。

四是全民阅读服务的效能有待提高。当前，不同层级、多元化的全民阅读服务体系基本形成，但全民阅读服务的整体效能与广大群众日益增长的阅读需求还不完全适应，需对现有全民阅读服务或活动进行深入评估，进一步完善读者阅读服务评价反馈机制，及时根据群众阅读需求变化提供有针对性的阅读服务，不断提高服务效能，更好地实现以人民为中心的发展要求。

五是全民阅读专业水平有待提升。高水平全民阅读理论研究成果不多，理论研究对全民阅读实践的引领、带动作用还未凸显。数字阅读、亲子阅读、阶梯阅读、阅读能力等研究尚需进一步深化，急需推出一批高质量的研究成果。阅读水平测试与阅读能力提升工程还未有效实施，“政府主导、社会积极参与”等符合深圳实际的阅读能力培养体系还未建立，阅读技能培训还存在薄弱环节，全民阅读的专业化引导服务水平有待提升。

六是内容出版有待加强。出版机构作为出版资源平台，既是阅读内容的提供者，也是阅读产品的生产者和传播者，在全民阅读发展中地位突出，功能重要。相较于发行等产业链其他环节，深圳出版近年取得了较大成绩，但仍显得薄弱，主要体现在出版机构较少、总体规模不够大、精品数量不够多等方面，这在一定程度上制约了深圳全民阅读向纵深拓展的能力和水平。

二、2018 年深圳全民阅读展望

2018 年是贯彻党的十九大精神的开局之年，是改革开放 40 周年，是决胜全面建成小康社会、实施“十三五”规划承上启下的关键一年，同时也是时隔 22 年后全国书博会再度在深圳隆重举办之年。深圳的全民阅读工作在 2018 年将深入贯彻落实习近平新时代中国特色社会主义思想和党的十九大精神，顺应新的形势要求，抓住新的发展机遇，根据党和国家制定的全民阅读政策精神并结合深圳的实际，以新的发展理念为引领，不断创新思路、创新方法、创新举措，推动全民阅读工作更好发展，保障和实现市民的阅读权利。

（一）将全民阅读工作与第二十八届全国书博会紧密结合，为书博会增加新特色、新亮点，带动深圳全民阅读上一个新台阶、新水平

继1996年深圳成功举办第七届全国书市后，经国家新闻出版广电总局批准，第二十八届全国图书交易博览会（以下简称“书博会”）将于2018年7月19日至22日在深圳举行。作为我国融出版物展销、信息交流、行业研讨和倡导全民阅读等功能为一体的文化盛事，书博会的申办成功，既是对深圳新闻出版事业和全民阅读工作的高度肯定，也将对深圳的全民阅读起到极大的促进作用。为此，深圳市委市政府高度重视书博会的筹备工作，陈如桂市长亲自担任书博会执行委员会主任，同时力争成为书博会的常设主办地，使之成为与“文博会”并驾齐驱的深圳两大文化盛会。而作为倡导全民阅读的新契机，办好书博会将成为2018年深圳全民阅读工作的重心之一：

一方面，紧扣本届书博会主题，在展会期间将举办各种规格、多种形式的阅读文化活动，包括“新时代，新阅读——十九大及改革开放主题书展”、广东省阅读文化展示活动、第二十八届书博会每日榜单和新闻发布、连环画展览展示、全民阅读基层建设现场交流会、深圳市全民阅读活动成果回顾展、实体书店建设发展论坛、出版业与人工智能峰会论坛等，上述全民阅读活动将为书博会增加特色和亮点，推动书博会办成特色鲜明、创意纷呈、水平一流、成果卓著的盛会，进一步促进全民阅读和书香社会的建设，推动社会主义文化的繁荣兴盛，充分满足人民群众对美好生活的需求。

另一方面，全民阅读工作要抓住书博会在深圳举办的契机，对外加强交流学习先进经验，对内优化自身阅读环境、阅读设施，带动深圳全民阅

读上一个新台阶、新水平。一是通过“全国图书精品展”“读者大会”“十大读书人物”评选、“全民阅读·书香校园”文化活动、海峡两岸出版交流30周年座谈会等，广泛与参展商、专业观众、活动嘉宾、新闻媒体等互动，学习外地全民阅读先进经验，推动与外地的阅读交流与合作。二是凸显书博会在书与非书的交融，融线上线下、科技时尚、教育培训、创意文化、休闲生活为一体，实现阅读与艺术修养、文创生活、绿色印刷和科技时尚及其他产业的融合发展，为下一步深圳全民阅读推广活动开拓新视野。三是借书博会的东风，加强对深圳阅读环境和设施的整治、改造、美化，开展一系列文化阅读和艺术活动，在增加书香气息，营造书博会文化氛围的同时，进一步提升深圳全民阅读软硬件环境质量。

（二）将全民阅读工作与党的十九大精神紧密结合，深化全社会学习宣传贯彻党的十九大精神，促进全民阅读工作更加深入、全面、科学地发展

2018年是学习宣传贯彻党的十九大精神的开局之年，十九大开启了新时代中国特色社会主义新征程，提出一系列新思想、新理论、新方略、新举措，是中华民族伟大复兴进程中具有划时代意义的盛会。2018年深圳全民阅读工作将把学习宣传贯彻党的十九大精神作为首要政治任务，通过全民阅读活动深化全社会学习宣传贯彻党的十九大精神，同时也通过学习宣传贯彻党的十九大精神促进全民阅读工作的开展。

一方面，2018年深圳相关单位将在精心组织以十九大精神为主题的各类图书读物发行工作的基础上，通过开展主题演讲、经典诵读、读书征文、知识竞赛等内容丰富、形式多样的主题阅读活动，掀起全社会深入学习宣传贯彻习近平新时代中国特色社会主义思想和党的十九大精神的

热潮，引导广大干部群众把思想统一到党的十九大精神上来，把力量凝聚到落实党的十九大提出的各项重大部署上来，使十九大提出的一系列新思想、新理论、新方略、新举措，往深里走、往实里走、往心里走，使其成为引领我们前进的思想旗帜、精神旗帜、行动旗帜。

另一方面，党的十九大报告将文化战略、文化定位提高到全新的高度，全民阅读工作也要通过学习宣传贯彻党的十九大精神，以习近平新时代中国特色社会主义思想为指导，坚定文化自信，以满足市民精神文化需求为出发点和落脚点，结合落实《公共文化服务保障法》《全民阅读“十三五”时期发展规划》《深圳文化创新发展 2020（实施方案）》《深圳经济特区全民阅读促进条例》《深圳市基本公共文化服务实施标准》等国家和地方政策法规，进一步加大文化、教育、工会、共青团等部门之间的协调力度，统筹全市全民阅读基础设施建设和资源分配，形成政府和社会合力，解决深圳全民阅读设施不均衡、资源不均衡、服务不均衡、发展不充分等突出问题，促进深圳全民阅读工作更加深入、全面、科学发展。

（三）将全民阅读工作与庆祝改革开放 40 周年活动紧密结合，宣传弘扬改革开放的精神和成果，促进全民阅读的创新发展、开放发展

2018 年是中国改革开放 40 周年，深圳是中国改革开放事业的一面旗帜，其身上凝聚了中国改革开放的精神密码和成果大成，隆重庆祝和纪念改革开放 40 周年必然是深圳 2018 年的重大事件。深圳全民阅读活动应与庆祝和纪念改革开放 40 周年活动紧密结合，着重做好两方面工作：

一是要通过举办“改革开放 40 周年图片展”等系列阅读主题活动，弘扬改革开放精神、宣传改革开放成果，再塑深圳改革开放的新形象，为

建设新时代中国特色社会主义新进程提供源源不断的精神动力和文化自信。改革开放40年来，深圳作为中国改革开放的窗口和试验田，凭着一股逢山开路、遇水架桥的闯劲，凭着一股滴水穿石的韧劲，成功走出一条中国特色社会主义道路，使深圳经验成为中国改革开放经验的重要组成部分。全民阅读活动通过弘扬和宣传深圳改革开放的伟大实践和动人故事，以此梳理、宣扬改革开放精神，反映中国改革开放事业的巨大成就，具有重要的意义，将构成全年全民阅读工作的主线之一。

二是要通过汲取改革开放精神动力，总结改革开放成功模式，通过策划推出一批反映中国改革开放进程，极具时代特色和深圳品格的精品出版物等方式，促进深圳全民阅读工作的创新发展、开放发展。改革开放的精神实质和成功经验千头万绪，但核心不外乎“对内改革、对外开放”。改革就是要自觉地调整与实际不相适应的方面和环节，促进发展和进步，更好地实现最广大人民群众的根本利益，而作为当今全球化背景下发展的时代大势，进一步开放才能吸收外来营养和经验，使我们的改革发展充满活力。深圳全民阅读工作要着重针对全民阅读体系中的问题与矛盾，坚持改革方向，实施创新发展，更好地满足人民群众的阅读需求，更好地实现市民的阅读权利。同时，全民阅读工作也要坚持开放发展，加强与国内外先进城市和地区的阅读交流与合作，借鉴外来经验、扩大深圳影响，增强深圳全民阅读的发展活力。

（四）将全民阅读工作与市委确定的“城市质量提升年”紧密结合，全面提升深圳全民阅读的质量标准，注重质量型内涵式发展

深圳一直把“质量强市”作为城市发展的重要战略，市委六届九次全会将2018年确定为“城市质量提升年”，2018年政府工作报告明确提

出“坚持把高质量发展作为根本要求”，继续深入开展质量提升行动，形成重视质量的良好社会氛围。以此要求为指引，2018 年深圳全民阅读必须更加坚持以提高发展质量和效益为中心。保障深圳全民阅读的可持续发展，重点可从以下方面着手：

第一，着力改善全民阅读软环境的质量，形成全社会推动全民阅读的合力。一是要以《深圳经济特区全民阅读促进条例》为抓手，推动其重要条款的落实，优化深圳全民阅读政策法规环境；建立健全“深圳市全民阅读指导委员会”，为全市全民阅读工作长效开展提供组织保障。二是切实推进全民阅读长效机制建设，特别是推动“深圳市全民阅读基金”的设立，解决全民阅读经费来源单一的弊端，为热心阅读推广的社会机构及公益人士提供合适的资助方向和渠道，并利用多渠道募集资金来资助更多的为公益阅读组织的公益活动，由此进一步发展壮大民间学习组织，丰富市民的学习生活，增进民间学习交流。三是大力发展阅读民间组织，制订、出台民营书店扶持办法，夯实城市公共阅读的基石，将它们培育成阅读活动的前台主角，通过民间阅读组织、民营书店、阅读推广人的带动，使全民阅读真正实现由政府倡导向社会自觉推动的转变，形成社会合力。

第二，着力提升全民阅读硬件设施质量，为全民阅读推广活动提供更坚实的载体支撑。一是完善图书馆之城建设，全面落实《“图书馆之城”建设规划（2016—2020）》的各项任务，健全市级中心馆、区级总馆、街道分馆和社区图书馆四级网络体系，推进公共图书馆服务全覆盖；推动社区图书馆与社区综合文化服务中心的联动建设，优化 24 小时街区自助图书馆的规划布局，提升自助服务效能。二是加快书城书吧建设步伐，完善“一区一书城，一街道一书吧”格局，加快推进龙岗书城、龙华书城建设，有序推进湾区书城、光明书城、大鹏书城等新书城的区域布点，加大书吧建设力度，基本实现书城、书吧的全市覆盖。三是逐步推动科技馆、青少年宫、妇女儿童活动中心、工人文化宫、机关事业单位内部文化设施免费提供基本阅读服务项目；推动高校图书馆向社会开放；在原特区外和来深建设者集聚的厂区、生活区，开展流动图书、展览、讲座等流动系列服务，把优质阅读资源配置到基层群众和来深建设者身边。

第三，加大阅读载体和手段创新力度，提升阅读服务质量。一是更加注重运用新载体、新手段，特别是借助互联网的力量，在数字图书馆、移动图书馆、立体出版、手机出版、手机阅读、电子商务、手持移动交互平台、网络社区、微信语音分享、微讲堂、影像、图文新媒介承载等多方面、全方位创新阅读新载体、新手段，扩大阅读资源，拓展新阅读的广度和深度。二是建设公共阅读数字服务平台。实现公共阅读服务机构服务方式与内容的数字化、移动化和便捷化；支持公共阅读服务机构开展数字化研发应用，强化线上、线下互动，创新服务模式，提升公共阅读服务用户体验。三是推动公共图书馆与全市公共文化服务机构的合作，拓展阅读服务领域规模；建立现代配送机制，开展“菜单式”“订单式”“互动式”公共阅读服务，推动公共阅读惠民项目与群众需求有效对接，推动城区公共阅读服务的一体化。

第四，加强阅读引领和阅读研究，提高全民阅读的内容质量水平。一是以切实带动市民读者读好书为目标，进一步深化荐书模式，有针对性地为儿童、学生、青工等群体提供不同主题、不同类别的阅读指引；丰富荐书形式，搭建人人可参与、想参与的阅读分享交流平台；强化荐书宣传，透过“阅读推广人下基层”等推广活动将好书佳作真正带入基层群众生活，提高阅读内容质量和效率。二是完善全民阅读活动细节，进一步锻造精品质量，策划精品品牌活动，不断打磨细小环节，锻造一批有创意、重细节、高质量的全民阅读精品活动。加大阅读需求为中心的调研力度，对数字阅读、亲子阅读、分级阅读、阅读方法、阅读效用以及数字阅读与纸质阅读的关系、阅读事业与阅读产业的关系等进行深入研究，以便更好地指导阅读实践，提升阅读质量和成效。

（五）将全民阅读工作与实现全社会阅读权利公平紧密结合，关注未成年人和社会弱势群体阅读需求，通过全民阅读传递温暖与关爱

公平正义是人类追求美好生活的永恒主题，也是社会发展进步的价值取向。党的十九大报告指出：必须坚持维护社会公平正义，公平正义是中国特色社会主义的内在要求。在全民阅读领域，2017 年 6 月起实施的《全民阅读促进条例（草案）》，正是以“促进全民阅读，保障公民的基本阅读权利”为立法宗旨，体现权利公平、机会公平、规则公平的法律。深圳作为“全国全民阅读先进集体”和“全球全民阅读典范城市”，2018 年在实现全社会阅读权利公平方面，应该做出更多的表率。

第一，重点推动未成年人阅读。加强对未成年人阅读规律的研究和运用，探索建立深圳未成年人阶梯阅读体系。大力倡导和开展家庭阅读、亲子阅读，着力培养阅读兴趣、阅读习惯。鼓励学校开展阅读指导、开设必要的阅读课程、举办多种形式的校园阅读活动。充分利用各种青少年活动场所，开展校外阅读活动。充分发挥深圳少儿图书馆未成年人阅读推广主阵地作用，继续开展“亲蓓蕾”早期阅读培养计划，培养婴幼儿阅读兴趣和习惯；开展“簕杜鹃”青少年经典阅读计划，注重青少年阅读指导；开展“红牡丹”中华文化传承计划，大力组织“国学社”“国艺团”等相关活动；开展“蒲公英”劳务工子女图书馆计划，建立劳务

工子女图书馆服务模式；开展“康乃馨”无差别阅读计划，为弱势群体，尤其是少年儿童提供文献信息服务。2018年4月23日是世界读书日，也是深圳第二个“未成年人读书日”，届时举办的“十大童书评选”活动，将联合上海、广州、哈尔滨、武汉、成都、合肥、苏州、香港、澳门等城市，举办以“儿童阅读与城市未来”为主题的城际儿童阅读交流，促进城际阅读资源合作。

第二，要重视弱势群体的阅读权利，着力保障特殊群体、困难群体的基本阅读需求。针对深圳外来劳务工人数众多的特殊人口结构，为数百万读书需求强烈、需要社会帮助的外来劳务工量身定做“青工书屋”“青工读书成才大型报告会”“青工大课堂”等一系列项目；通过增加盲文阅读、无障碍阅读设施和资源，实施“盲人阅读推广与社会教育示范应用”项目，确保残疾人阅读权利；继续拓展“银发阅读”项目，精心打造“乐读读书会”读书分享活动，举办电脑、摄影、书画、智能设备使用等培训活动，不断丰富中老年读者生活，致力实现“老有所乐，老有所学，老有所为”。

第三，要在全民阅读中体现人文关怀，通过全民阅读活动传递书香温暖与关爱。继续加大阅读关爱力度，通过深圳读书月开展“赠书献爱心”活动，向军营、监狱、中小学校等单位捐赠爱心图书，向贵州、云南、江西、广西、四川、新疆等全国边远穷困地区学校和图书馆捐赠图书、捐建青工书屋、“公益书屋”、希望小学图书馆等，助力文化扶贫；继续开展“阅读志愿者在行动”，为弱势群体开展咨询引导、陪读伴读等阅读服务。

（六）将全民阅读工作与增强深圳城市文化软实力紧密结合，加强对内对外阅读交流，充分发挥“全球全民阅读典范城市”影响力

城市文化软实力是城市综合实力不可或缺的重要组成部分，包括以城市精神为核心的价值观念影响力、以内容原创能力为核心的文化创新力、以文化输出能力和文化传播能力为核心的文化辐射力等，最终决定城市发展和城市竞争的成败。促进全民阅读的交流合作，既可推动本市的全民阅读发展，也可通过把阅读打造为城市的一张文化名片，扩展深圳作为全球全民阅读典范城市的美誉度、影响力和辐射力，增强深圳的文化软实力。

首先，2018 年深圳全民阅读工作要在市委市政府和市委宣传部的领导下重点开展城际阅读交流活动，进一步加强与联合国教科文组织、国际阅读组织等的联系与合作。包括有计划地与日本、韩国等邻近的高水平阅读城市组织互访交流，在汲取积极有益经验、碰撞丰富创意的同时，展现深圳全民阅读的成果和模式，让“全球全民阅读典范城市”的魅力进一步散播到国际舞台；加强与深圳国际友好城市、全球创意城市网络、“一带一路”国家和城市阅读交流合作，进一步创设有利于提高深圳国际影响力、传播中华优秀文化的国际阅读交流平台。

其次，要重视加强与国内城市的阅读交流。充分利用书博会在深圳举办的主场优势，加强与各省、自治区、直辖市新闻出版部门以及中国出版协会、中国书刊发行业协会等机构的交流与合作，在学习其他城市、地区全民阅读先进经验的同时，通过举办形式多样的阅读文化活动，对全民阅读的“深圳模式”进行推广，总结深圳书城、书吧在内地城市外溢发展的经验，积极促进深圳阅读文化走出去，拓展深圳与国内城市城际阅读交流活动的深度和广度。

最后，要加强与台、港、澳的阅读交流。充分利用毗邻港澳的地缘优

势，组织港澳学生参观中心书城、深圳博物馆等，与深圳学生进行阅读写作交流；继续办好“深港两地中学生阅读能力培育交流会”等深港阅读交流合作项目。在2018年香港书展推介第28届书博会，推动内地与香港的文化交流以及粤港澳大湾区的文化合作，利用书博会的契机举办海峡两岸出版交流30周年座谈会等。

（七）积极探索全民阅读的社会需求调查和绩效评估工作，推动文化供给侧结构性改革，提高全民阅读工作的效能

需求决定供给，公共阅读的产品、服务供给是以社会公众为对象的，要提高供给水平，扩大全民阅读范围，就必须突出社会公众的真实需求，坚持以人民为中心，通过满足市民多样化的阅读文化需求，保障其基本阅读权利，这是全民阅读的逻辑起点。因此开展社会阅读需求和满意度调查，既是建立健全社会阅读需求表达机制的重要标志，也是提高全民阅读质量的有效途径。鉴于此，近年来，随着我国文化领域供给侧结构性改革的推进，国内不少城市都在探索建立公共文化需求的反馈机制。在这方面，深圳虽然在局部进行了某些探索，但总体上看尚未就此问题进行系统研究，科学的社会阅读需求反馈机制尚未建立，以致存在不少供需错配、无效供给现象，如一些社区图书馆少人问津，导致了相关的阅读资源浪费。究其原因，显然不是目前阅读产品和服务供给过剩，而是由于相关供给主体既缺乏市场敏感度，又缺乏科学严谨的社会需求调查和反馈机制，尤其是阅读供给缺乏在新技术新媒体条件下以“体验”为中心环节的社会阅读消费行为方式的有效应对，导致供需错配的必然结果。2018年深圳的全民阅读可在社会需求调查、建立反馈机制方面加大工作力度，着眼于供需平衡推进文化供给侧改革，提高全民阅读产品和服务的有效供给。

同时，绩效评估作为现代公共管理的前沿课题，成为20世纪70—80年代以来西方国家“新公共管理”改革热潮的重要措施之一。进入20世纪90年代，绩效评估作为改进政府和公共组织服务绩效的有效工具，在我国也得到了广泛的应用，如2006年出台的《国家“十一五”时期文化发展规划纲要》提出，今后要建立健全公共文化机构评估系统和绩效考评机制。相比之下，深圳虽然早在2006年起就率先进行了公共文化服务绩效问题的研究，但迄今为止尚未在全民阅读领域普遍开展绩效评估管理的实践，不能如实测评公共阅读供给的绩效情况，进而采取针对性策略有效提升公共阅读供给质量。因此，在2018年，相关部门可委托独立的第三方积极开展全民阅读的绩效评估工作，通过研制科学的评估标准与模型，建立有效的评估激励机制，形成切实可行的评估方式与办法，积极开展对参与全民阅读的政府部门、文化企业、社会组织的整体和专项绩效评估，并形成固定制度，以此提升深圳全民阅读的供给质量和发展水平。

阅读综合研究

2017年深圳阅读指数研究报告

深圳大学课题组

为持续性观测深圳城市阅读建设与推进工作，洞察读者阅读习惯和需求的变化，深圳第四次发布年度城市阅读指数，提出2017年深圳阅读指数研究报告，对反映城市的阅读设施建设水平、阅读事业发展状况以及居民的阅读行为等展开调查研究，提供一系列科学量化数据。

2017年深圳阅读指数为92.47，其中全民阅读基本建设统计数据得分为68.05，居民阅读行为调查数据得分为24.42。

一、深圳阅读指数的模型设计

阅读指数作为一个综合性的指标，不仅要确保其科学性、学术性与指导性，还应审时度势，体现出对居民行为和社会变动的持续观察。2017年，本课题根据国际数字阅读兴起的整体趋势，即随着我国国家政策的扶持、阅读环境的形成、精品力作的推出和用户规模的拓展，这“四驾马车”将对数字阅读行业带来持续拉动，以及国家新闻出版研究院近年的全国国民阅读调查和前三年深圳居民的阅读行为测量数据，对前期研究建构的指标体系和计算模型，进行了指标优化和结构调整。

2017 年的深圳阅读指数调研和具体实施，在前三年的指标模型基础上，增加和细化了对居民数字阅读行为的观察和测量，以回应数字阅读对传统阅读带来的挑战。根据国际惯例和本研究所确立的模型，针对数字阅读的行为特点，加强了对市民数字阅读使用的空间场所、不同介质、各类时长、收藏与消费水平的观察，并据此对阅读指数模型进行了科学的结构化处理。删去“全市报刊亭数量”和“手机阅读年流量”两项测评内容，新增“数字图书人均月浏览量”“数字阅读渗透率”“数字阅读月均访问用户数”“人均每月在读数字阅读图书本数”和“数字阅读人均月消费额”五项测评内容。模型修正体现了深圳市民阅读习惯的改变，使阅读指数模型更科学。

本年度的数据收集和统计依旧按照“同口径、可比性”的原则，对 3 个一级指标、22 项二级指标、51 项测评内容进行测量，指数计算严格建立在前三年的各项数据统计和本年度的居民调查结果之上，根据程序化的计算机模型运算获得。

深圳阅读指数（A）= 全民阅读基本建设统计数据（B）+ 居民阅读行为调查数据（C）

二、深圳阅读指数的指标体系

2017 年深圳阅读指数的 3 个一级指标是：Ⅰ-1 阅读设施与资源，Ⅰ-2 阅读支持与保障，Ⅰ-3 阅读行为与认知。第一项一级指标，包括城市为市民提供的便于阅读的公共设施、可阅读的内容资源，反映了本市居民阅读活动得以进行所依托的基本条件状况；第二项一级指标，包括政府为推动全民阅读所提供的经费和组织保障以及所开展的组织活动；第三项一级指标，包括居民的阅读行为统计数据和调查数据，涵盖阅读的时间和空间、内容的广度和深度、认知态度和实际消费等。所有指标及测评内容，均以客观性统计数据为基础，结合抽样调查来综合呈现。

根据课题组对于阅读概念的界定，并充分参照国家和其他省市相关研究和测评指标的成果，将第一项和第二项一级指标界定为阅读条件，将第三类一级指标界定为阅读行为，设计为阅读条件占43%权重，阅读行为占57%权重。再根据一级指标之下二级指标各项，及横向对比所有二级指标各项，划分第一项一级指标占24%权重，第二项一级指标占19%权重。依次逻辑划分所有二级指标及三级测评内容各占相应权重。指标权重设计在参照专家意见基础上由课题组集体讨论而定。整套指标体系如下表所示：

深圳阅读指数指标体系及权重

一级指标	一级指标权重值	二级指标代码	二级指标权重值(F)	测评内容	测评内容权重值
Ⅰ-1 阅读设施与资源	24%	A1	12.0%	1）公共图书馆数量	2.0%
				2）千人阅览座位数	1.0%
				3）有效读者证数量	3.0%
				4）人均拥有公共图书馆藏书册数	3.0%
				5）馆藏电子图书（含有声图书）种类	3.0%
		A2	6.0%	1）全市实体书店、书吧数量	3.0%
				2）实体书店年购书人次	2.0%
				3）实体书店年进出人数	1.0%

（续表）

一级指标	一级指标权重值	二级指标代码	二级指标权重值（F）	测评内容	测评内容权重值
Ⅰ-1 阅读设施与资源	24%	A3	1.0%	1）深圳地区报纸销售量	1.0%
		A4	1.0%	1）深圳地区期刊销售量	1.0%
		A5	4.0%	1）深圳图书销售量	4.0%
Ⅰ-2 阅读支持与保障	19%	A6	2.0%	1）阅读机构组织数量	2.0%
		A7	3.0%	1）阅读活动的形态种数	3.0%
		A8	5.0%	1）阅读活动的场次数量	5.0%
		A9	5.0%	1）财政性资金投入金额	2.0%
				2）社会资金投入金额	2.0%
				3）投入社会资金的机构数量	1.0%
		A10	2.0%	1）阅读推广人数量	2.0%
		A11	2.0%	1）报业集团阅读类宣传报道所占百分比	1.0%
				2）广播电视媒体年阅读报道时长	1.0%
Ⅰ-3 阅读行为与认知	57%	A12	8.0%	1）公共图书馆进馆人次	3.0%
				2）公共图书馆外借册次	3.0%
				3）公共图书馆网站点击数	2.0%
		A13	9.0%	1）数字图书人均月浏览量★	3.0%
				2）数字阅读渗透率★	3.0%
				3）数字阅读月均访问用户数★	3.0%
		A14	6.5%	1）平均每天阅读各类信息时长★	1.5%
				2）平均每天图书阅读时长	2.0%
				3）平均每天报纸阅读时长	0.5%
				4）平均每天期刊阅读时长	0.5%
				5）平均每天数字化阅读时长	2.0%
		A15	4.5%	1）每周图书阅读率	1.5%
				2）每周报纸阅读率	1.0%
				3）每周期刊阅读率	1.0%
				4）每周数字化阅读率	1.0%

（续表）

一级指标	一级指标权重值	二级指标代码	二级指标权重值(F)	测评内容	测评内容权重值
Ⅰ-3 阅读行为与认知	57%	A16	7.0%	1）每年阅读报刊数	1.0%
				2）人均每月在读数字阅读图书本数（本）★	2.0%
				3）每年阅读纸质图书数量	2.0%
				4）每年电子图书阅读量	2.0%
		A17	2.0%	1）阅读内容广度：人文、科技、技能、教育等	2.0%
		A18	2.0%	1）阅读活动参与类别	1.0%
				2）阅读活动参与率	1.0%
		A19	5.0%	1）有藏书家庭百分比	2.0%
				2）家庭平均纸质书藏书量	2.0%
				3）家庭平均电子书藏书量	1.0%
		A20	5.0%	1）平均每月的阅读消费额	2.0%
				2）年度图书购买量	2.0%
				3）数字阅读人均月消费额★	1.0%
		A21	4.0%	1）阅读资源满意度	2.0%
				2）阅读设施与环境满意度	2.0%
		A22	4.0%	1）阅读重要性认知	4.0%

注：★为 2017 年新增的指标

三、深圳阅读指数调查结果

（一）2017 年深圳阅读指数

2016 年深圳阅读指数（A）=92.47，其中

全民阅读基本建设统计数据（B）= 68.05

居民阅读行为调查数据（C）=24.42

（二）2017 年深圳成年居民阅读情况

2017 年深圳居民阅读行为抽样调查结果与“第十四次国民阅读调查（2016）”（以下简称 2016 国民阅读调查）同指标相比，在阅读率、阅读量和阅读时长等指标上，深圳的数据都高于全国的平均水平。

1. 阅读率

2017 年深圳成年居民图书阅读率为 73.4%，比去年（62.1%）高出 11.3 个百分点，高于我国成年国民图书阅读率（58.8%）14.6 个百分点；2017 年深圳居民的报纸阅读率为 51.5%，期刊阅读率为 44.4%，均高于全国数据。深圳成年居民数字化阅读方式的接触率为 100%，远远高于全国 68.2% 的数字化阅读率。

2. 阅读量

2017 年深圳成年居民人均电子图书阅读量为 12.42 本，比去年（10.47 本）多将近 2 本，比 2016 年成年国民人均电子书阅读量（3.21 本）多 9.21 本。

2017 年深圳成年居民人均纸质图书阅读量为 6.89 本，比去年的 8.94 本减少了 2.05 本，比 2016 年成年国民人均纸质图书阅读量（4.65 本）多 2.24 本。

3. 阅读时长

2017 年深圳居民日均读书（包括纸质图书和电子图书）87.48 分钟，比 2016 年（41.48 分钟）增加 46 分钟，同指标在“国民阅读调查（2016）”的统计结果是 20.20 分钟，深圳居民日均读书时间比全国平均值多 67.28 分钟。

2017 年深圳居民日均读报 23.76 分钟，比去年（16.89 分钟）增加了 6.87 分钟，比 2016 年国民阅读调查中全国成人日均读报时长（13.15 分钟）

多 10.61 分钟。

2017 年深圳居民日均阅读期刊 25.18 分钟，比去年（12.31 分钟）增加了 12.87 分钟，比 2016 年国民阅读调查中全国成人日均阅读期刊时长（6.61 分钟）多 18.57 分钟。

（三）2017 年深圳全民阅读基本建设情况

在“全民阅读基本建设统计数据”所观测的 25 项测评内容中，有 19 项测评内容在 2016 年度的观测值比前四年有所上升，4 项减少，2 项持平。上升的项目占比 76%。

1. 测评指标中显著提升的项目

（1）Ⅱ –1 图书馆

二级指标“Ⅱ –1 图书馆”所占权重为 12%，测评得分为 13.71。在 5 个测评内容中，统计值较 2016 年增速最快的是“馆藏电子图书种类”增长 29%；其次为“有效读者证数量”，增长 12%。该项指标各项测评内容的历年调查结果如下表所示：

“Ⅱ –1 图书馆”各项测评内容历年统计值

测评内容	测评内容权重值	2010 年	2011 年	2012 年	2013 年	2014 年	2015 年	2016 年
1）公共图书馆数量（个）	2%	638	643	640	633	625	620	627
2）有效读者证数量（万个）	3%	100.99	116.14	129.24	144.99	162.95	186	208
3）馆藏电子图书（含有声图书）种类（万册）	3%	343.76	386.55	453.63	488.55	583.04	576.27	743.06

（2）Ⅱ –2 实体书店

二级指标“Ⅱ –2 实体书店”所占权重为 6%，2017 年测评整体得分 6.6 分。3 项测评内容，其统计值较 2015 年分别上涨 3%、2% 和 13%。该项指标测评内容的历年调查结果如下表所示：

“Ⅱ –2 实体书店”各项测评内容历年统计值

测评内容	测评内容权重值	2010 年	2011 年	2012 年	2013 年	2014 年	2015 年	2016 年
1）全市实体书店、书吧数量（个）	3%	72	81	89	95	154	158	162
2）实体书店年购书人次（万人次）	2%	323.49	308.24	296.15	269.60	257.05	246.70	250.88
3）实体书店年进出人数(万人)	1%	1047	1040	1085	1017	1032	1032	1170.03

（3）Ⅱ –5 图书销售量

二级指标“Ⅱ –5 图书销售量”所占权重为 4%，测评得分为 4.52。从实际销量来看，2016 年的总销量延续了上一年度的上升势头，继续增加。该项指标测评内容的历年调查结果如下表所示：

“Ⅱ –5 图书销售量”各项测评内容历年统计值

测评内容	测评内容权重值	2010 年	2011 年	2012 年	2013 年	2014 年	2015 年	2016 年
1）深圳图书销售额（万元）	4%	39525.77	38678.69	37920.96	37357.39	43852.23	45024.05	47952.35

受网上销售和数字阅读的影响，深圳实体书店的图书销量在经历了2010年、2011年、2012年和2013年连续四年的小幅跌滑之后，2014年、2015年和2016年深圳实体书店的图书销售量出现止跌反弹。

（4）Ⅱ-8阅读活动场次

二级指标“Ⅱ-8阅读活动场次”所占权重值为5%，测评得分为7.24。今年虽然深圳市开展阅读活动的场次数相比去年还有不少的增加，但增长率相比于之前的三倍增幅来说，就显得缓慢多了，统计值增加7%。该项指标测评内容的历年调查结果如下表所示：

“Ⅱ-8阅读活动场次”各项测评内容历年统计值

测评内容	测评内容权重值	2010年	2011年	2012年	2013年	2014年	2015年	2016年
1）阅读活动的场次数量（场）	5%	1084	1565	2275	3263	10066	11587	12355

（5）Ⅱ-9资金保障

二级指标“Ⅱ-9资金保障”所占权重值为5%，测评得分为6.01分。“财政性资金投入额度”相比去年增加了65万元；“社会资金投入金额”相比去年有较大幅度增长，从1258.13万增加至1659.55万元；投入社会资金的机构数量仍维持在6个。本年度的6家机构（中国建行、中国移动、爱阅公益基金会、深圳广电、深圳报业、深圳出版发行集团）投入的社会资金比上年都有不同程度增加。该项指标测评内容的历年调查结果如下表所示：

“Ⅱ–9 资金保障”各项测评内容历年统计值

测评内容	测评内容权重值	2010年	2011年	2012年	2013年	2014年	2015年	2016年
1）财政性资金投入额度(万元)	2%	510	600	600	605	1120	1140	1205
2）社会资金投入金额（万元）	2%	730.69	836.57	1021.79	1045.17	1515.9	1258.13	1659.55
3）投入社会资金的机构数量（个）	1%	6	7	7	7	7	6	6

（6）Ⅱ–10 阅读推广人

二级指标“Ⅱ–10 阅读推广人”所占权重值为 2%，测评得分为 2.49。实际推广人的数量在增加，增速 11%。该项指标测评内容的历年调查结果如下表所示：

“Ⅱ–10 阅读推广人”各项测评内容历年统计值

测评内容	测评内容权重值	2010年	2011年	2012年	2013年	2014年	2015年	2016年
1）阅读推广人数量（人）	2%	132	216	328	483	526	582	648

历年调查结果显示，深圳市的阅读推广人数量在过去的六年中稳步上升。从 2012 年起，深圳市新闻出版局和深圳读书月组委会每年从全市聘请一批阅读推广能力突出、经验丰富的阅读推广人，并建设深圳市阅读推广人数据库。同时开办阅读推广人培训班，培养学员独立自主开展阅读推广的能力和技巧，推动阅读推广向专业化和规范化发展。

（7）Ⅱ-11 媒体支持

二级指标“Ⅱ-11 媒体支持”所占权重值为 2%，测评得分为 2.56。就实际数值来看，两项测评内容的统计值分别增加 1% 和 5%。该项指标测评内容的历年调查结果如下表所示：

“Ⅱ-11 媒体支持”各项测评内容历年统计值

测评内容	测评内容权重值	2010年	2011年	2012年	2013年	2014年	2015年	2016年
1）报业集团阅读类宣传报道所占百分比（%）	1%	8.7	8.5	8.6	8.9	9.2	9.45	9.56
2）广播电视媒体年阅读报道时长（分钟）	1%	331	317	326	346	2660	3100	3250

2. 测评指标中有所下降的项目

（1）Ⅱ-1 图书馆

二级指标“Ⅱ-1 图书馆”的 5 个测评内容中，“千人阅览座位数”和“人均拥有公共图书馆藏书册数”，统计值较 2016 年分别下降 5% 和 2%。该项指标各项测评内容的历年调查结果如下表所示：

“Ⅱ-1 图书馆”各项测评内容历年统计值

测评内容	测评内容权重值	2010年	2011年	2012年	2013年	2014年	2015年	2016年
1）千人阅览座位数（个）	2%	510	600	600	605	1120	1140	1205
2）人均拥有公共图书馆藏书册数（册）	2%	730.69	836.57	1021.79	1045.17	1515.9	1258.13	1659.55

（2）Ⅱ–3 报纸销售量

二级指标“Ⅱ–3 报纸销售量”所占权重为 1%，测评得分 0.46。在全球新兴媒体崛起、纸媒下滑的大趋势下，纸媒销量渐趋下滑较明显。该项指标测评内容的历年调查结果如下表所示：

“Ⅱ–3 报纸销售量”各项测评内容历年统计值

测评内容	测评内容权重值	2010年	2011年	2012年	2013年	2014年	2015年	2016年
1）深圳地区报纸销售量（万份）	1%	63600	75200	76200	72700	68000	46726	28003

（3）Ⅱ–4 期刊销售量

二级指标“Ⅱ–4 期刊销售量”所占权重为 1%，测评得分为 0.51 分。从实际销量来看，继续保持下跌趋势。该项指标测评内容的历年调查结果如下表所示：

“Ⅱ–4 期刊销售量”各项测评内容历年统计值

测评内容	测评内容权重值	2010年	2011年	2012年	2013年	2014年	2015年	2016年
1）深圳地区期刊销售量（万册）	1%	2412	2453	2562	2619	2523.6	1578	1106

根据文体局新闻处的说明，在互联网及电商冲击下，大部分综合性、行业性期刊销售量锐减，而专业性期刊销售量持平或有小幅增量。

四、深圳阅读指数调查解读

（一）全民阅读基本建设成效显著

由于今年的阅读指数研究根据实际发展变化，调整了模型结构，增减了个别指标，部分指标权重略作调整，指标总体测评得分在统计上不具有可比性，因此通过对比相同测评内容统计值的变化一窥 2017 年全民阅读基本建设的情况。

在“全民阅读基本建设统计数据”中，共计 26 项测评内容，其中新增 3 项测评内容，在其余原指标体系的 23 项测评内容中，有 17 项的统计值高于 2015 年，有 2 项统计值与 2015 年持平，有 4 项统计值低于 2015 年。在 17 个高于 2015 年统计值的项目中，“社会资金投入金额”“馆藏电子图书（含有声图书）种类”“实体书店年进出人数”“有效读者证数量”“阅读推广人数量”提升显著，增长率在 10% 以上。下降显著的两项统计值分别是“深圳地区报纸销售量”和“深圳地区期刊销售量”，下降幅度分别达到了 40% 和 30%。在全球新兴媒体崛起、传统媒体下滑的大趋势下，深圳地区报纸和期刊的销量下滑也无法避免。

（二）数字化阅读的主流化趋势明显

随着人工智能、虚拟现实、网络直播等技术与数字阅读相互结合，推动传媒形态的创新发展，信息和网络信息技术正不断为数字阅读注入发展动力。过去一年，全国数字出版产业整体收入已达 4403.85 亿元，数字出版产业的累计用户规模达到 17.2357 亿人。其中数字阅读用户规模突破 3 亿，市场规模达 120 亿元。

居民阅读行为调查数据显示，深圳成年居民（18—60 岁）平均每周数字化阅读率为 100%，比去年（95.7%）提高了 4.3 个百分点；平均阅读电子图书数量为 12.42 本，比去年（10.47）多了 1.95 本。调查针对居民一天中使用互联网阅读的时长、手机上网阅读时长、微信阅读时长、电子阅读器阅读时长、平板电脑阅读时长等抽样分析，具体抽样结果如下：

互联网阅读时长：2017 年深圳居民平均一天中使用互联网阅读的时长为 118.6 分钟，比去年的 96.2 分钟增加了 22.4 分钟。

手机上网阅读时长：2017 年深圳居民平均一天中手机上网阅读的时长为 86.76 分钟，比去年的 55.07 分钟增加了 31.69 分钟。

微信阅读时长：微信阅读的时长为 44.89 分钟，比去年的 33.38 分钟提高了 11.51 分钟。

电子阅读器阅读时长：深圳人一天中使用电子阅读器的时长是 22.15 分钟，比去年的 37.73 分钟减少了 15.58 分钟。

平板电脑阅读时长：深圳人一天中使用平板电脑阅读的时长为 28.46 分钟，比去年的 34.40 分钟减少了 5.94 分钟。

可见，深圳人在数字化阅读方面，使用移动互联网进行数字阅读的时间呈现增加的趋势，所用电子阅读器和平板电脑时间有减少的趋势。

（三）城市阅读条件满意度持续升高

阅读条件满意度指标从“阅读资源满意度”和“阅读设施与环境满意度”两个方面进行具体测评，测评结果较之去年均有所提升。接受调查的深圳居民中，36% 的居民对阅读资源表示非常满意，45% 的居民表示比较满意，17.5% 的居民表示基本满意；比较不满意和非常不满意的仅有 1.1% 和 0.4%，绝大部分居民对深圳市的阅读资源表示认可。

对比今年和去年的原特区内外居民的阅读资源满意度，我们发现：原特区外居民的总体满意度继续超过了原特区内。这在一定程度上说明原特区外阅读资源的改善，以及阅读资源向均衡化发展的趋势。

深圳市流动儿童家庭亲子阅读状况调研报告（2017）

雷叔格 韩岩 倪士光

本次调查由深圳市妇女儿童发展基金会、深圳市彩虹花公益小书房、清华大学深圳研究院社会工作与心理健康研究中心联合承办。在深圳市范围内共获取了16524份家庭亲子阅读数据，其中深圳户籍儿童、港澳台、外国国籍儿童家庭数据2987份，报告正文统一将这类家庭称为户籍儿童家庭；其他省市户籍儿童家庭数据13537份，报告正文统一将这类家庭称为流动儿童家庭。因此本报告的数据分析基础有三个方面，一方面是针对全体被调查家庭的数据分析，即全部16524份数据；一方面是针对户籍儿童家庭的数据分析，即2987份数据；第三方面是针对流动儿童家庭的数据分析，即13537份数据。

另外本报告还获取了深圳市社区党群服务中心儿童阅读服务情况调研数据171份，用于报告中第五项内容（社区阅读环境）的部分数据分析。

本报告数据分析部分，主要包含八个板块的内容，分别是报告主要发现、调查样本情况、被调查家长及儿童情况、被调查家庭亲子阅读状况、儿童阅读环境、阅读资源需求、家长心声、报告主要建议。为使读者在报告开篇就可以读到本次报告的主要数据发现，便于在后面各个板块的具体分析中找到最感兴趣的内容，“报告主要发现”这一板块安排在第一部分。

本报告旨在向读者呈现深圳市流动儿童家庭的亲子阅读状态，以及他们的阅读需求，希望城市流动儿童家庭的阅读需求能够引起社会资源的重视与关注，根据报告主要发现，在报告的最后，我们对社会、学校、社区、社会组织等提出了相关的倡议与建议，以供参考。

报告内容及数据分析方式，如有纰漏，敬请读者批评指正！

一、报告主要发现

（一）图书资源需求是深圳市流动儿童家庭的最大阅读需求

被调查流动家长在社会阅读资源上最大的需求为图书借阅，占61.8%，而对学校阅读资源的最大需求也是图书，占45%。作为本次调研项目的执行单位——深圳市彩虹花公益小书房，对此结果感到非常吃惊。深圳的亲子阅读推广大约从2000年开始，可以说目前是国内推广氛围最好、社会组织最活跃、政府最支持的一个城市，而对于生活在深圳这个城市的流动儿童家庭，他们的阅读需求仍然停留在书籍上，而且占比很大，这样的结果需要我们反思。

（二）流动儿童与户籍儿童存在阅读差异

差异1：儿童阅读量，在低年级儿童中（三年级及以下），流动儿童每年阅读20本以下的占比为64.2%，户籍儿童每年阅读20本以下的占比为40.2%，两者占比相差24%，高年级儿童中（四到六年级）本数据的占比相差14.7%。

差异2：家庭拥有童书数量，深圳流动儿童家庭的童书拥有量远远少于户籍儿童家庭，以家庭拥有童书50本及以上为例，流动儿童家庭的占比与户籍儿童家庭的占比相比，低 35.2%。

差异 3：亲子阅读陪伴时间，流动儿童家庭中的亲子阅读时间与户籍儿童家庭亲子阅读时间相比，户籍儿童的家长在亲子阅读上花费的时间比流动儿童家长花费的时间稍长，但两个群体之间的数据相差不是很大，这可能说明深圳家长的亲子阅读意识较好。

（三）流动儿童家庭其他需要关注的方面

关注 1：家长学历，深圳市流动儿童家长的学历普遍偏低，高中及以下学历占比约为 80%。

关注 2：家庭收入，深圳市流动儿童家庭的收入情况偏低，其中 61.2% 的家庭年收入低于 10 万元。

关注 3：家庭是否有书架，深圳市流动儿童家庭中没有任何形式的书柜或书架的家庭占比近一半，为 44.2%。

关注 4：家庭周边公共图书资源，被调查流动儿童家庭周边有公共图书馆资源的不到四成，仅 37.6%，但有近四成的家庭表示周边有商业书店。

（四）儿童阅读相关因素

相关 1：家庭拥有书架情况。没有书架的家庭中，儿童不喜欢看书的比例高达 70.1%，家庭拥有书架与否对儿童阅读量有非常明显的影响。

相关 2：家长阅读习惯。家长阅读量对儿童阅读的促进作用明显，如家长年阅读 5 本及以上的书籍时，儿童更倾向于阅读更多书籍，如家长年阅读 15 本及以上的书籍时，近一半的儿童阅读量可达 100 本以上。

相关 3：家庭拥有童书量。家庭拥有童书量与儿童的阅读量有很大关系，拥有童书越多的家庭，儿童阅读量越大。另一方面，拥有 50 本及以上特别是 100 本及以上童书的家庭数量远超过孩子阅读量在 50 本及以上或者 100 本及以上的家庭数，而家庭儿童书籍低于 10 本的家庭数也远低于儿童阅读量在 10 本以下的家庭数，这说明家长给孩子买了书，但有一些书孩子并没有阅读。

相关 4：家长参与阅读推广。彩虹花义工家庭的儿童阅读量远远高于本次调研儿童的平均阅读量，年阅读 50 本以上的家庭占比为 53%，家长在做阅读推广时，既对儿童树立了榜样作用，又同时向孩子说明了其对阅读这件事情的认可与支持，另外志愿者对阅读所持有的理念，以及引导阅读兴趣的能力与普通家长相比具有很大优势，这都是影响儿童阅读的重要因素。

相关 5：儿童学龄。随着儿童受教育程度增加（学龄增加），其阅读量也会增加。另一方面，根据本报告数据，我们看到被调查儿童在低年级阶段，三年级及以下时，年阅读量低于 20 本的比例近六成，这个阶段的儿童大多自主阅读能力较差，需要家长陪伴阅读，阅读量低一定程度上可以说明其家庭的亲子阅读状况一般，或较差。

（五）阅读需求与社会资源利用情况不匹配

流动儿童家庭在阅读上的最大需求是书籍，而流动儿童家庭中没有图书借阅证的比例高达 78.1%，经常使用借阅证的家庭比例仅为 6.4%，公共资源的利用率很低，与其需求情况不匹配。

（六）亲子陪伴方式以陪伴写作业及户外运动居多

家长辅导作业：全部被调查家庭中平日的亲子陪伴方式最大占比是

"陪孩子写作业"，一起阅读的占比仅三成。

户外运动及游玩：全部被调查家庭中节假日的亲子陪伴方式以一起户外运动、游玩为主，占 66.4%。

其他：另外有四分之一的家庭选择了宅在家里，亲子参与社会上组织的活动占比为 12%，经常参与读书活动的占比不到 3%，这说明在参与社会活动上，家长们有更多其他类型的选择。

（七）被调查家庭对社会上组织的读书活动参与度非常低

被调查家庭中 96.7% 很少或从来没参加过社会上组织的读书活动。社会家庭参与度低的原因未在本次研究的范围内，但不管什么原因，这说明了社会组织的阅读活动对于家庭亲子阅读或者儿童阅读的促进效果或者影响力相对有限，发展潜力较大。

二、调查样本情况

本次调查在深圳市范围内共获取了 16524 份家庭亲子阅读数据，其中流动儿童家庭数据 13537 份；户籍儿童家庭数据 2987 份；被调查家庭主要来自深圳龙华、龙岗、宝安等行政区，深圳共 10 个行政区，其中盐田、坪山两区数据很少，大鹏新区数据较少。全部被调查家庭中，儿童就读民办学校的占比为 71.3%，占大部分。

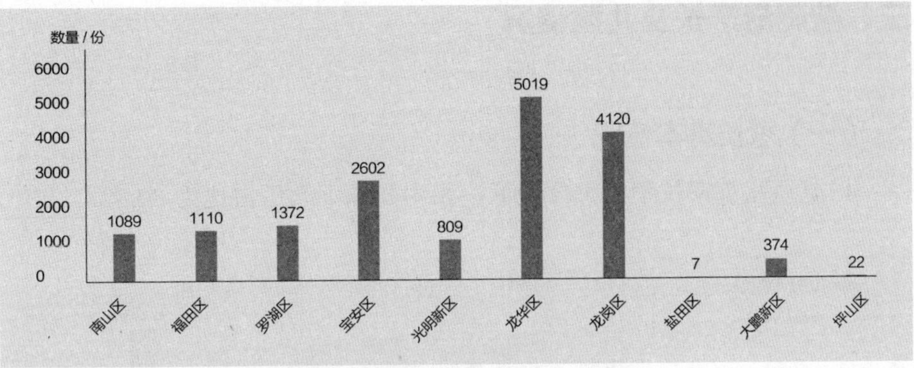

图 1　调研家庭区域分布图

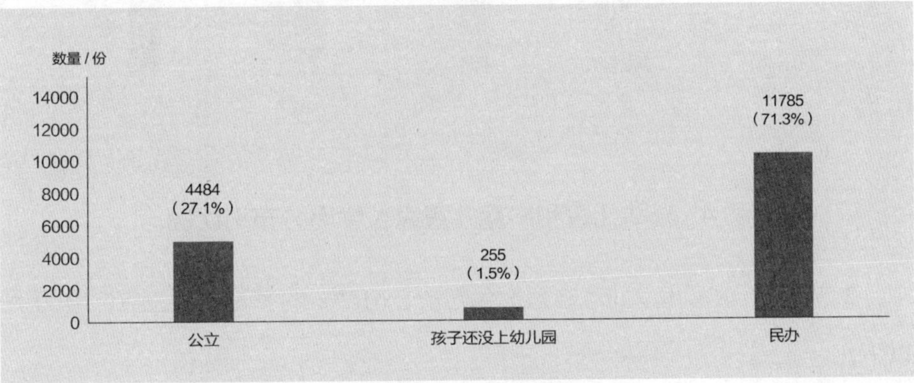

图 2　儿童就读学校性质分布图

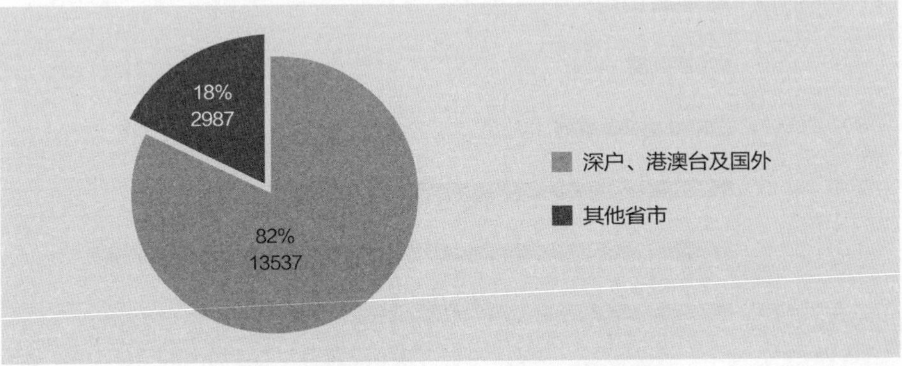

图 3　被调查家庭儿童户籍分布情况

三、被调查家长及儿童情况

（一）家长基本情况

1. 流动儿童家长学历整体偏低，高中及以下学历占比为 80.3%。

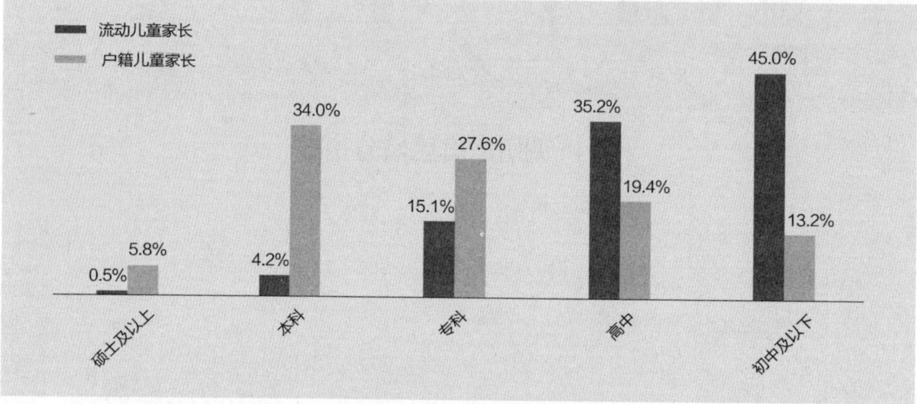

图 4 流动儿童和户籍儿童家长学历分布对比图

2. 流动儿童家庭大多数经济不宽裕，61.2% 的家庭年收入在 10 万元以下。

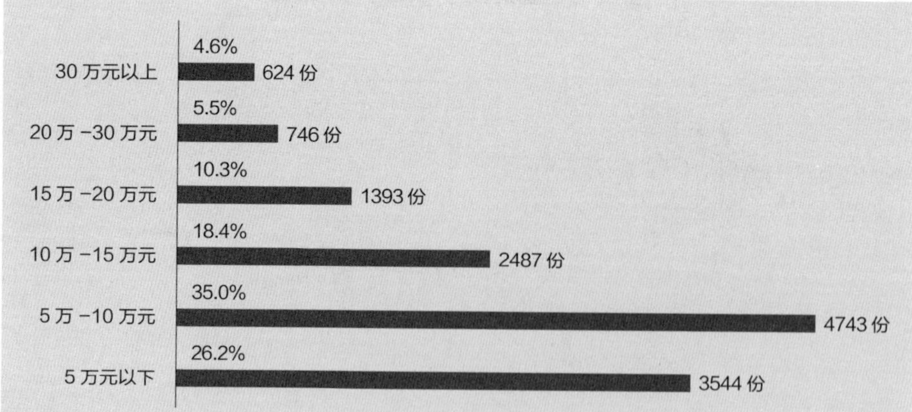

图 5 被调查流动儿童家庭年收入分布图

3. 家长学历越高，家庭收入越高。

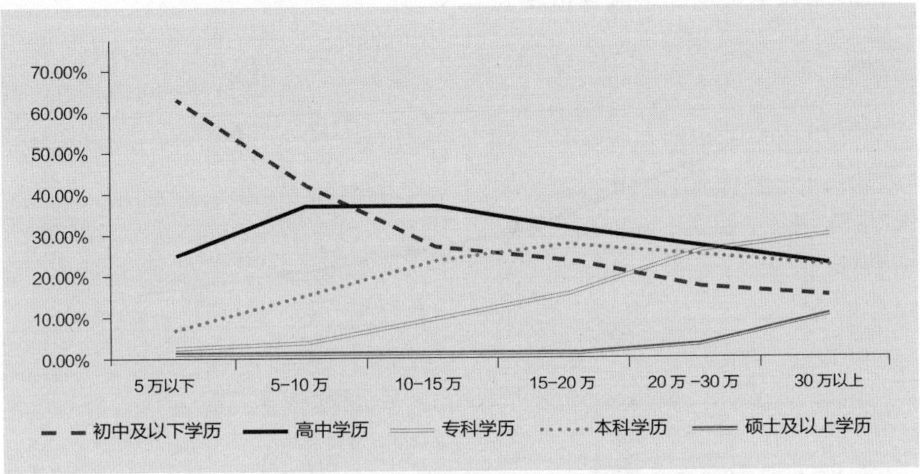

图 6 不同学历家长的家庭收入比例分布图

4. 流动儿童家长近四成不看书，年阅读量 2—10 本的家长占一半，整体阅读量偏少。

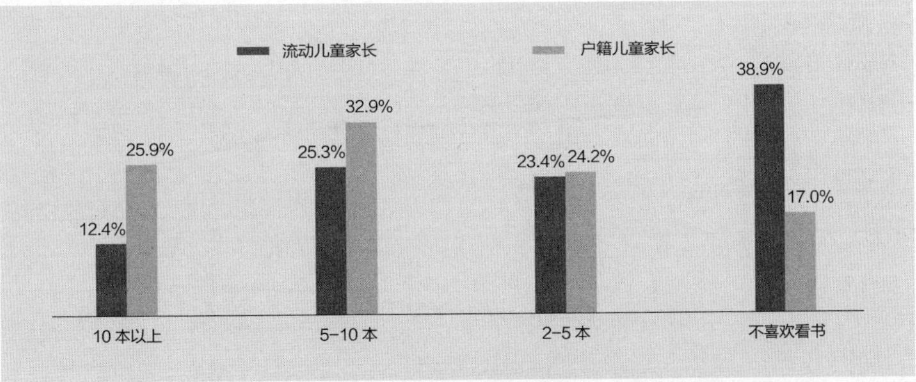

图 7 流动儿童家长和户籍儿童家长年阅读量分布对比图

流动儿童家长年阅读 5 本以上的占比为 37.7%。户籍儿童家长年阅读 5 本以上的占比为 58.8%，户籍家庭家长的阅读量比流动家庭家长的阅读量明显要多。

5. 家长学历越高，阅读量越高。

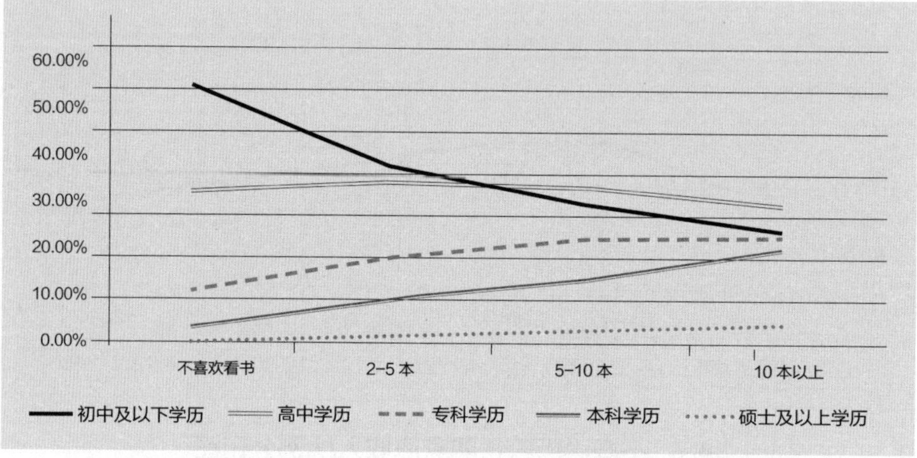

图 8 被调查家长年阅读量与其学历的比率交叉分布图

6. 家庭收入越高，家长越倾向于多阅读。

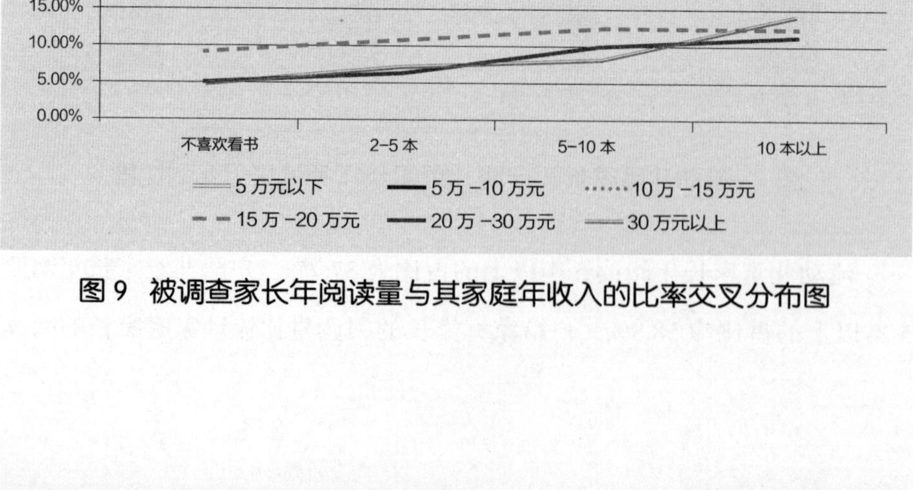

图 9 被调查家长年阅读量与其家庭年收入的比率交叉分布图

（二）儿童基本情况

1. 被调查儿童年阅读量，三成左右不足 10 本，超过一半儿童年阅读量不足 20 本。

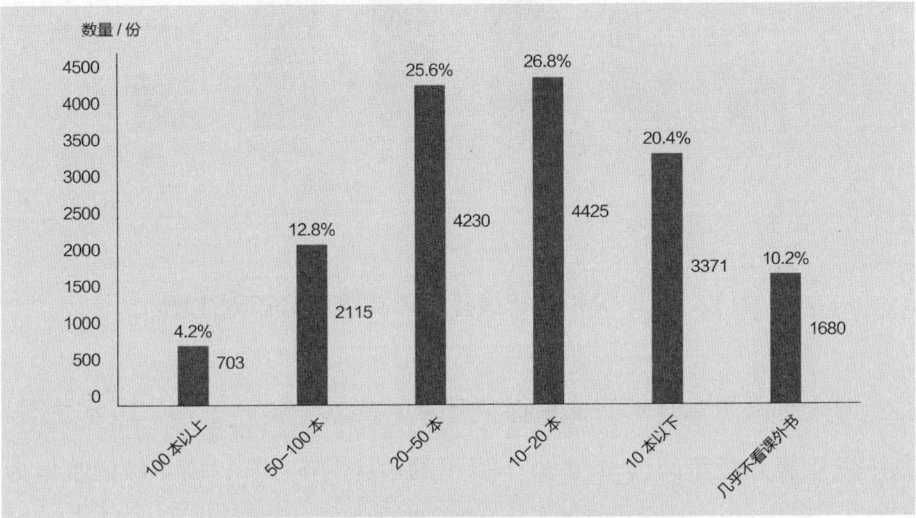

图 10 被调查儿童年阅读量分布图

2. 高年级儿童阅读书籍更多。

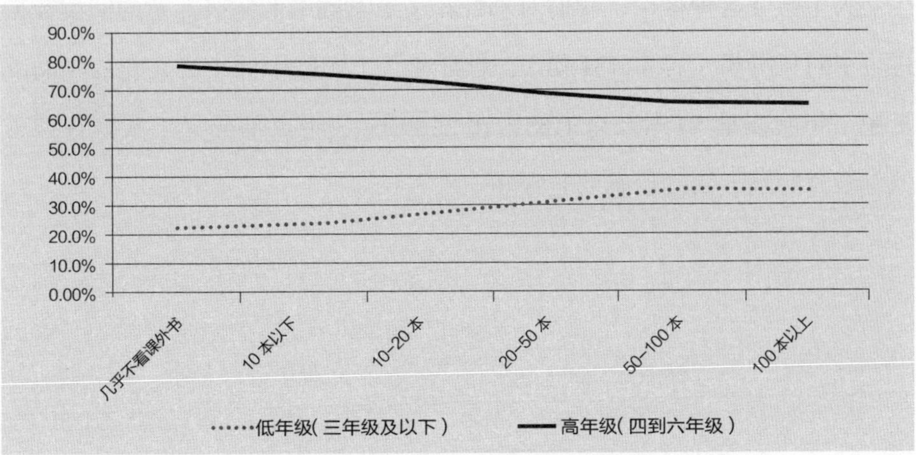

图 11 高年级和低年级儿童阅读量交叉分布图

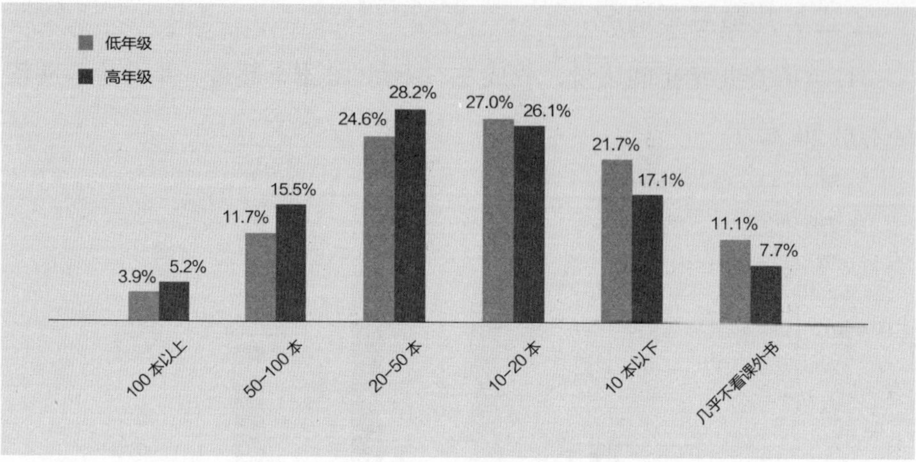

图 12 低年级和高年级儿童年阅读量分布对比图

两个阶段的儿童年阅读量都主要集中在 20—50 本，10—20 本之间。其中低年级儿童年阅读量在 20 本以下的占比为 59.8%，高年级的数据为 50.9%。低年级的儿童大多没有自主阅读能力，阅读需要家长陪伴，而被调查低年级儿童中近六成的年阅读量低于 20 本，这最起码在一定程度上说明了被调查低年级儿童家庭的亲子阅读情况。

为了验证这种推论，我们对彩虹花义工家庭中低年级儿童的阅读数据进行了对比分析（样本 151 份），彩虹花义工家庭中低年级儿童的年阅读量中，年阅读量 50 本及以上的占比为 89.1%，绝大部分义工家庭在孩子低年级时的亲子阅读状态都非常好。

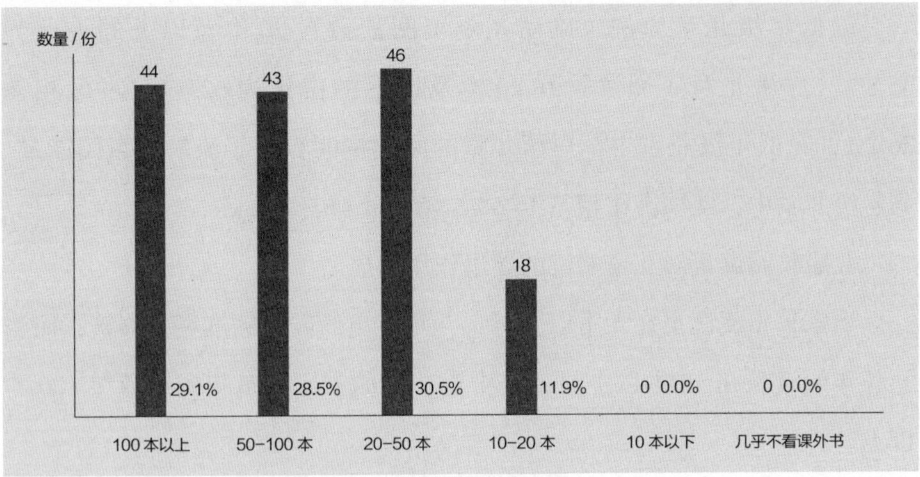

图 13 彩虹花义工家庭低年级儿童年阅读量分布图

3. 流动儿童的阅读量明显低于户籍儿童，流动家庭的儿童阅读状况需要关注。

表 1 被调查孩子不同户籍不同年级与课外阅读量交叉分析表

儿童学龄		低年级（三年级及以下）				高年级（四到六年级）			
户籍		流动儿童		户籍儿童		流动儿童		户籍儿童	
		人数	占比	人数	占比	人数	占比	人数	占比
阅读量	几乎不看课外书	1236	12.5%	84	4.3%	328	9.0%	32	3.1%
	10 本以下	2353	23.7%	219	11.3%	683	18.8%	116	11.1%
	10—20 本	2769	27.9%	435	22.4%	963	26.6%	258	24.7%
	20—50 本	2326	23.5%	585	30.1%	996	27.5%	323	30.9%
	50—100 本	980	9.9%	409	21.0%	504	13.9%	222	21.3%
	100 本以上	247	2.5%	211	10.9%	152	4.2%	93	8.9%
	合计	9911	100%	1943	100%	3626	100%	1044	100%

以低年级儿童为例，流动儿童年阅读量在 20 本及以上的占比为 35.8%，户籍儿童年阅读量在 20 本及以上的占比为 62.0%，占比相差 26.2%，在低年级儿童中，户籍儿童的阅读量明显高于流动儿童阅读量。高年级儿童中，此项占比相差 15.5%，有所下降。

4. 家长阅读量对儿童阅读的促进作用明显。

当家长年阅读量在 5 本以上时，儿童就更倾向于阅读更多书籍，而当家长年阅读量在 15 本以上时，其中近一半的家庭儿童年阅读量在 100 本以上。

表 2　家长年阅读量与儿童年阅读量交叉表

儿童年阅读量	家长年阅读量				
	不喜欢看书	2—5 本书籍	5—10 本书籍	10 本以上书籍	合计
几乎不看课外书	68.2%	18.9%	9.9%	3.0%	100.0%
10 本以下	49.6%	28.8%	16.4%	5.2%	100.0%
10—20 本	33.1%	27.2%	29.2%	10.5%	100.0%
20—50 本	24.3%	22.4%	34.8%	18.5%	100.0%
50—100 本	17.7%	17.0%	35.7%	29.6%	100.0%
100 本以上	12.8%	13.5%	25.0%	48.7%	100.0%

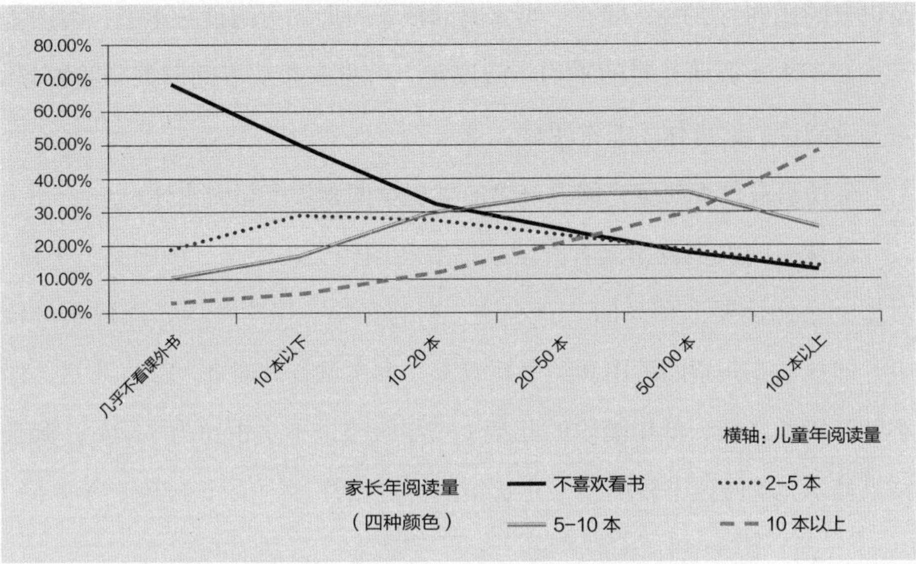

图14 家长年阅读量与儿童年阅读量交叉分析图

5. 彩虹花义工家庭儿童阅读量远远高于被调查家庭儿童平均阅读量。

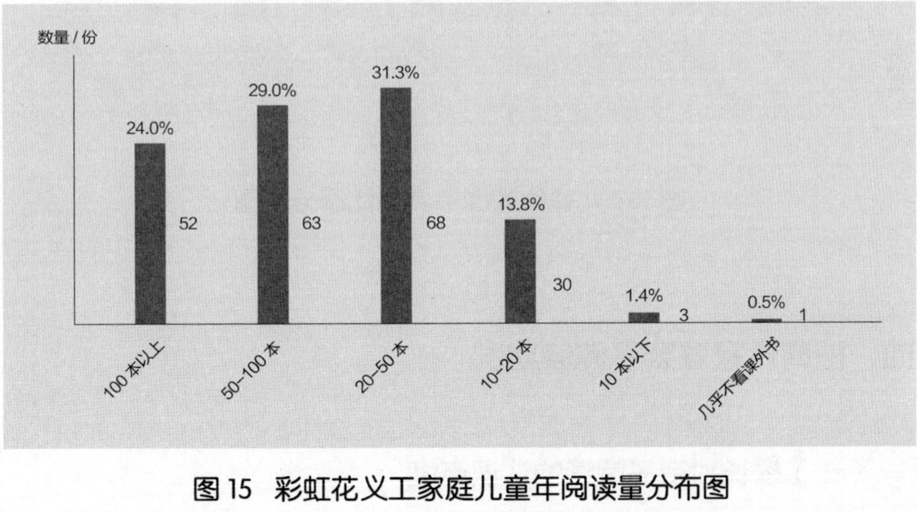

图15 彩虹花义工家庭儿童年阅读量分布图

彩虹花义工家庭的儿童年阅读量（共217份数据），每年阅读50本及以上的比例为53%，即有一半家庭的孩子每周均可阅读一本书，阅读量远远高于本次调研儿童的平均年阅读量。可见家长从事阅读类公益服务，对儿童阅读的促进作用非常明显。

6. 所有被调查儿童，阅读书籍的类型中图画类书籍占主体。

被调查的大多数小读者阅读童话或者图画类（绘本、漫画类）书籍，对于文字阅读要求稍高的儿童小说、科普读物、国学等等，人数相对较少，即被调查儿童阅读图画类书籍较多。本次调查针对0—12岁儿童，即小学阶段及之前，低年龄段的儿童（三年级及以下）占比为71.7%，调查结果显示儿童阅读书籍类型与儿童年龄特点相符。

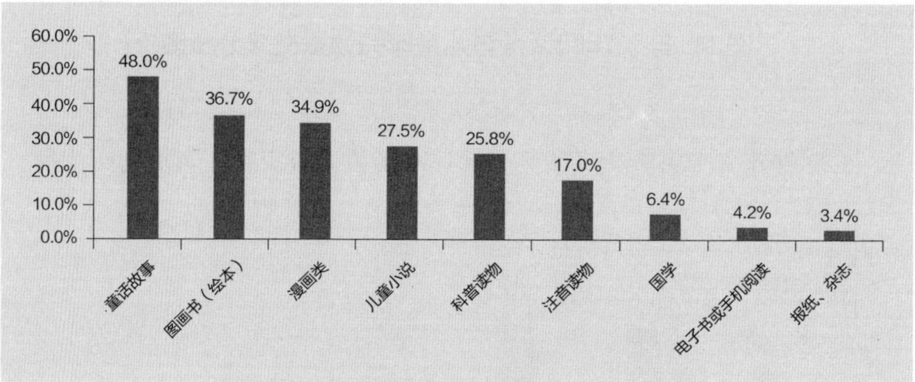

图16 儿童阅读图书类型比例分布图

四、被调查家庭亲子阅读状况

（一）家长对亲子阅读的认识态度

被调查家长绝大部分认为阅读对孩子的成长很重要，但对亲子阅读在家庭教育中的重要性认识，则比阅读重要认识度要低。

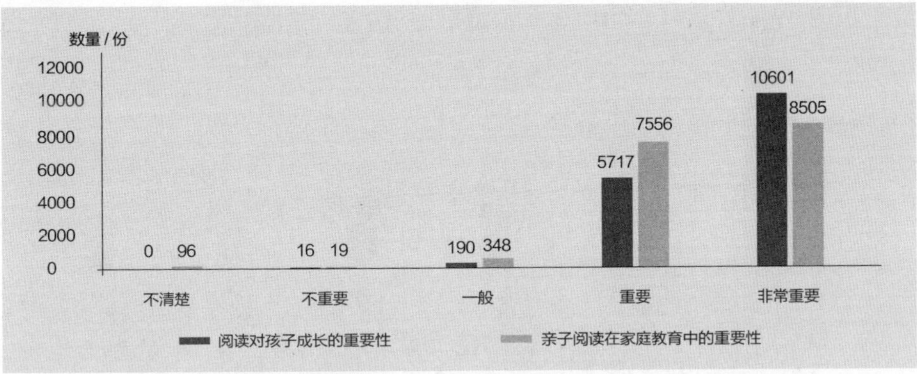

图 17 家长对阅读以及亲子阅读重要性认识态度的情况图

（二）被调查家庭亲子陪伴方式及阅读状态

1. 所有被调查家庭中有亲子阅读的仅三成，“陪写作业”很“横行”，占 61.1%。

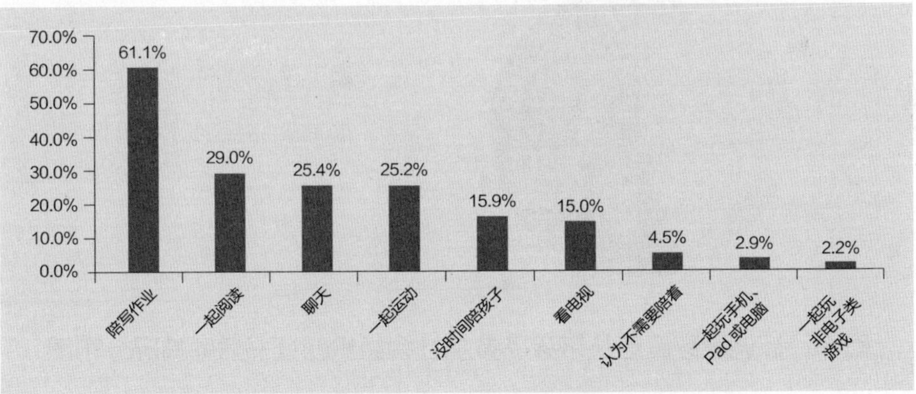

图 18 被调查家庭平日亲子活动类型比例统计图

2. 外出游玩成为节假日家庭主要活动类型，占比 66.4%。

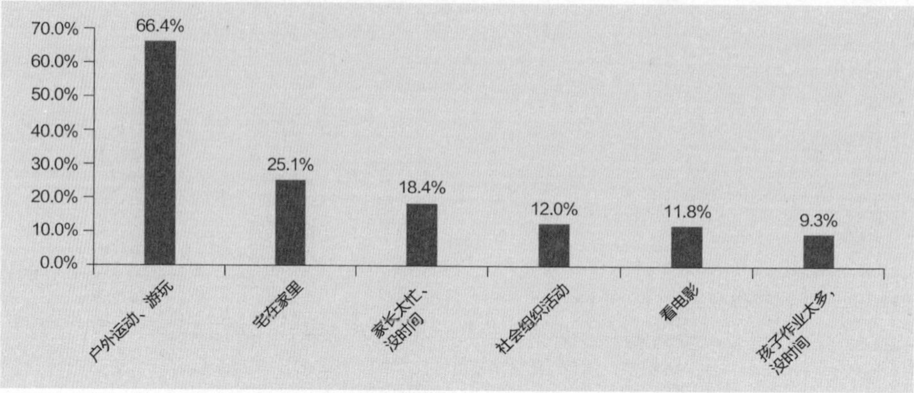

图 19　节假日家长亲子活动类型比例统计图

3. 约 97% 的家庭对于社会上组织的阅读活动没有参与或者参与度低，参与度低的原因尚需进一步验证。

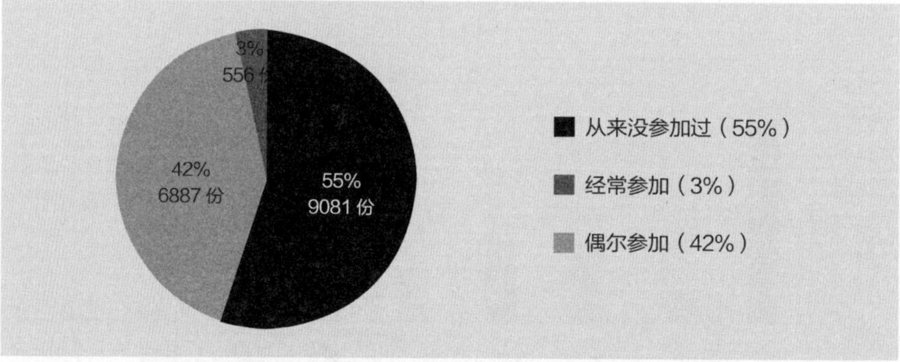

图 20　被调查家庭家长带孩子参加社会组织的读书活动情况分布图

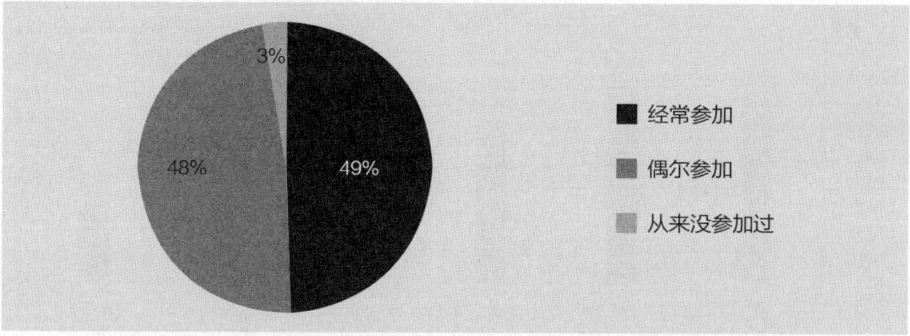

图 21 彩虹花义工家庭参与社会组织的读书活动情况分布图

不论是处在深圳原关外地区的民办学校，还是深圳市中心位置的公立学校，其家庭参与社会组织的读书活动的频率，“经常参与”的比例都非常低（约为 3%），经常参加的人群主要集中在义工群体里。不论什么原因，社会组织的阅读活动对于家庭亲子阅读或者儿童阅读的促进效果或者影响力相对有限，但发展潜力较大。

4. 四成左右家庭亲子阅读时间很短甚至无暇顾及，对于短时间内的亲子阅读指导策略需求很大。

对家长每天陪伴孩子亲子阅读时间进行统计，结果显示超过 40% 的家庭亲子阅读时间很短（10 分钟以内），甚至没有。短时间内如何更有效地陪伴孩子阅读非常重要。

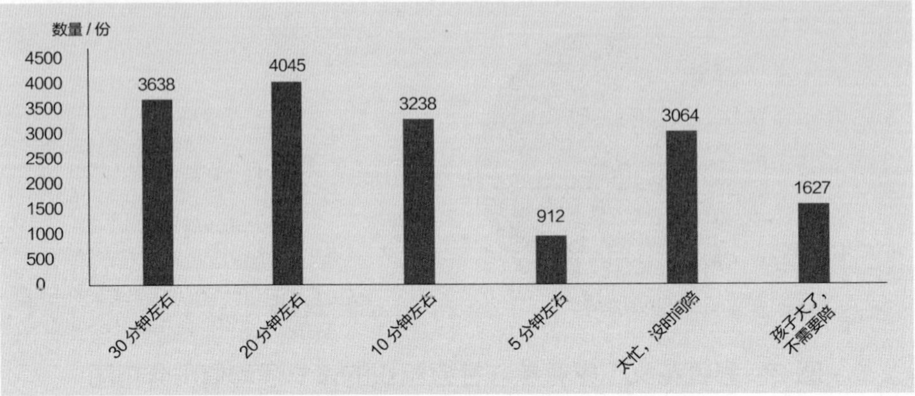

图 22 家长每天陪伴孩子阅读时间分布图

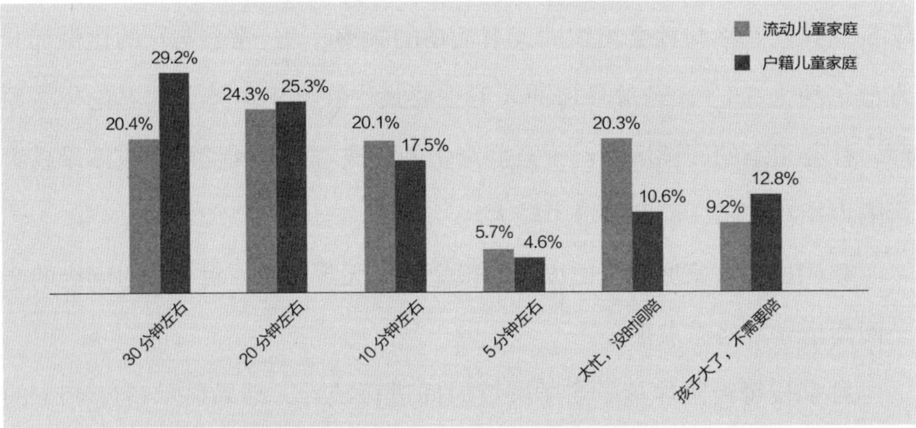

图 23 流动儿童家庭与户籍儿童家庭阅读陪伴时间分布统计图

每天亲子阅读时间在 20—30 分钟的家长占比：流动儿童家庭为 44.7%，户籍儿童家庭占比为 54.5%。这说明不考虑户籍状态，约有一半的家庭亲子阅读进行得较好。但仍有一半的家庭需要提高。而对比本报告图 18 的数据，我们看到被调查家庭中平日的亲子阅读陪伴方式仅有 29%，不到三成。而以上两图数据显示，有约一半的家庭每日的亲子阅读时间有 20—30 分钟，两个数据之间存在不一致性，需进一步调查产生不一致的原因是什么。

五、儿童阅读环境

（一）家庭阅读环境

1. 所有被调查家庭，38.6% 没有专门的书架，流动家庭中 44.2% 没有书架。拥有书架的家庭其儿童阅读量明显高于没有书架的家庭。

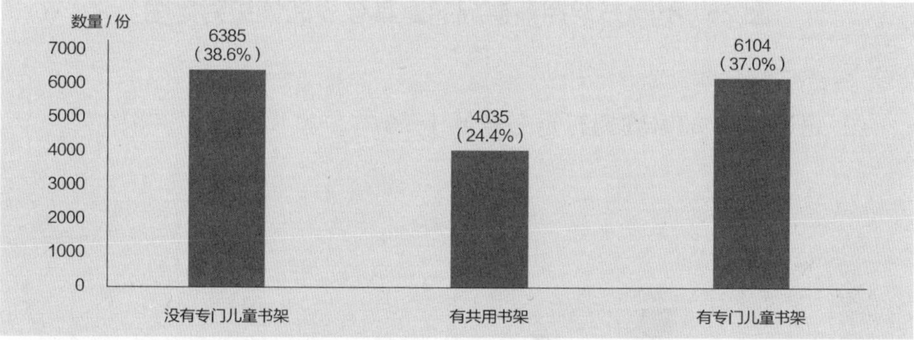

图 24 被调查家庭书架拥有情况分布图

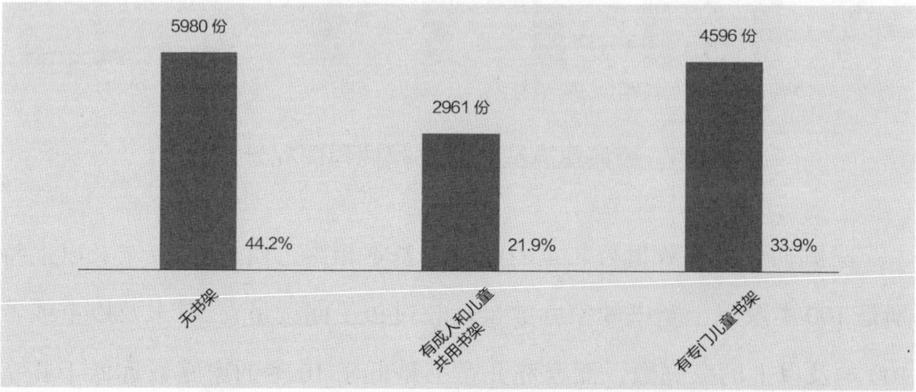

图 25 流动家庭书架拥有情况分布图

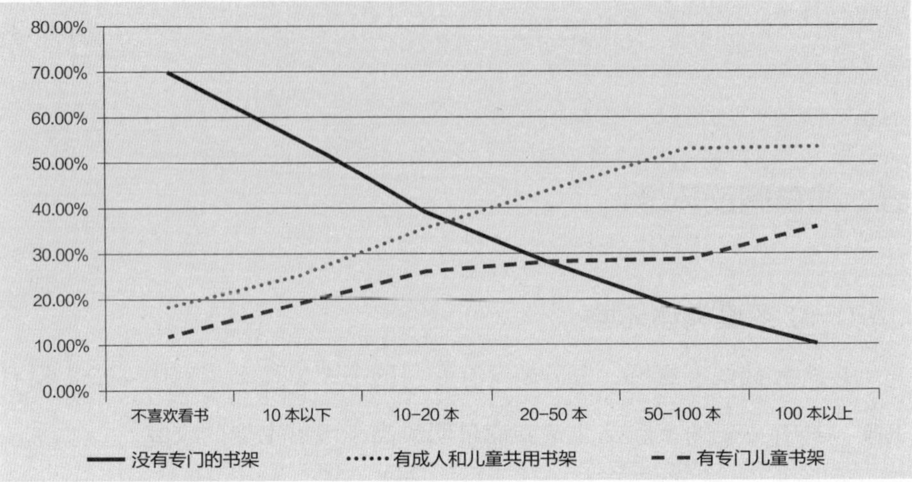

图 26 不同书架拥有情况家庭其孩子阅读量对比图

2. 超过 40% 的家庭拥有童书量低于 20 本，家长购书“多积尘”。

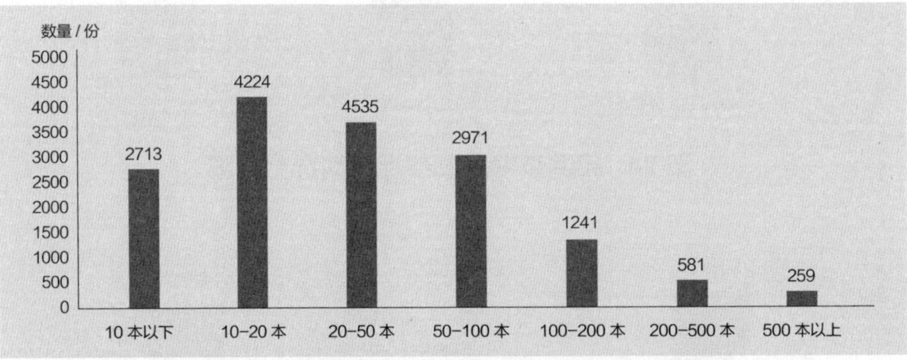

图 27 被调查家庭儿童书籍拥有情况分布图

家庭拥有童书数量与儿童的阅读量基本相当，而拥有 50 本及以上特别是 100 本及以上童书的家庭数量远超过孩子阅读量在 50 本及以上或者 100 本及以上的家庭数，而家庭儿童书籍低于 10 本的家庭数远低于儿童阅读量在 10 本以下的家庭数，这说明这部分家庭中家长给孩子买的书远超过儿童的阅读量，家长购书“多积尘”。

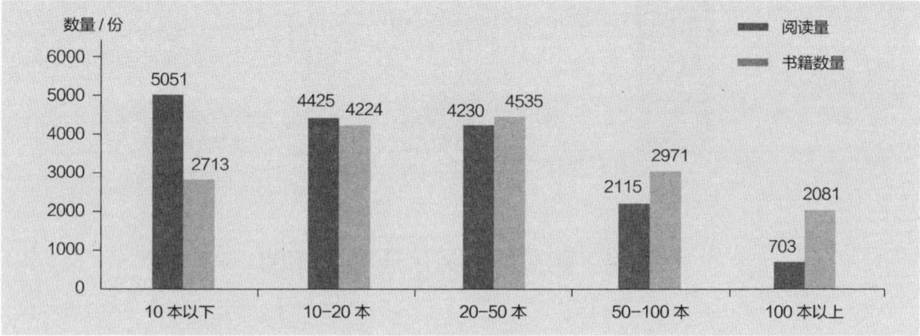

图 28 被调查家庭儿童书籍数量和孩子阅读量分布对比图

家庭拥有童书 50 本及以上的占比，在流动儿童家庭中占比为 24.2%，在户籍儿童家庭中占比为 59.2%，深圳流动儿童家庭的童书拥有量与户籍儿童家庭存在着很大的差异。

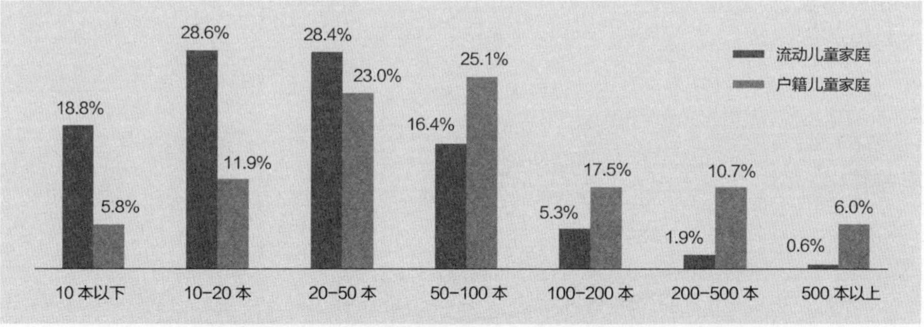

图 29 流动儿童与户籍儿童家庭拥有童书量分布对比图

3. 超过 70% 家庭对每月购买 50 元儿童书籍没有压力，对低收入家庭需提供更多支持。

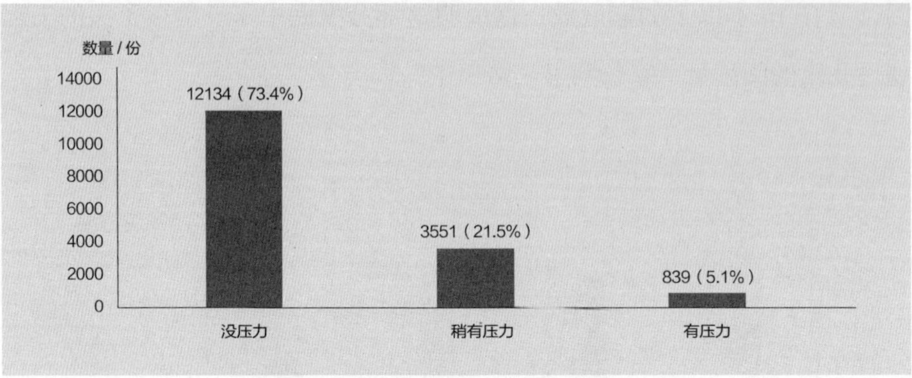

图 30 购买图书经济压力分布图

当家庭年收入在 5 万元以下时，其每月购买 50 元儿童书籍经济压力比较大，超过一半的家庭有压力；当年收入为 5 万元至 10 万元时，也有七成左右的家庭表示稍有压力；对于收入低的家庭，社会应该给予关注或支持。

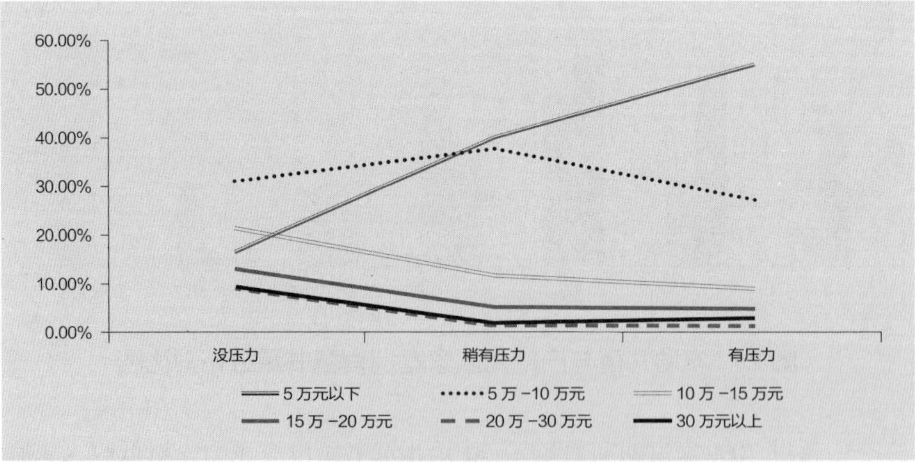

图 31 不同收入水平家庭的经济压力分布图

（二）公共阅读环境

1. 公共图书资源缺乏，不到四成被调查流动家庭表示附近有图书馆，其他类型的公共阅读资源都很少，但有 39.5% 的家庭表示周边有商业书店。

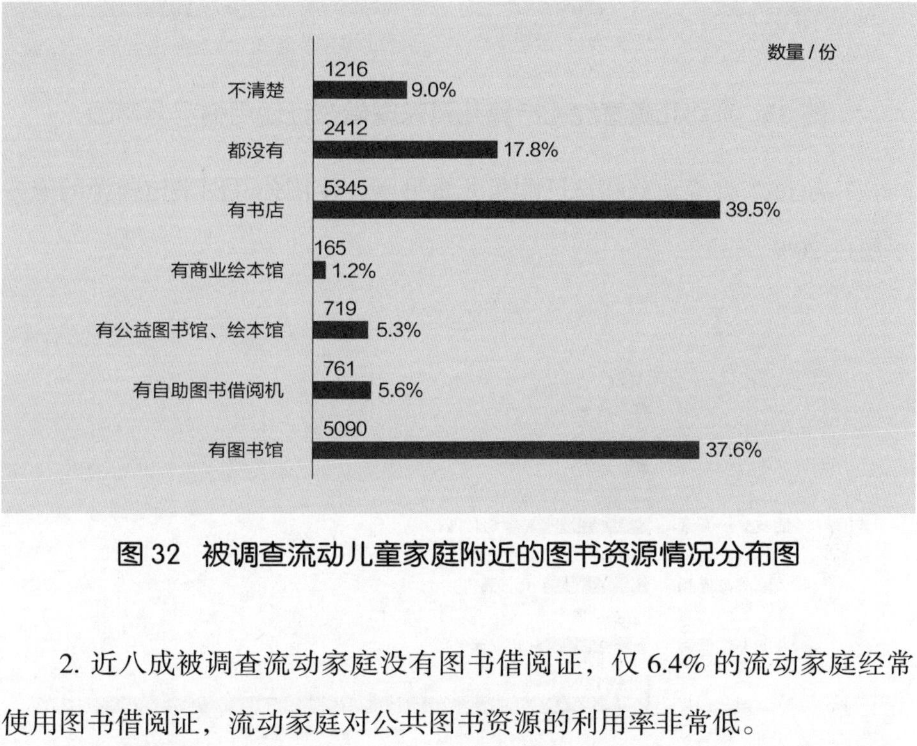

图 32　被调查流动儿童家庭附近的图书资源情况分布图

2. 近八成被调查流动家庭没有图书借阅证，仅 6.4% 的流动家庭经常使用图书借阅证，流动家庭对公共图书资源的利用率非常低。

超过 90% 的流动家庭几乎不使用公共图书馆资源，公共图书馆资源对于流动家庭的作用非常小。深圳户籍儿童家庭的借阅证使用情况稍好，经常使用的家庭占比为 20%，但没有借阅证或者很少使用的家庭占比超六成，这说明深圳户籍儿童家庭对公共图书资源的利用率也不高。

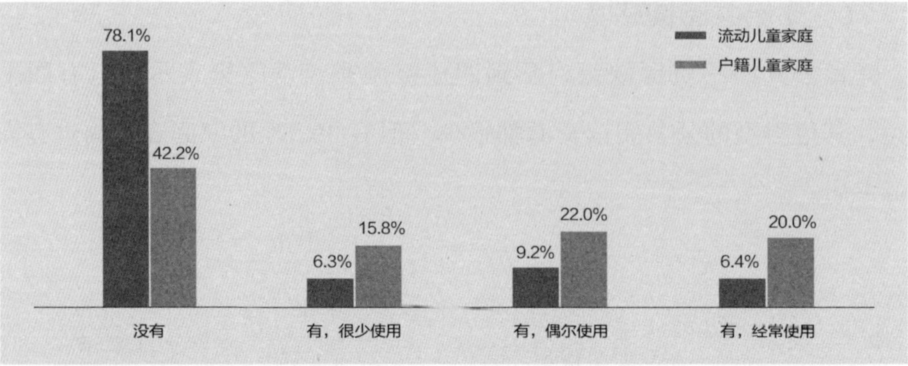

图 33 流动儿童家庭和户籍儿童家庭借书证使用情况分布图

3. 超过八成流动家庭自己购买儿童书籍，使用公共图书馆资源的家庭不超过 20%。

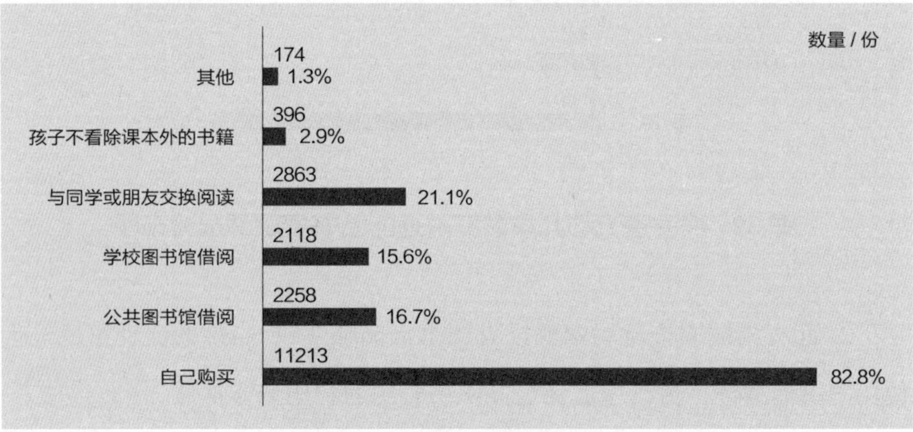

图 34 流动儿童家庭阅读书籍来源分布图

（三）社区阅读环境

社区党群服务中心，是深圳居民服务的细胞单元，社区服务对于居民来说非常重要。本次调查，我们在深圳全市范围内获取了 171 个社区党群服务中心开展儿童阅读服务情况的调查数据，以便了解社区的阅读环境，社区获取的样本如下图所示。

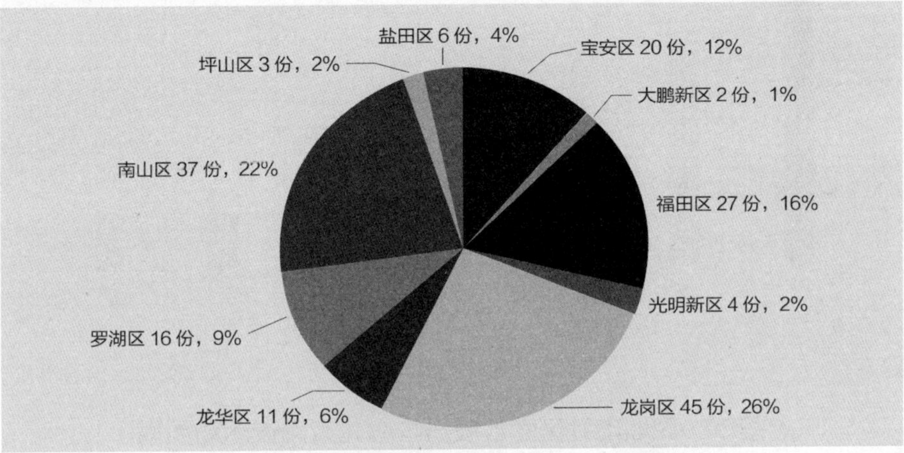

图 35　社区党群服务中心样本量行政区域分布

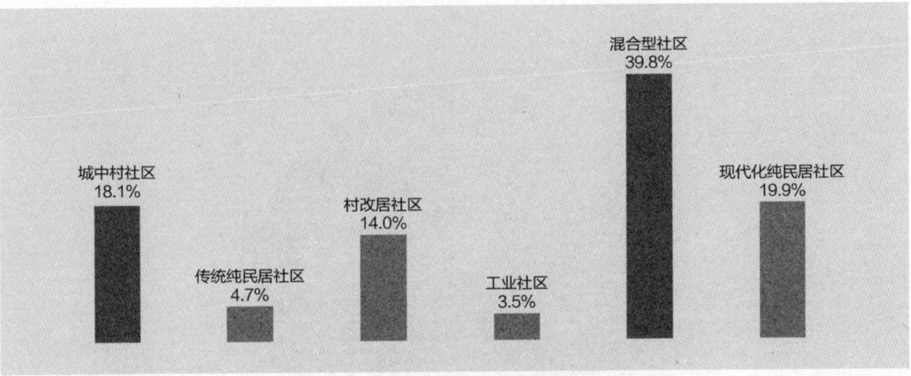

图 36　样本的社区类型分布

1. 被调查社区党群服务中心，儿童阅读活动类型以亲子读书会为主，占比为 52%，另外儿童图书室服务占比为 35.1%，儿童书籍外借服务占比为 30.4%。

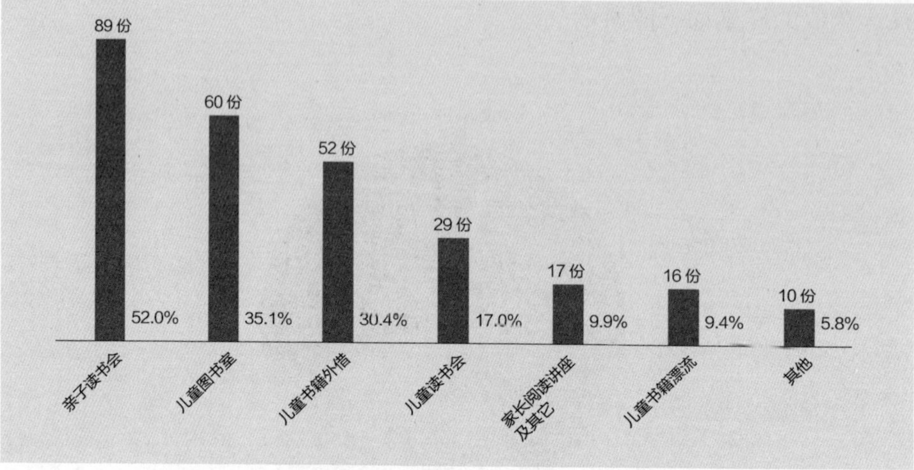

图 37 深圳市社区党群服务中心儿童阅读活动类型

2. 被调查社区党群服务中心儿童阅读活动频次，以每年组织 1—2 场为主，占 43%。

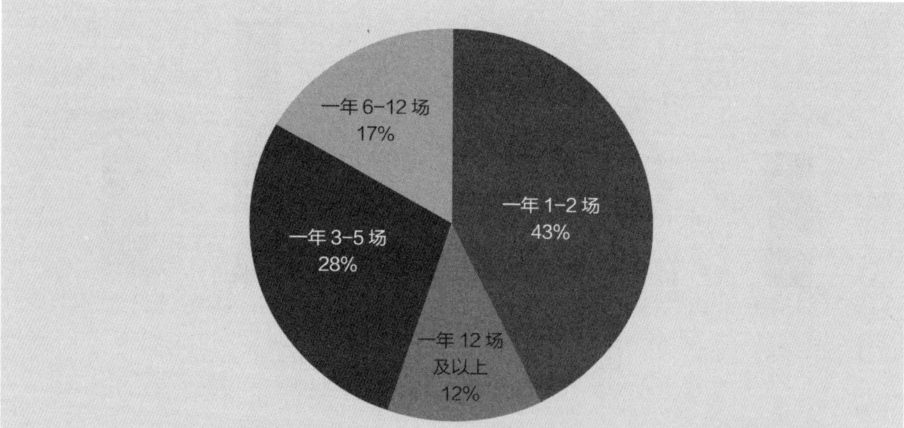

图 38 深圳市社区党群服务中心儿童阅读活动频次

3. 社区社工对开展的儿童阅读类服务自评不高，品质评价平均得分为 2.4 分。

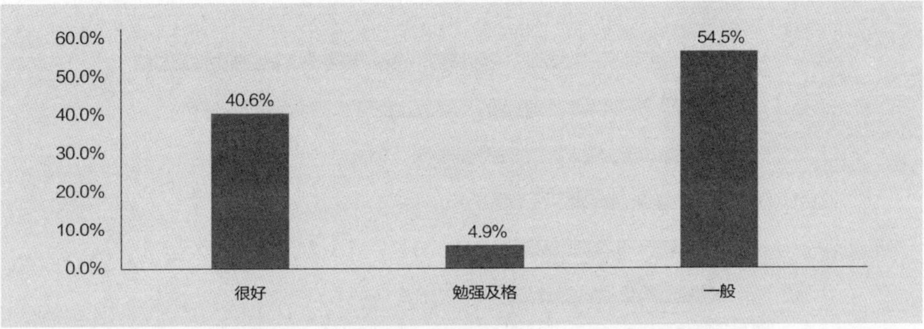

图 39 社区开展儿童阅读项目品质评价分布

4. 对于社工来说，在社区内开展儿童阅读类服务，最大的挑战是没有专业的人员。

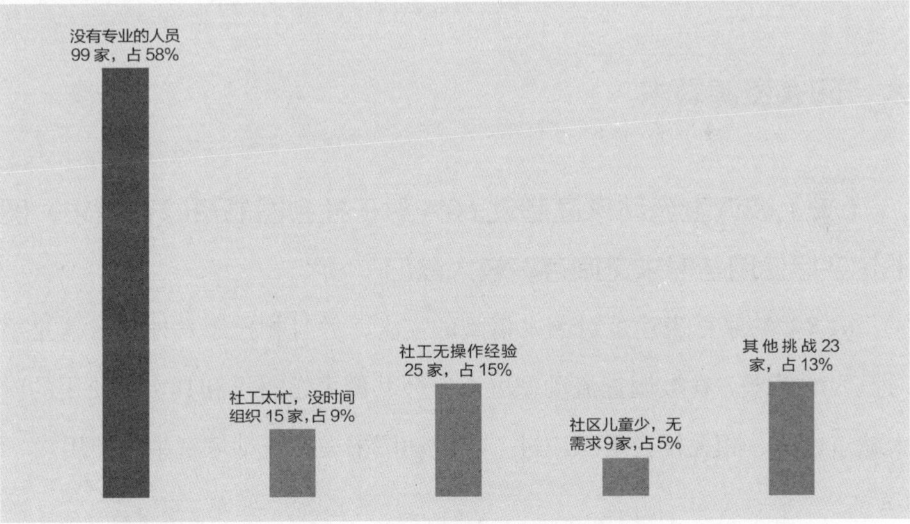

图 40 社区内开展儿童阅读类服务最大挑战总体情况

5. 社区党群服务中心希望引进的儿童阅读服务类型主要是亲子读书会，占比 59.6%，培养社区义工和建立儿童图书室的需求占比分别为 48% 和 31%。

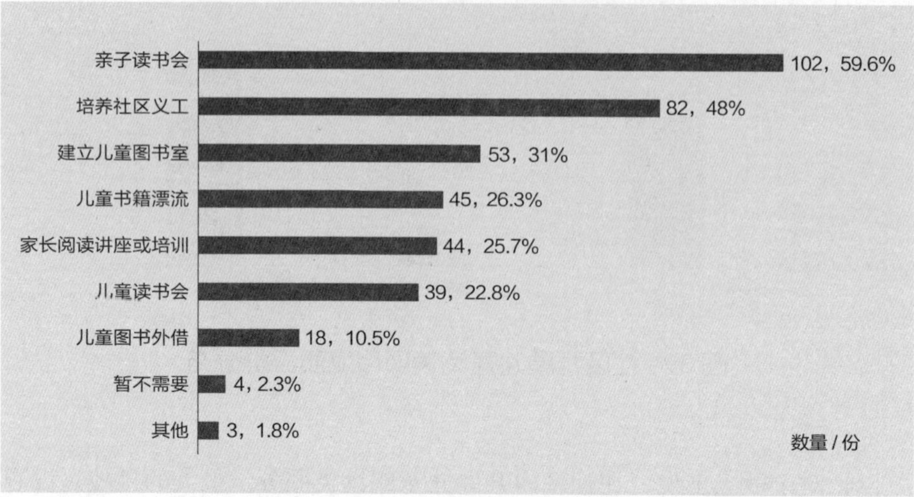

图 41 社区社工希望可引入儿童阅读类服务项目类型分布

六、阅读资源需求

（一）被调查流动家庭超过 60% 对于社会图书资源有需求，图书馆实际使用与需求之间存在较大缺口

61.8% 的家长表达了对图书借阅的需求，并且相比于其他需求这是绝对重要的需求。在被调查流动家庭对于公共图书馆需求和其实际使用的巨大缺口之间，相关社会组织应进一步推动图书馆在流动家庭中的使用。

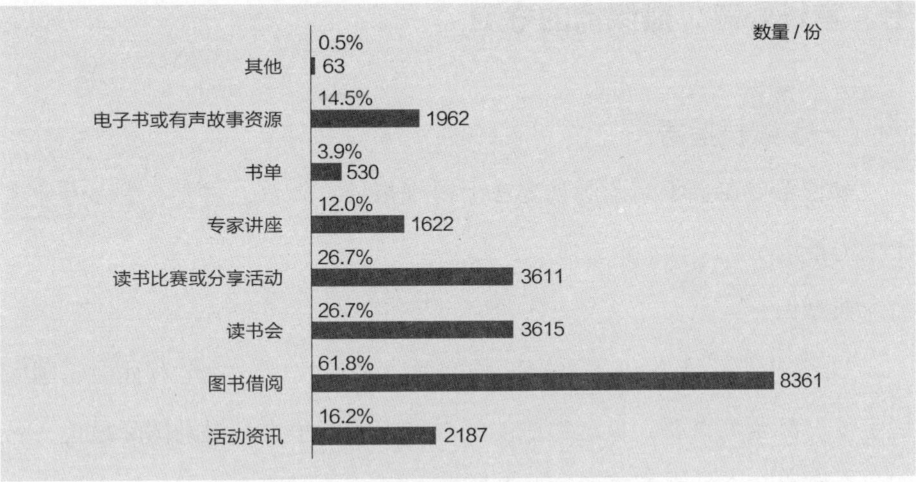

图 42 流动儿童家长希望获得的儿童阅读社会服务类别分布图

（二）对学校阅读资源的最大需求仍是有图书馆等书籍资源，其次希望学校有读书分享或阅读课程等活动促进儿童阅读

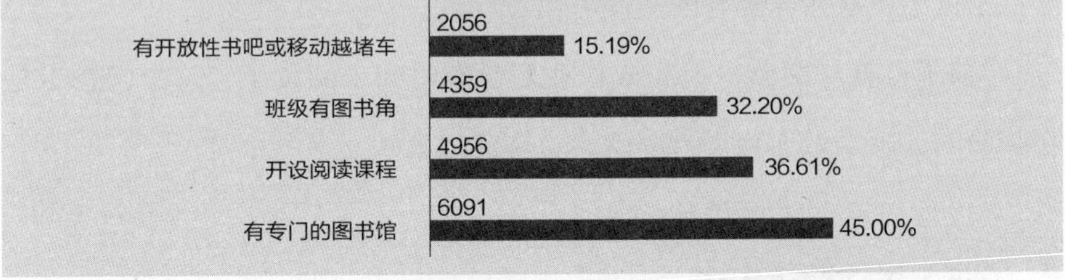

图 43 流动儿童家长希望获得的儿童阅读学校服务类别分布图

七、家长心声：最深情的守卫

（一）家长指导

家长希望在亲子阅读参与方法上得到指导、教育，需要有更多专业人士大力推广。

典型留言：

“非常重要，不仅仅关乎家庭的健康，和谐发展，乃至对社会、国家稳定发展都至关重要，长远考虑能增强国家的竞争力，提升国际地位，希望每个家庭和全社会都来关注儿童阅读。”

（二）多方联合

家长、学校与社会三方联合推进儿童阅读，家长参与，学校引导，社会支持，重点是学校的引领。

典型留言：

“现在的家长主要是经济压力太大，没有太多时间陪孩子，望学校能给孩子安排阅读课，让孩子们能对阅读产生兴趣。”

“因工作忙，没时间教孩子，希望学校开阅读课，有引导建议性地指导孩子读书，从而养成好的阅读习惯。”

“孩子也喜欢阅读，但完成作业后没有时间来阅读了，这个问题也是伤脑筋的。所以做不到每天阅读，希望能每天阅读半个小时。”

（三）关注偏远街道

阅读推广要多照顾偏僻和乡村地区；整个社会的阅读资源要更便捷地向公众开放。

典型留言：

“希望更多的阅读机构走进基层社区，比如龙岗很多偏僻的社区，很多家长和孩子连故事书都不知道是什么。”

“我觉得深圳市少儿图书馆太少，资源分布也不均衡，特别像我们大鹏新区到目前为止还没有一家像样的图书馆，希望政府加大对原特区外基础设施的建设。”

“希望有关部门对外来务工人员子女给予更多的阅读便利条件！”

（四）有效书单

希望社会上有更多系统且又多元的儿童书单推荐。

典型留言：

“有详细且有针对性的读书清单，并有简要的介绍和解释。”

“主要不知道该给孩子买什么样的书籍，随便乱看呢，还是有针对性地为他买书，看书？”

（五）分级阅读

需要社会推广分年龄段，据少儿身心特点来指导阅读。

典型留言：

“希望儿童阅读能更细化，分年龄段、分不同类型做一些更深入的主题和延伸活动。儿童阅读离不开家长的带领，如何引导父母也需要加强，很多父母自己在家庭中的引导和陪伴还不够。”

“希望针对孩子的年龄与成长，能有一定的阅读指导。家长一般就只会选择自己认为对的但可能孩子不喜欢的。或者孩子选择他喜欢的书家长又觉得不太适合的，两难了！甚至有时候家长不知道如何为孩子在成长中选取与年龄相符的书来阅读。”

“平面上的儿童阅读指导太过‘儿童’，希望对大龄儿童有更加科学、深度的指导。”

八、主要建议

（一）政府资源更大程度地向流动家庭倾斜

1. 开展有子女家庭图书证送到家活动，建议与学校合作开展。

2. 在深圳市缺乏公共图书资源的偏远地区增设自助式借阅设备，或移动式借阅柜。

3. 建立深圳市公立图书馆地图，实时定位附近的图书馆，方便市民查阅。

4. 城中村、工业聚集地等流动家庭居住较多的社区或街道，增设街道或社区儿童图书室。

（二）打造以学校为纽带的儿童阅读推广生态圈

1. 打通学校与公立图书馆资源，让学校图书馆“真正活起来”。

2. 学校图书馆向附近居民开放。

3. 吸引公益和社会资源，在学校发起家庭亲子阅读倡导活动，家长孩子齐读书。

（三）社区阅读环境的打造与推广

100 元拥有一座绘本馆，政府、公益资源支持基础建设，社区居民共建助力持续发展。

（四）公益和社会团体的高效路径

1. 联合政府、学校、教育系统等进行联合阅读，让推广更有效。

2. 家庭阅读环境改善："199 元"或"99 元"家庭书城建设，对低收入家庭给予支持。

3. 家长领读计划，引领家长共读，为儿童树立阅读榜样。

4. 梦想书包，将优质的儿童阅读资源送到流动家庭手中。

5. 探索高效培养推广志愿者的模式，培养更多志愿者。

6. 发动社会专家，为流动家庭进行亲子阅读策略、书目推荐等指导，并通过有效途径，让家长可以获悉信息。

雷叔格，清华大学深圳研究生院研究生
韩岩，深圳市彩虹花公益小书房总干事
倪士光，清华大学深圳研究生院社会工作与心理健康研究中心副教授

香港公共图书馆管理体制研究及对深圳“图书馆之城”建设的启示

蔡箐

香港回归20年来，深港两地公共图书馆界的交流互访日趋频繁，合作交流和文化融合不断加速。多年来，香港公共图书馆的服务理念和管理体制，一直是内地尤其是珠三角图书馆界学习和借鉴的主要内容。香港公共图书馆系统的高效规范运作和卓越服务绩效，归功于其优质的管理体制。管理体制，通常是指管理系统的结构和组成方式，即采用怎样的组织形式以及如何将这些组织形式结合成为一个合理的有机系统，并以怎样的手段、方法来实现管理的任务和目的。本文所论及的公共图书馆管理体制是一个宏观命题，既包括机构内部及外部的行政管理机制，又涉及制度层面的立法保障和规范化管理，以及业务层面的一体化管理与运营。笔者通过实地考察访谈、电话邮件咨询、二手文献梳理、一手资料和数据采集（来自香港立法会文件、康文署年报、香港公共图书馆网站）等研究方法，对香港公共图书馆管理体制进行多维度探析和全面总结，为深圳地区公共图书馆的事业发展提供借鉴与启示。

一、多元主体参与的图书馆管理机制

香港公共图书馆管理系统的运行特点是多元主体参与，即决策、咨询、执行三分制行政管理体制，不单有政府的主导和决策角色，还有区议会、图书馆咨询委员会的充分参与，审计署和立法会议员的监督管理，以及各种非营利机构及团体的携手合作管理。

（一）康文署直接统一管理

根据《公众卫生及市政条例》（第 132 章）第 105K 条规定，康乐及文化事务署署长负责管理和管辖香港的公共图书馆。康乐及文化事务署（简称康文署）是香港特别行政区政府民政事务局辖下的部门，统筹管理康乐体育及文化艺术相关的服务与活动，下设康乐事务部和文化事务部两个专责部门，文化事务部由图书馆及发展科、文物及博物馆科和演艺科组成。[①]图书馆及发展科由一位助理署长具体分管，负责制定、统筹及推展图书馆推广活动，筹划新建公共图书馆，以及管理监督所有公共图书馆的运作。

（二）区议会全面参与管理

2005 年香港特别行政区行政长官施政报告中提出，特区的施政要贯彻到基层，加强社区建设和推动地区公益活动开展；区议会功能将会扩大，政府让各区议会管理一部分地区性的设施，包括图书馆、社区会堂等。[②]2007 年 1 月政府开始推出区议会参与管理地区文康设施计划，并在

---

① 香港康乐及文化事务署架构图 [EB/OL].[2017-4-8].

② 香港特别行政区政府 . 强政励治 · 福为民开——二零零五至二零零六年施政报告 .2005 年第 19–20 段 .

4个区议会试行此种合作管理模式，2008年起已推行至全港18个区。地区行政参与管理图书馆事务具备一定的优势，区议会熟悉地区状况和民众需求，能够有效调配资源，以推动地区文娱康乐活动的有效开展。

（三）咨询委员会提供发展建议

除政府机构直接管理、地区行政全面参与之外，咨询委员会在香港公共图书馆管理体系中也发挥了重要的作用。2000年4月，香港特区政府成立文化委员会，负责就文化艺术政策及资源调配的优先次序向政府提出建议。为跟进文化委员会以及康文署委聘顾问的研究建议，政府于2004年11月成立图书馆委员会，任期两年，成员共有21人，分别为文化艺术界人士、教育界人士、商界人士、专业人士及社区人士等，其职责是针对图书馆发展策略和计划向民政事务局局长提供意见，以改善香港公共图书馆的管理与服务水平，并加强与社会各界的合作关系。

香港特区政府在图书馆委员会的建议下，于2008年5月成立公共图书馆咨询委员会。委员会由民政事务局局长委任，任期两年，获委任成员来自教育界、文化界、青少年教育界、资讯科技界、政府和商界等社会不同界别[①]。咨询委员会定期召开会议，约每年3次，讨论图书馆服务、管理等各项事宜，就香港公共图书馆的整体发展策略向政府提供建议[②]。

（四）社会合作机制

为将公共图书馆服务更加广泛、深入地延伸至社区居民，香港公共图

① 香港特别行政区立法会．立法会CB(2)1301/08-09(03)号文件[EB/OL].[2017-4-6]. http://www.legco.gov.hk/yr08-09/chinese/panels/ha/papers/ha0417cb2-1301-3-c.pdf

② 香港公共图书馆．公共图书馆咨询委员会[EB/OL].[2017-6-5]. https://sc.lcsd.gov.hk/TuniS/www.hkpl.gov.hk/tc/about-us/intro/plac/committee.html

书馆于2005年底推出“便利图书站——社区图书馆伙伴计划”，将合作对象扩大到各种非营利机构及团体，包括支援服务机构、社会服务中心、青少年中心、屋苑会所、居民组织、教育机构以及区议员办事处等等[①]，携手建立诸多切合其服务对象需求的社区图书馆。

在建立“社区图书馆”时，香港公共图书馆为社区团体提供整批外借书籍，数量依据该馆规模或个别需求而定。“社区图书馆”的开放时间、运作模式及管理规则等通常由社区团体在参考图书馆馆长的专业意见后自行订立，图书馆馆长负责向参与计划的社区团体提供有关藏书种类、数量及“便利图书站”运营管理方面的全程专业指导，定期到社区图书馆探访，以检视社区图书馆的运作成效和加强与社区组织的合作关系。截至2017年5月，全港共有132家社区图书馆成立，分布于港岛中西区、东区、南区、湾仔、油尖旺、九龙城、黄大仙、观塘、荃湾、屯门、元朗等地区。

（五）监督管理机制

作为公共文化服务机构，香港公共图书馆服务绩效受到香港特区政府的审计监督。香港拥有较为成熟完备的审计机制，审计署分别于2002年和2007年对香港公共图书馆进行了全方位绩效审计，审计方式是依据相关标准和政策，结合香港公共图书馆的业务运营数据进行对比分析，提出问题并提出针对性意见和建议，同时康文署对是否接纳建议做出回应。

香港立法会拥有立法和审批政府公共开支的权力，其主要职能是审核及通过财政预算和公共开支，以及对政府工作提出质询。香港立法会议员

---

① 香港公共图书馆．社区图书馆 [EB/OL].[2017-5-18]. https://www.hkpl.gov.hk/tc/locations/mobile-libraries.html

自2003年以来，针对公共图书馆的角色、馆藏、服务和发展运作提出了不少书面或口头质询，如开放时间、图书遗失和损毁情况、为青少年挑选的书籍、设置还书箱、举办旧书义卖活动、培养阅读风气等。民政事务局局长对以上质询均要做出答复，并向立法会主席解释汇报。

二、立法保障与标准化管理

（一）《图书馆规例》——香港立法会制定

香港公共图书馆严格按照香港法例第132章《公众卫生及市政条例》的附属法例AL《图书馆规例》进行管理，并会依照情况的变化督请香港特区政府修改图书馆规例。《图书馆规例》共45条，条款内容包括：公共图书馆类型划分；图书馆开放时间；图书证申办条件、借阅册次、借期、续借次数、借书逾期处罚、图书损坏的赔偿等。此规例对图书馆向公众开放时间、图书证申领与遗失、外借服务、参考咨询服务、服务费用以及相关法律责任等一一作出规定，规范读者使用公共图书馆的权利和义务，为香港公共图书馆开展相关服务提供了法律依据①。至于图书馆工作人员任职资格或内部行政管理等，则按政府公务员条例规定，如图书馆馆员必须是大学毕业生，馆长级人员必须具有图书馆员专业资格。

（二）《香港规划标准与准则》——香港特区政府发布

《香港规划标准与准则》由香港特区政府于1982年制定并多次修订，

① 宋家梅 . 香港地区公共图书馆标准研究 [J]. 图书馆，2014（6）：77-80.

是香港各类公共设施和住宅等的建设标准及依据。香港公共图书馆的规划与建设也基本上参照此标准。

《香港规划标准与准则》为图书馆的设置在地区及人口比例上提供一个客观的标准，如主要图书馆规模可供40万名市民使用，平均面积为3000—4000平方米；分区图书馆可依据规划摘要“社区设施—文娱设施—图书馆”的规定：“在每个分区内各设一间分区图书馆，每20万人应设一间分区图书馆。”[①] 在每区最少开设一所，作为分区图书馆的补充，人口稠密地区可设置小型图书馆，没有固定图书馆的人口稀少或偏远地区则提供流动图书车服务。香港现有人口737万（截至2016年），共设有70间固定图书馆和12辆流动图书馆，整体来说符合此设置标准，分布也比较合理，方便市民去附近的图书馆借阅书籍。

（三）香港公共图书馆标准——香港康文署制定

香港康文署依据国际图联和联合国教科文组织发布的《公共图书馆服务：IFLA/UNESCO发展指南》，充分结合本地情况和社会需求，制定了香港公共图书馆业务标准，涵盖资源、设施、服务以及统计评估等多个方面，为香港公共图书馆的标准化规范化运营提供了明确详细的依据。这里的“香港公共图书馆标准”属于内部标准，是香港康文署在馆藏建设、开放时间、服务项目等方面制定的政策指引，香港各公共图书馆在业务运营方面需遵照此指引，详细内容可见《审计署署长第48号报告书》第6章——提供公共图书馆服务。[②]

---

①《香港规划标准与准则》摘要 [EB/OL].[2017-3-21]. http://www.pland.gov.hk/pland_sc/tech_doc/hkpsg/sum/index.htm

②香港特别行政区政府审计署.《审计署署长第48号报告书》第6章——提供公共图书馆服务 [EB/OL].[2017-3-19].htt://www.aud.gov.hk/pdf_c/c48ch06.pdf

三、一体化管理与运营

近年来，学者在撰文研究香港公共图书馆业务管理模式时，通常称其为总分馆制。实质上，不同于西方国家图书馆界成熟的总分馆模式，整个香港地区的公共图书馆系统由政府职能管理部门康文署统筹管理，并没有一个象征管理中心的总馆。香港公共图书馆不是通常意义上的总分馆制，而是政府一体化管理体制，但在运行架构和机制上，与总分馆制极为相似，甚至更有优势。

（一）总馆长制

香港公共图书馆系统由康文署助理署长直接领导，下设6位总馆长，负责行政及策划，包括规划布局、新馆建设、人员管理、物流招标等事物；香港中央图书馆运营；全港18个区域中的6个区域的公共图书馆运营，并实施轮换。同时，6位总馆长分别负责香港公共图书馆体系主要业务组工作，即行政及策划组、阅读推广组、采编组、电脑组、区议会事务组、特别职务组，将图书馆事业发展、馆舍管理与全港公共图书馆主要业务有效结合起来。总馆长下设高级馆长，协助总馆长分管相关事务，高级馆长下设有馆长和助理馆长来具体管理图书馆各项事务。

（二）统一人、财、物

香港公共图书馆由香港特区政府全额拨款，所有经费由康文署统一管理、统一调配，支出统一由政府划拨，收入也统一上缴政府。康文署授权公共图书馆馆长运营图书馆，每个财政年度可根据实际情况和需要，做出年度预算报告，报香港特区政府审批。康文署统筹公共图书馆的人事、经费、设备建设等，对公共图书馆资源进行统一采购、编目，并按照图书馆规模、服务定位、民众需求分配文献资源[①]。

在人员管理上，香港公共图书馆系统的主要工作人员统一纳入政府公务员管理体系，包括公务员、全职非公务员合约雇员在内均实行一体化管理，各馆人员可相互流动，工资由康文署统一负担。图书馆员工中的专业职系（馆长）、文书、外派人员的比例根据工作需要统一设置，对于不同级别的图书馆，通常综合考虑其藏书类型、服务对象、专业化程度以及具体业务状况等因素配置相应的人员。

（三）多层级架构体系

香港公共图书馆服务网络实行多层级一体化管理，截至 2017 年底已形成 5 层架构体系，即中央图书馆（1 间）、主要图书馆（6 间）、分区图书馆（31 间）、小型图书馆（32 间）和流动图书馆（12 辆），为全港 700 多万市民提供服务。中央图书馆是香港地区和香港公共图书馆系统的中枢和信息中心，提供多元化的图书馆服务与多媒体设施；6 间主要图书馆除提供全面的图书馆服务外，均开设参考咨询服务；31 间分区图书馆是公共图书馆网络的主要骨干，为 18 个区域提供多元化的图书馆服务及设施；32 间小型图书馆则为所属地区的读者提供基本图书馆服务；流动图书馆即汽车图书馆，为偏远地区或没有设立固定图书馆的地区市民提供定点服务。不同层级的公共图书馆之间虽规模和类型各异，没有相互隶属关系，统一归康文署管理，星罗棋布地分布于香港 18 个行政区域，为全港读者提供便捷多元的一体化图书馆服务。

---

① 严贝妮，解贺嘉 . 香港公共图书馆均等化服务的调查与分析 [J]. 图书与情报，2016（5）：81–89.

（四）统一资源建设与管理

香港公共图书馆馆藏发展委员会负责统筹和监督公共图书馆系统的信息资源建设。各馆馆长依据馆藏发展标准，综合考虑本地区因素，结合书刊借阅情况和读者荐书等，拟定建议采购书目提交馆藏发展委员会审议。

香港公共图书馆对文献实行统购统编，设有独立的采编组，负责整个公共图书馆系统文献的集中统一采购、编目、加工和调配，由一位总馆长直接管理。在馆藏发展委员会通过采购方案之后，采编组负责与信息资源供应商洽谈具体采购事宜，负责全港所有公共图书馆的中外文图书和音像制品采购。

在资源保存方面，香港公共图书馆系统以建立备用书库的方式保存备用馆藏，设立了中央书库及 7 个馆外备用书库，用于集中存放各个公共图书馆使用率低的图书。书库的书架根据各馆需求分配，各馆工作人员根据读者借阅申请前往备用书库取书。目前全港 7 个馆外备用书库均为共享模式，即由入藏馆分担资产管理、架位管理和取书服务。

（五）统一技术平台

香港公共图书馆通过各种新技术和资讯科技的应用，搭建统一技术平台，实现图书馆管理与服务的一体化与数字化。香港公共图书馆早期从美国 Innovative 公司引进 INNOPAC 系统，通过该自动化系统连接所有公共图书馆，用于登记保存整个公共图书馆系统的读者信息、采购和管理图书馆文献资源、检索全港公共图书馆馆藏目录以及处理文献流通和读者服务业务等。2011 年全面部署 Virtua 图书馆集成系统，该系统还包括 Fastrac 实施和射频识别（IKFID）技术。2011 年底，新一代图书馆集成系统（Next Generation Integrated Library System，NGILS）正式投入服务，作为香港公共图书馆的统一资源平台，为读者提供全新线上图书馆目录和多个资料库电子资源的一站式检索服务。

（六）统一物流与通借通还

香港公共图书馆新购图书经编目、加工等环节后，由康文署统一进行物流分配。基于降低系统运行成本、缩短物流配送时间的考虑，不需装订的图书直接通过物流承办商（香港邮政）分配到各个公共图书馆，需装订的图书发送到装订承办商（惩教署），交予服刑人员进行封皮硬化、上磁、加印等工作，再通过物流承办商分配至各个公共图书馆。

香港公共图书馆系统实行通借通还服务。凡持有效的香港公共图书馆图书证、图书馆适用身份证或两个前市政局公共图书馆借书证的读者，可以前往全港任何一间公共图书馆借阅和归还图书馆文献。[①] 鉴于所还文献须回到其原属图书馆，康文署将此项业务外包给邮政署统一实施物流配送。

（七）统一活动策划与组织

香港公共图书馆系统的推广活动组负责统筹实施阅读推广活动。推广活动组设有二十余名专职工作人员，由一位总馆长直接负责，同时设有两位高级馆长分工协调。推广活动组的主要工作是负责全香港公共图书馆阅读推广活动的规划、组织、宣传和统筹；在工作方式上，一般提前半年策划和制订计划，并统一宣传和组织，由各个公共图书馆统一参与实施。

香港公共图书馆常年举办全港性与经常性的阅读推广活动，如“儿童

---

① 余子牛 . 图书馆总馆 / 分馆制的研究与实践 [J]. 深图通讯，2007（1）：59-63.

及青少年阅读计划”“阅读缤纷月”“阅读嘉年华”“香港文学节”等。上述阅读推广活动已形成自上而下的固定运行模式。其中，推广活动组是核心管理层，香港中央图书馆是中心，各分区图书馆及小型图书馆是支点。整个香港公共图书馆系统仅 2015—2016 年度举办的图书馆推广活动就达到 21480 项。

四、借鉴与启示

（一）政府主导与专业化管理相结合

香港特区政府始终将提供公共文化服务视为其法定职能，并通过相应的保障制度和运作体系推动公共文化服务的实施。香港特区《公众卫生及市政条例》（第 132 章）第 105K 条规定，康乐及文化事务署署长负责管理和管辖香港的公共图书馆。香港特区政府以专业人员为核心组成城市公共图书馆运行体系的管理团队，并将专业职系人员纳入公务员管理体系，实现人岗匹配和统一配置，保证了公共图书馆系统的专业化管理和稳定高效运转。

作为公共文化服务建设的责任主体，深圳市政府多年来高度重视文化发展，推行文化立市和文化强市战略，加大文化经费投入，为“图书馆之城”建设提供了稳定的人财物保障。“图书馆之城”的发展离不开深圳市委、市政府自上而下的主导推动，在制度设计和政策保障方面，政府应积极主动承担和履行公共服务的职责，同时促进图书馆专业化管理，明确责任与分工，推动公共图书馆事业的可持续发展。

（二）扁平高效的一体化规范化运行机制

香港公共图书馆管理架构颇为清晰，具有高效、扁平化的特点，在统筹配置和管理公共图书馆资源方面具有突出的优势。康文署署长下设的6位总馆长分工明确，相互独立，各统筹一项全港业务，包括采编、阅读推广活动等，使各项业务在全港公共图书馆层面得到协调落实。从纵向上可直接打破各类型图书馆的层级限制，便于各项业务的快速直达和迅捷响应；从横向上能够实现图书馆资源的高效整合与统筹规划，一体化管理、专业化分工协作。这种扁平化的业务运行机制极大节约了人力、物力与财力资源。一体化使地区公共图书馆的文献资源、技术与服务方式实现合理的分配与共享，避免重复建设，从而实现图书馆管理的高效运转和服务效益的提升。

同时，香港康文署依据《联合国教科文组织公共图书馆宣言》和《公共图书馆服务：IFLA/UNESCO发展指南》等国际准则制定了一系列业务标准，使香港公共图书馆的馆藏采购、藏书规模及范畴、馆藏加工处理、开放及服务时间、绩效评估等各项业务都得到了规范化、有序化的运营管理。

相比较香港公共图书馆高效的一体化运行机制，深圳“图书馆之城”建设按照市、区、街道、社区四层架构设计，受分级财政投入的体制制约，人财物无法做到统筹配置，由此导致的基层图书馆效益不高成为“图书馆之城”发展的瓶颈。《国家“十一五”时期文化发展规划纲要》《公共图书馆服务规范》中都明确了公共图书馆的发展方向为总分馆制，2015年中共中央办公厅、国务院办公厅印发的《关于加快构建现代公共文化服务体系的意见》更明确指出要以县级文化馆、图书馆为中心推进总分馆制建设。深圳应结合“图书馆之城”“十三五”规划的目标任务，切实推动一体化运行的总分馆制建设，实现人员、经费、资源、服务的垂直管理。

近年来，构建标准化、均等化的现代公共文化服务体系是深圳地区公共文化服务的发展目标。深圳公共图书馆事业的标准化、规范化建设已取得突出进展，先后颁布实施两项市级标准、五项局级业务规范，并参与了国家、文化部《射频识别·图书馆·数据模型》《社区图书馆服务规范》《县（区）图书馆业务规范》等的编制。深圳“图书馆之城”的长期探索表明，只有实现区级图书馆一体化总分馆制，“图书馆之城”的规范化标准化管理成果才有可能向基层渗透，使全市公共图书馆整体水平得到有效提升。

（三）健全完备的政策法规保障

完善的政策法规保障，为香港公共图书馆系统的科学布局和有序运行提供了可遵循的指引和依据。香港特区政府参照《香港规划标准与准则》设置实体公共图书馆，在每个分区内各设一家分区图书馆，每 20 万人应设一家分区图书馆，短期内未设立则应通过小型图书馆进行补充。同时，香港特区政府制定了条文详尽的《图书馆规例》，并作为法律文件颁布，包含图书馆借阅服务的相关政策与规定，为香港公共图书馆的规范管理提供有力的法律依据。

深圳作为内地首个颁布公共图书馆地方性法规和率先进行阅读立法的城市，在公共文化服务和阅读推广的立法保障方面一直走在全国前列。随着“图书馆之城”建设和服务的不断扩展与深入，发展中的诸多问题都需要法律、法规政策的稳定性来保障，应尽快将修订、完善《深圳特区公共图书馆条例》提上日程，保障特区公共图书馆事业的健康、有序发展；参照香港和国外公共图书馆服务体系建设经验，科学布局、统筹规划，扩大公共图书馆服务网络覆盖范围，实现图书馆服务的均等化、普惠化；同时，切实贯彻落实《深圳经济特区全民阅读促进条例》，将公共阅读设施及空间的规划和设置纳入城市更新的规划框架内，加以督导完善，提升特区内外公共文化服务设施的均等化水平。

（四）社会力量的有益补充

为建立覆盖全港的公共图书馆服务网络，将服务触角延伸至各社区，香港公共图书馆与非营利组织携手合作，2005年推行“便利图书站——社区图书馆伙伴计划”。2008年区议会全面参与管理地区设施后，进一步推动了公共图书馆与社会机构的合作，加快了社区图书馆建设进程，并协力开展丰富的读者活动。同时，各区区议员非常支持“社区图书馆伙伴计划”，由区议员个人开办的社区图书馆也占了一定比例。香港社区图书馆发展至今，已成为基层图书馆事业的有益补充。

值得注意的是，香港的“社区图书馆”不同于深圳的“社区图书馆”，其大致相当于深圳图书馆界的馆外流通点（即图书服务站），服务面积和馆藏规模相对较小，图书资源主要来源于公共图书馆，只有几百或上千册图书资源（可定期更换），多数开设在社区志愿服务机构、青少年中心、屋苑会所以及区议会办事处内。

近年来，深圳地区公共图书馆借鉴香港及国外经验，发挥专业优势，实施“图书馆+”走出去战略，引入社会力量，与社会组织、企业单位进行跨界合作，将图书馆资源及服务延伸至城市社区的各个角落，比如在企业、部队驻地、福利院、社区、学校等处设立图书服务站，成为“图书馆之城”服务的有益补充。未来要持续优化合作机制，打通公共文化服务的“末梢血管”，为市民提供普惠、均等、便捷的图书馆服务。

五、结语

香港公共图书馆体系是世界上最繁忙的公共图书馆体系之一，具有高效规范的管理运作机制和卓越的服务绩效。在深港两地广泛合作与交流的过程中，深圳图书馆界始终以香港公共图书馆为标杆，通过学习香港公共图书馆先进的服务理念、一体化管理运作模式、立法保障与规范化管理等诸多经验，受益良多，具备了国际化的前瞻视野，且少走弯路，在高起点的规划下积极牵头和推进“图书馆之城”建设，不断完善城市公共文化服务体系，并借助深圳作为改革开放窗口的作用进一步辐射全国。展望未来，香港的经验仍能为深圳乃至内地公共图书馆的发展提供有益的借鉴，深圳未来要建设世界一流的现代化国际化创新型城市中心图书馆，要继续对标香港，汲取其先进的管理经验，创新和优化公共图书馆管理体制和运行机制，继续引领和推动城市公共图书馆一体化服务与管理，推进公共文化服务的标准化、规范化与均等化，为传播优秀文化、服务城市创新、营造书香社会做出更大的贡献。

蔡箐，深圳图书馆副研究馆员

数字阅读研究

“互联网＋”时代实体书店的融合发展

——深圳的探索与实践

尹昌龙

随着互联网时代的到来，传统出版发行企业长期面临着电子商务、数字出版及新阅读方式所带来的机遇和挑战，传统书业的盈利模式承受巨大压力。书业经营者一直在积极探索行业变革之路，重新探寻新的商业模式，不断拓展书业的价值链条。从深圳出版发行集团的探索和实践来看，我们认为融合发展是书业近几年内的发展主题和变革方向，将成为书业新的发力点。书业将重新定义自己的行业定位和产业边界，通过融合发展来实现产品服务升级和产业边界扩张，书业与互联网、教育产业、创意产业等其他多元产业的融合将进一步提速，成效将进一步显现。

2017年，深圳出版发行集团遵循“尚书不唯书，求利不唯利”的理念，在变化中坚守，在坚守中变化，坚持做好书业，通过书业汇聚人气，通过以文化为核心的跨界融合发展成功实现产业链、价值链的延伸，打开了产业边界、丰富了行业内涵，进而在书业以及书业以外获得收益。目前集团已成功转型为城市公共文化服务的提供者，建立了以书业为核心、以书城为平台，融合创意、教育、科技产业的新型文化商业业态，打造了一个集阅读学习、展示交流、聚会休闲、创意生活于一体，关于文化消费和精神体验相结合的复合式城市文化生活中心和文化综合体。成为推进全民阅读、涵养城市文明、引领城市风尚的主阵地和重要平台，形成了业态跨界交流与融合发展的良好态势。

“互联网 +”时代，网络成为经济社会运行的基础设施，融合发展成为产业发展的新常态和新引擎。零售业积极打通线上线下和上游下游，打开产业边界，促进多业态、跨行业、聚合式、协同化深度融合。在技术推动下不断催生新媒体、新业态，如“无人货架”“超市 + 餐饮”等新的模式和业态不断涌现。时尚与科技，艺术和文化都因跨界融合在商业市场不断形成新的消费方式，如日本的茑屋书店，看似环境舒适选品精良的书店，实质上是由大数据驱动的新型跨业商业形态。纵观深圳出版发行集团的融合发展道路，可归纳出以下六个维度的跨界融合：一是主营产品维度的融合，即书与非书的融合；二是营销渠道维度的融合，即线上线下的融合；三是技术服务维度的融合，即书业与科技时尚的融合；四是目标客户维度，即书业与教育培训的融合；五是场所价值维度的融合，即书业与文化创意的融合；六是商业模式维度的融合，即书与休闲生活的融合。

一、促进书与非书的融合，打造以“积极休闲”和“能动生活”为特征的一站式综合性文化生活空间

当前中国的经济发展已经由产品匮乏的短缺经济时代转向产品极大丰富，人民需求内涵大大扩展，需求层次不断提升的时代，人们对多样化、个性化、多层次商品和服务的需求不断增长。随着物质生活水平的不断提高，人们越来越渴求平和闲适的内心体验和精神状态。面对社会经济和消费环境的变化，书业如果还停留在只提供单一图书销售服务的层面，已经

远远不能满足读者需要。深圳书城品牌自创立起，一直以提供复合式文化生活空间为目标，“尚书不唯书”是深圳书城模式的与众不同之处。深圳书城突破了以买书卖书为主要功能的传统书城运行模式，以人为本安排空间，为满足精神体验营造氛围，遵循“围绕生活提升，贴着生活飞翔”理念组合项目。在深圳书城，书与非书都以文化生活为核心有机融合在一起，阅读、听讲座、上课、看展、观影、品茶、聚会，深圳书城为读者构建了一种积极、怡情、雅兴的休闲生活方式，打造了以“积极休闲”和“能动生活”为特征的一站式综合性文化生活空间，持续给读者传递更有品质的阅读生活之美。

二、促进线上与线下的融合，实施新零售全渠道发展战略，为消费者提供更多便捷、安全的购物体验

在“互联网 +”时代，线上巨头纷纷线下开店，线下实体商业纷纷大力触网，线上和线下深度融合成为业界发展共识。信息技术与传统行业愈加密不可分，助力行业发展不断升级。消费者的消费习惯、消费偏好、消费需求也都在悄然发生变化。麦肯锡全球研究院的研究报告指出，在消费与零售行业，多达 85% 的中国消费者已经成为全渠道购物者，对购物体验的期望水涨船高。深圳出版发行集团多年来一直坚持线上线下融合发展策略，2014 年推出的云书城、微商城等电商服务平台，就实现了线上线下商品、会员、营销等多方面的一体化运营。2016 年，适应移动互联网发展趋势，集团推出深圳书城 App——掌上书城。掌上书城以线下深圳书城的四大书城为依托，融图书查询、智能导购、书单定制、文化活动、会

员服务、线上销售、兴趣社交等多功能于一体，可以通过移动互联网为大书城提供线上会员、宣传、销售等服务。通过卖场的智能查询终端和云书城、掌上书城、微信公众号等平台，读者可以查询四大书城实体库存架位号，可以自助办理会员，可以下单购买任一书城商品。同时，线下实体书城的品牌和会员资源，也使深圳书城的影响力不断向线上延伸。2017 年掌上书城拓展了文创数码、儿童益智、票务演出等新的领域，努力打造一个基于互联网的全场景阅读文化生活服务平台，满足读者线上线下各个渠道的文化生活需求，为消费者提供更多便捷、安全的购物体验。集团还努力推动新阅读，搭建了全民阅读分众平台，在线提供 40 多万种电子书的阅读服务，同时推出全民阅读计划、华文听书、华文讲书等项目，让全民阅读更具活力，更能拥抱新的载体。

三、促进书业与科技时尚的融合，创新升级书业智能化水平，提升读者现场消费体验

21 世纪初期是人类高科技发展最迅猛的时期，无限迸发的创意使这代人和前几代人的鸿沟一步步加大，特别是智能化。书业的视野要跟这个时代联系起来，与科技时尚的融合将是未来书业发展的趋势之一。只有不断创新，融入科技元素，跟智能化密切结合，以消费者为中心进行人、货、场重构，升级改良购物场景，注重用户体验和便利，积极探索智能 Wi–Fi、自助购书、刷脸支付、无人书店等项目，书城才能更好地服务读者，大大增强实体书店的消费体验感。2017 年，深圳书城中心城推出了自助购书机，它可帮助读者轻松完成图书查询、会员服务、自助收银、领

取免费停车票等自助服务，大大减少了高峰期收银排队等候的时间。深圳书城罗湖城的新新书吧还实现了自助点餐功能，读者通过扫码可以直接购买书吧的饮品、简餐，由工作人员根据点餐桌号将饮品、简餐送达读者手中。深圳书城宝安城推出的自助扫码购服务，可以通过书城的微信号实现图书自助查询、自助购买等，实现了读者购书“边逛边买，无需排队，拿书就走”的便捷服务。2018 年 7 月即将开业的第五代书城——深圳书城龙岗城，将以打造智能化书城为特色，全方位多维度打造全国第一个智能书城。届时将会开设 24 小时无人书店，读者可 24 小时全天候随时逛书店。此外，读者扫码入店后，可以通过物联网智能识别技术精准定位图书，并在结账时感应所选图书，利用微信扫码支付即可“一键买单”。书业与科技的融合，将会大大节约读者的购书时间、增强读者的购书体验，有效降低书店的运营成本。

四、促进书业与教育培训的融合，建立阅读学习的综合服务平台，在更广、更深的层次上服务教育

放眼全球，终身学习已成为不可逆转的教育趋势之一。教育培训是未来 10 年公认的朝阳产业，预计 2020 年产业规模将突破 3 万亿元。拥有内容资源和品牌公信力资源的书业早有不少先行者纷纷试水。书业与教育培训业的融合正成为书业延伸产业链，探索多元发展的重要路径。1996 年深圳书城罗湖城刚开业时，首先吸引的就是蓬勃发展的教育培训行业入驻。集团旗下也成立了专门的书城培训公司，负责教育培训市场的开拓。近年来随着童书市场的繁荣发展，家庭亲子成为书城卖场最主要的消费群

体。儿童学习机、学习用品、视力保护、手工制作、儿童培训等教育周边产品纷纷入驻。这一群体的很多消费是跟教育挂钩的，从目标群体来看，教育培训天生就是和书业融合在一块的。2016年深圳书城中心城专门开辟了趣阅岛儿童主题区，开通了亲子阅读服务号，提供儿童图书、益智产品、亲子活动、亲子课堂等与儿童教育培训有关的产品和服务，深受读者欢迎，年销售额超过300万元。深圳书城培训中心也重新定位为“儿童青少年成长中心”，主攻儿童培训，开设有少儿美术、音乐、书法、舞蹈、英语等儿童培训项目，深受读者欢迎，年销售额近5000万元。此外，书业具有多年服务教育的品牌优势，可以积极试水教育装备、智慧校园、知识服务等教育培训市场，围绕教育发展战略，在更广、更深的层次上服务教育，走向未来。

五、促进书业与文化创意产业的融合，实现产业价值链之间的辐射、延伸和相互渗透，丰富书业的内涵和外延，为书业增添新的活力

随着社会经济的发展，全球文化创意产业风生水起，特别最近两年，处在消费升级时代的人们对于文创产品和服务的需求十分旺盛，文化产业在2020年将成为国民经济的支柱性产业。书业与文化创意产业同属于文化行业，二者的融合如同水乳交融般自然和谐。1998年，深圳出版发行集团成立了弘文艺术公司，专门负责经营文化体育用品，而今已经随着时代发展成为文化创意产品聚集地，年销售额突破一个亿，弘文深港创意廊项目更是成为深圳、香港两地设计师的创意作品展示中心。

深圳书城中心城将南北区跨界连廊区域打造为创意品牌集散地。并且在人流最旺的南、北台阶定期举行创意市集，对原创品牌、作品免费开放，并提供专业化的服务与宣传资源，受到了市民的热捧，其所呈现的热烈场面与景象，激发越来越多的市民参与到创意中来，推动了原创品牌和创意项目的发展，使书城成为新生原创产品产业化的沃土。一批如 HOLY MOLY、无感陶艺、SIMPLE THINGS 等从创意市集中成长起来的品牌已开始跨地区经营、产业化发展。

2015 年开业的深圳书城宝安城，定位为深圳书城第四代创意书城。宝安书城以“书香引领生活，创意改变未来”为理念，以知识和创意为中心，跨界组合书店、影院、培训、创意文化用品、画廊、多功能展览空间、银行、咖啡甜品、主题餐饮等多种业态。书城精心打造创客培育中心，不定期举办多种创客课程和创业辅导，涵盖智能软件、艺术、教育等众多领域，涉及动漫设计、智能微型投影、智能机器人、可穿戴设备、新材料等多方面，捕捉创客们的思想火花，使其变成实实在在可圈可点的经济效益，使书城成为创客云集的根据地，成为思想撞击和创意迸发的空间，成为文化创意产业发展的重要园区和基地。

六、促进书业与休闲生活的融合，重建时代公共生活，让读者共享轻松休闲的文化生活空间

深圳书城一直以来倡导：书业不只是卖书，让阅读成为一种生活，让书店也有人间烟火，让书赏心悦目，让书店成为我们喜爱的生活。书城以“延伸阅读·品位生活”为精神内核，成功创建出体验式书城业态和书业

跨界融合运行的商业模式，翻新了传统书店概念，转型成为公共文化服务的提供者。这种变化为书店带来了更高的人气。书城不仅仅是卖场，书城是城市公共文化生活客厅，集团通过书业与休闲生活的融合，通过书城的建造和运营重建这个时代的公共生活，通过书城抵达这个时代，通过书城又克服这个时代。书城提供能动的生活，提供积极的休闲，克服这个时代的慵懒，克服这个时代的娱乐至死，最终克服这个时代的过度欲望化。

在深圳书城，你可以伴着面包的香味、咖啡的香气品读书香，可以在创意小店选购创意设计产品，还可以去喝一杯咖啡，品一杯清茶，吃一碗拉面……深圳书城，尚书但不唯书，倡导轻松休闲的书香生活，让市民在繁忙都市里共享一个自由呼吸的生活空间。人们能够以亲切、便捷、动人的方式体验生活魅力、感受文化滋养。书城也因此成为人们日常生活和假日出游的重要安排。《光明日报》就此发表文章指出：逛书城成为越来越多深圳市民乃至港澳居民的休闲方式。

在“互联网+”时代，书业的载体和介质在不断发生变化，书店的环境和业态也在不断发生变化，一个行业的颠覆发展往往是在跨界融合中，在不同行业的碰撞交互中诞生。在这样的背景下，书业的融合跨界有着特殊的意义：它既是一种防御，又是一种进攻，在跨界融合中不断增强书业的竞争力，催生出一个完全没有见过的新世界。现代管理学之父德鲁克曾经有一句名言：预测未来最好的方法，就是去创造未来。书业历经多年的探索，正在通过融合发展创造一个新时代。

但是在融合发展的道路上，“书是灵魂、书是主旋律”这一条永远不会改变。书业如何坚守人文精神，如何保持文化自信，这是关键。深圳书城模式自 1996 年从罗湖起步，继而在福田中心区、南山、宝安陆续落地，这四座书城已成为深圳城市公共文化生活的中心。按照“一区一书城、一街道一书吧”的战略布局，集团正在着力推进建设深圳书城龙岗城、龙华城、湾区城、光明城、大鹏城、数字总部基地等市级公共文化设施，全力构建大书城和小书吧互为呼应的公共文化服务平台和全民阅读设施体系，使书城、书吧成为深圳市民读书购书以及文化休闲的主阵地，使书城、书吧成为深圳市公共文化服务体系中最具活力和最为便利的所在。

让书无处不在，让城市真正成为书香弥漫的美好家园。

尹昌龙，深圳出版发行集团党委书记、总经理

2016—2017 年度深圳数字阅读报告

魏甫华 王文涛 陈涤非

深圳是最具互联网基因的城市，连续两年获评“中国十大数字阅读城市”称号。在深圳读书月组委会办公室的支持下，基于对用户行为的大数据分析和机器学习模型，我们发布了全国首份城市数字阅读报告——《2016—2017 年度深圳数字阅读报告》。报告通过对深圳十个区数字阅读用户行为的深度挖掘，对深圳市及各区的数字阅读用户规模、用户画像、用户偏好以及未来走向进行精准分析，从而为深圳市及各区制订有关数字阅读政策提供科学指引，提升深圳市及各区公共文化服务的针对性、有效性和平等性，促进深圳数字阅读产业发展。

本报告主体研究结果共分为六大部分，分别为深圳市及各辖区数字阅读用户的规模情况、用户画像、内容偏好、工具偏好、未来发展及阅读榜单。整个报告以用户调研、各重点平台数据采集为基础，采取定性与定量相结合的研究与分析方法。在具体数据来源上，第一，对深圳市数字阅读用户进行了抽样问卷调查，主要以网络问卷形式展开，共收回有效样本 1061 份；第二，通过深圳移动网关数据获取深圳全量通信用户，识别出近 1 年内访问过相关阅读类 App 和网站的用户，得到整体阅读用户量数据，当前，移动网关可覆盖深圳人群约 1800 万；第三，采集了来源于咪咕阅读自有门户监测统计的用户数据，包含用户在 App、WAP 门户、

WWW 门户上产生的行为数据，咪咕阅读可监测的深圳用户数约 680 万；第四，采集了来自腾讯 TBS 浏览服务统计到的手机 QQ 浏览器及腾讯系内部分产品的用户行为数据，QQ 浏览器的 TBI 数据平台当前可覆盖深圳人群约 2700 万；第五，采集了来自懒人听书自有门户监测统计的用户数据，包含用户在 App 上产生的行为数据，懒人听书有声阅读应用已积累超过 2 亿用户；第六，通过第三方平台监测独立 App 中的用户数据监测统计，第三方监测到深圳市数字阅读用户总量为 74.28 万。

研究显示，深圳市数字阅读用户高达 454.6 万人，其中可以确定区域身份的数字阅读用户为 313.4 万人，另外还有 141.2 万数字阅读用户因为流动性大，难以确定区域身份。在数字阅读用户规模分布上，宝安区、龙岗区、光明新区数字阅读用户量最多，分别为 91.7 万人、62.6 万人、45.1 万人；光明新区、宝安区、龙岗区用户数字阅读氛围最浓厚，数字阅读用户量占比分别为 37.3%、32.0%、30.5%。在南强北弱的经济表现下，数字阅读用户规模呈现北强南弱的态势。从用户构成情况上来看，深圳市数字阅读用户共包括网络文学用户、漫画用户和有声阅读用户。其中，网络文学用户占比最高，达 54.77%。从报告结果看，深圳原特区外的数字阅读用户数及活跃程度要高于原特区内，这说明深圳近几年来秉承“阅读永恒，载体创新”理念，大力发展“互联网 + 阅读”，推动数字阅读发展，已经有效地缩小了原特区内外阅读需求和供给发展不平衡的矛盾。

在用户画像上，深圳市数字阅读用户整体付费意愿较强，男性学生群体、女性职场人士是主要受众，且呈现出用户学历较高、女性数量较多、男性年龄分布较集中等特点。此外，用户中的女性专业人士超过男性，男性整体收入高于女性。在对阅读客户端的偏好上，QQ 阅读在深圳市数字阅读用户中渗透率第一，区位优势作用明显；喜马拉雅 FM 和懒人听书坐拥用户流量优势，是深圳市最受偏爱的两个有声阅读 App。在细分领域，深圳市网络文学用户年龄层覆盖广泛，学生群体占比较高；有声阅读用户年龄层分布广泛，主力为男性中等收入群体；动漫用户中，女性阅读时长略高于男性，符合女性向动漫内容更容易打动受众的行业判断。从分区画像上来说，QQ 阅读、咪咕阅读、掌阅 iReader 始终是深圳市数字阅读用户最偏好使用的三大应用产品。

在内容偏好上，30 岁是用户表现的分水岭，性别、收入也是影响因素。具体而言，深圳市数字阅读用户偏向于阅读都市、言情、玄幻奇幻类内容，且用户更愿意为网络原创内容、经典 IP 改编、大众经典类型作品付费。在阅读时间上，午休时、晚饭后是用户最爱阅读时段。

在工具偏好上，手机已是深圳市数字阅读用户最喜爱使用的阅读设备，占比 78%。但部分用户对传统纸书、传统文学偏好较高，未来数字阅读用户转化相对困难，硬件技术升级是最主要破冰方法。在付费观念上，接受付费阅读观念的用户超五成，其中有 64.6% 的用户已有付费经历。未来厂商通过付费阅读进行变现的主要阻碍是：付费内容吸引力不足、用户不认同付费理念等。

在未来发展上，深圳市阅读用户对传统阅读偏好较高，未来仅有两成用户愿意转化为数字阅读用户，用户对工作学习类、提升见闻类内容需求更高，用户收入高低与工作学习类、提升见闻类阅读需求强度成正比。

在深圳各区的数字阅读综合指数排行榜上，宝安区、龙岗区、龙华区位列前三，综合得分分别为 28.14 分、24.39 分、22.19 分，各区之间分数差异相对较小，在付费指数排行榜上，宝安区、福田区、罗湖区位列前三，分别得分 54.51 分、53.37 分、51.58 分。在付费意愿上，前三名盐田区、福田区、南山区均为南部区域，这与其经济发展水平较高有一定的关联。

最后，根据研究结果，本报告对各区数字阅读的发展提出了具体建议。①

一、研究方法和名词解释

1. 研究方法

1.1 市场调查问卷统计

对深圳市数字阅读用户进行抽样问卷调查，为用户主观行为分析提供数据支持。此次问卷调查以网络问卷形式展开，共收回有效样本 1061 份，其中男性用户 469 份，女性用户 592 份。为保证信息的真实有效性，课题组有关成员亦在深圳市十大区、街道进行了纸质版问卷复核。

表 1 调查问卷性别分布

性别	样本量	占比
男	469	44.2%
女	592	55.8%
总量	1061	100%

① 这是报告简写本，原报告近 6 万字，数据分析图及表格 190 幅。感谢参与课题讨论、调研、制表及撰写的课题组有关成员：杜超 方波 关婷 甘思蓉 高智明 郭宇 何童谣 黄萍萍 金针 李琦 李葳 李良 李锋龙 李吉 毛新民 潘彦铮 彭崎 斯凌 王奕超 严铭华 杨红 杨序 杨盛 于芃 张晓雯 张兆坤。

表 2 调查问卷样本量分布

区域	样本量	占比
南山区	253	23.90%
龙岗区	209	19.70%
罗湖区	156	14.70%
福田区	138	13.00%
宝安区	112	10.60%
龙华区	72	6.80%
光明新区	50	4.70%
坪山区	31	2.90%
盐田区	25	2.40%
大鹏新区	15	1.30%
总量	1061	100%

1.2 深圳移动全网数据监测

通过深圳移动网关数据获取深圳全量通信用户，识别出近 1 年内访问过相关阅读类 App 和网站的用户，得到整体阅读用户量数据。当前，移动网关可覆盖的深圳人群约 1800 万。

1.3 咪咕阅读数据监测

咪咕阅读数据来源于自有门户监测统计的用户数据，包含用户在 App、WAP 门户、WWW 门户上产生的行为数据。咪咕阅读可监测的深圳用户数约 680 万。

1.4 腾讯手机 QQ 浏览器数据监测

数据来源基于腾讯 TBS 浏览服务统计到的手机 QQ 浏览器，包括 App

（日活跃用户 1 亿，其中小说阅读用户日均千万规模）、小说 H5、手腾门户及腾讯系内部分产品的用户行为数据。QQ 浏览器的 TBI 数据平台当前在深圳可覆盖人群约 2700 万。

1.5 懒人听书数据监测

数据来源于自有门户监测统计的用户数据，包含用户在 App 上产生的行为数据，采用的是音频海量数据统计方法。懒人听书有声阅读应用已积累超过 2 亿用户。

1.6 第三方数据监测

第三方监测只对独立 App 中的用户数据进行监测统计，不包括 App 之外的调用等行为产生的用户数据。截至 2017 年第 3 季度，第三方基于对 21.9 亿累计装机覆盖及 5.2 亿活跃用户的行为监测结果，有效了解了数字消费者在智能手机上的行为轨迹。本报告中，第三方监测到深圳市数字阅读用户总量为 74.28 万。

1.7 定性研究

通过对定量数据统计、监测结果进行分析，描绘出深圳市目前数字阅读行业发展现状，并对未来发展提出可行性建议。

2. 名词解释

数字阅读

数字阅读是指借助数字阅读设备，对数字化内容进行阅读的行为。为使分析对象更加具象化，本次分析中，数字阅读用户指日常生活中喜欢借助数字媒体设备阅读文学、漫画、有声读物等具体内容的用户。

综合阅读

本报告中的综合阅读是数字阅读内容的一种，特指用户可以通过综合阅读类 App 进行不同内容类型的网络文学阅读，包括网络原生类与传统图书电子化类。由于本分析中综合阅读主要指在移动互联网上进行网络文学阅读，因此部分场景下，名词由网络文学代替。

漫画

本报告中的漫画是数字阅读内容的一种，主要指互联网漫画。用户可以在互联网漫画平台进行图片、动态图片、短视频的阅读。

有声阅读

本报告中的有声阅读是数字阅读内容的一种，主要指互联网音频内容。用户可以通过有声阅读平台实现听音频的功能。

电纸书阅读器

电纸书阅读器是指显示屏采用电子墨水技术的阅读器，用户可以借助电纸书阅读器阅读 PDF、CHM、ePub 等格式的电子书。

二、深圳数字阅读用户市场规模有多大

根据深圳移动网关数据，深圳市数字阅读用户高达 454.6 万人，其中可以确定为各区身份数字阅读用户为 313.4 万人，另外还有 141.2 万数字阅读用户因为流动性大，难以确定区域身份。深圳数字阅读月活跃用户规模在 168 万左右，环比增长率保持稳定。特别是 2017 年 1 月以来，活跃用户规模始终保持 1%—3% 的稳定正向增长。

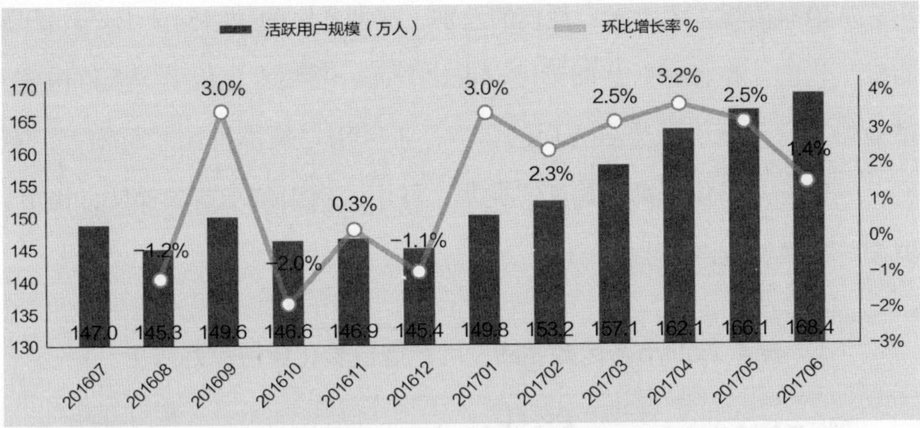

图1 2016年—2017年深圳市数字阅读的月活跃用户规模

数据来源：深圳移动数据监测

表3 深圳数字阅读的月活动用户规模表（单位：人）

月份	活跃用户规模	环比增长率（%）
201607	1469834.4	—
201608	1452862.8	−1.15%
201609	1496422.8	3.00%
201610	1465767.6	−2.05%
201611	1469442	0.25%
201612	1453814.4	−1.06%
201701	1497948	3.04%
201702	1532217.6	2.29%
201703	1570894.8	2.52%
201704	1620507.6	3.16%
201705	1661102.4	2.51%
201706	1683801.6	1.37%

数据来源：深圳移动数据监测

从绝对值看，由于人口规模的差别，深圳各区的数字阅读用户数量分布较不均匀。在各区数字阅读用户占比方面，受到人口规模、人口构成、产业结构、政策引导等各方面的影响，各区用户规模占比差距较大，光明、宝安、龙岗位于第一梯队，龙华、坪山、南山位于第二梯队，福田、罗湖、大鹏、盐田位于第三梯队。

表 4 深圳市各区数字阅读用户规模表（单位：万人）

区域名称	深圳市各区域人口规模	深圳市各区数字阅读用户规模	数字阅读用户规模占比
光明新区	53.1	19.8	37.29%
宝安区	286.3	91.7	32.03%
龙岗区	205.2	62.6	30.51%
龙华区	151.1	45.1	29.85%
坪山区	35.6	10.4	29.21%
南山区	129.1	29.7	23.01%
福田区	144.1	29.6	20.54%
罗湖区	97.6	18.9	19.36%
大鹏新区	13.6	2.3	16.91%
盐田区	22.1	3.3	14.93%

数据来源：深圳移动数据监测

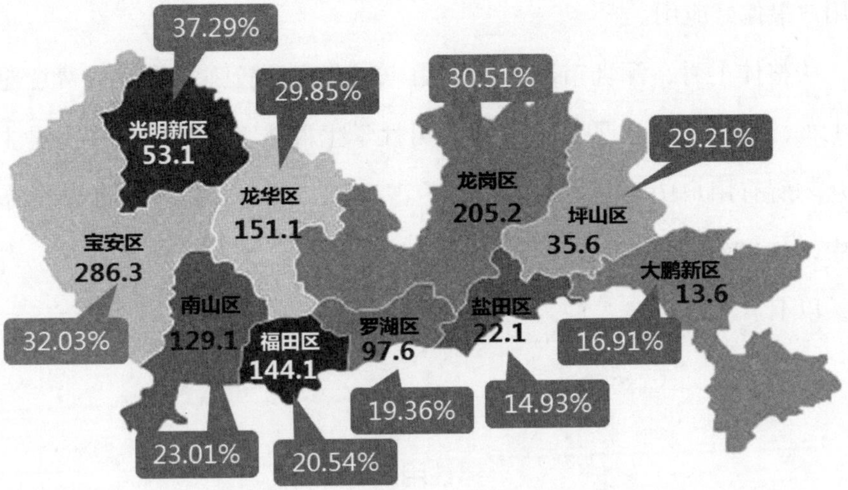

图 2 2016—2017 年深圳市各区人口规模及数字阅读用户规模占比统计（单位：万人）

三、深圳数字阅读用户画像呈现哪些特点

研究结果显示，深圳数字阅读男女用户付费意愿无明显差距，但愿意付费用户占比仅一半，未来还需对用户观念进行良性引导；男性用户月收入及月消费购买力均高于女性用户，未来女性用户潜力巨大；数字阅读用户以本科学历为主，女性用户年龄较为分散，男性用户年龄集中且更年轻化；用户阅读时均偏向于部分精读；男性用户更爱政治军事、武侠仙侠，女性用户更爱经典文学、文艺、青春校园；用户阅读频率为1—3次每周，阅读量为1—5本每月。睡前是深圳市用户阅读的最佳时期，这与全国用户阅读习惯一致。深圳市分领域用户画像显示，网络文学、有声阅读用户均以男性居多；男女性用户付费意愿相差不大。深圳市分区域用户画像显示，QQ 阅读、咪咕阅读、掌阅 iReader 是深圳市数字阅

读用户最偏好应用。

从整体上看，深圳市数字阅读用户付费意愿较强，男性付费意愿为50.11%，女性付费意愿为53.38%。男性学生群体、女性职场人士是主要受众。所有用户中，女性数量较多，占比51.02%；男性用户年龄分布较集中，47.82%为24岁以下用户；男女性用户皆以本科学历为主，占比30%以上。

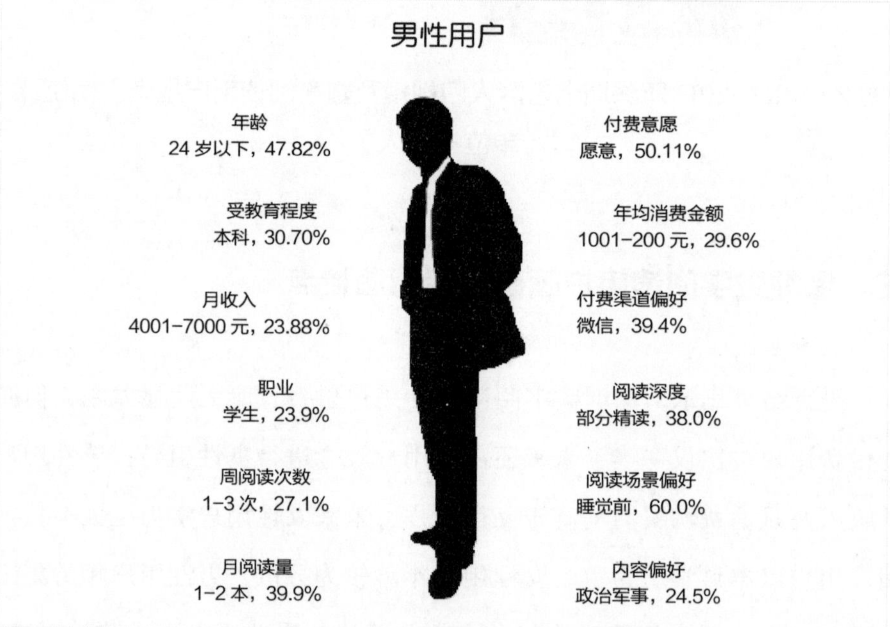

数据来源：《深圳市民数字阅读行为调查问卷》；第三方数据监测

图3 深圳市数字阅读男性用户整体画像

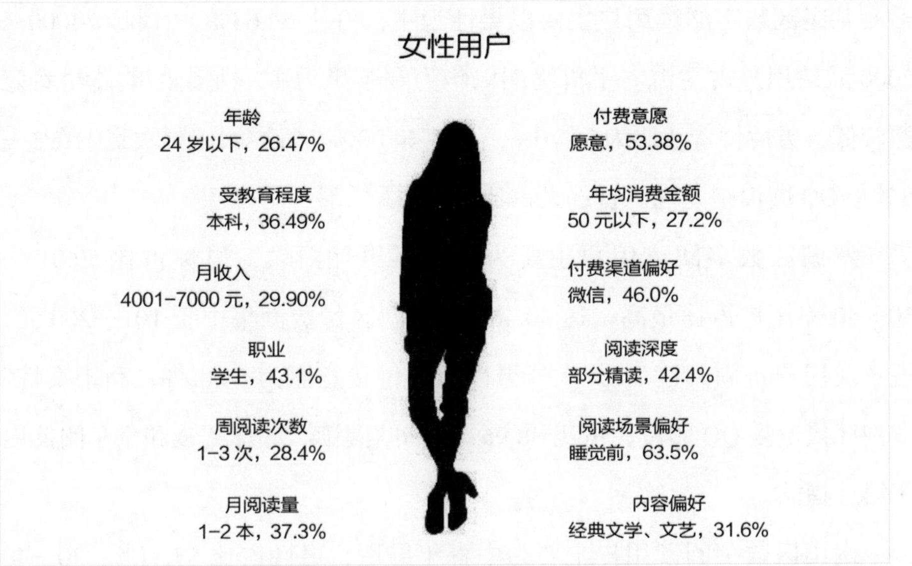

数据来源：《深圳市民数字阅读行为调查问卷》；第三方数据监测

图 4　深圳市数字阅读女性用户整体画像

深圳市十个区的数字阅读用户有一定的重合性，但也各有差异：宝安区数字阅读用户主要为中等收入的中青年男性白领。男性占比 64.93%，女性为 35.07%。18—40 岁用户合计超过 80%。手机终端上，以华为和苹果为主。宝安区阅读量集中在每月 1—5 本，每周阅读次数 1—5 次居多。宝安区阅读 App 偏好主要为 QQ 阅读、咪咕阅读和掌阅 iReader。

福田区数字阅读用户主要为经济基础较好的中年男性白领，男性占比达 61.89%。30—40 岁用户比重较高，占 32.26%。白领和商务人士合计占比近 50%。使用手机终端上，以华为和苹果为主。福田区 71.43% 的男性用户有付费行为，高于其他区。但只有 5 成用户在数字阅读领域年均消费额超过 200 元。福田区偏好使用 QQ 阅读、咪咕阅读和掌阅 iReader，蜻蜓听书作为 TOP10 中唯一有声阅读 App，受福田区用户偏爱。

龙岗区数字阅读用户主要以男性为主，占比64.63%。月收入4000—7000元的用户占主流。手机终端以华为和苹果为主。龙岗区整体付费意愿较低，男性付费意愿为36.70%，女性44.00%。每周阅读频次集中在1—5次。QQ阅读是龙岗区首选，占比44.07%。

罗湖区数字阅读用户主要为中青年男性白领，男性占比59.01%，30—40岁用户占比最高，达30.46%。罗湖区付费额集中于101—200元，近3成用户每周阅读3—5次。男性用户付费意愿为54.00%，高于女性。罗湖区最偏爱QQ阅读，占比38.96%。咪咕阅读、环球阅读和京东阅读居于第二梯队。

南山区数字阅读用户主要为中青年男性，男性占比63.81%。30—40岁用户占比最高，手机终端以华为和苹果为主。南山区付费额和阅读量相对较低，近3成用户在数字阅读领域年均消费额在50元以下。月阅读量在两本以内的用户占比最高，为37.94%，但阅读频次相对其他区较高。南山区偏好QQ阅读、咪咕阅读和掌阅iReader。

盐田区数字阅读用户中，男性用户占比64.81%，女性35.19%。30—40岁用户比例最高，主体用户收入在十个区中偏低。其中，女性付费意愿极高，为85.71%，男性付费意愿为66.67%。阅读频次集中在每周1—3次，阅读量集中在每月1—5本。盐田偏爱QQ阅读、咪咕阅读和掌阅iReader。

龙华区数字阅读用户主要为青年群体，男性用户占比67.15%。18—40岁用户占比超8成。主体用户月收入较高。手机终端以华为和苹果为主。龙华区付费额度高于平均水平，年均付费201—500元的用户占比达到29.03%。月阅读量2本以内用户占比最高，达44.44%。龙华区偏好QQ阅读、咪咕阅读和掌阅iReader。京东阅读占比也较高，居前五。

光明新区数字阅读用户主要为中等收入的中青年，男性占比65.90%。苹果手机比例较高，占44.51%。光明新区女性付费意愿较低，为29.41%。整体月阅读量集中在1—2本，占比44%。光明新区近半数用户偏好QQ阅读。

坪山区数字阅读用户多为中青年男性，男性占比67.57%。用户偏爱华为手机，占比19.34%。坪山区付费额集中在51—200元，月阅读量主要集中在3—5本，占比45.15%。坪山区偏好QQ阅读、咪咕阅读和掌阅iReader。

大鹏新区数字阅读用户收入集中在2000元以下，占比近6成。男性用户较多，占比67.12%。大鹏新区付费额低于其他区，集中在50元以下。阅读量较低，66.67%的用户阅读量在2本以内。大鹏新区偏好QQ阅读、咪咕阅读和掌阅iReader。

四、深圳数字阅读用户有哪些内容偏好

从深圳全市来看，数字阅读用户偏好前五的类型为都市、现言、古言、玄幻奇幻和幻言，三分之一的类型覆盖了62.67%的用户偏好。第二梯队为社科、生活、励志、青春文学、校园等普适性比较强的类别，第三梯队为传记、悬疑、历史出版、仙侠、原创灵异类型，属于个性化偏好。

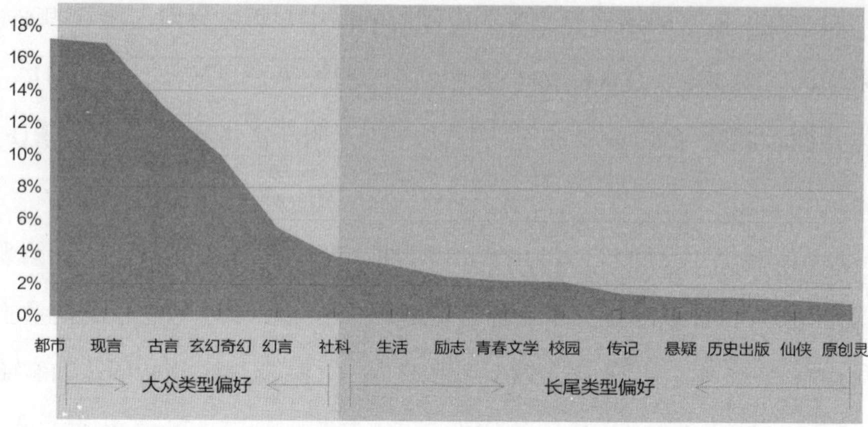

图 5　2017 年 6 月深圳市数字阅读各内容类型用户比例 Top15

数据来源：深圳移动监测数据

单从电子出版物类型来看，深圳更偏爱文学、心理、公版、青春、政治、励志等普适性强的出版物，占 82.88%。第二梯队是文艺、历史、传记、两性、军事。第三梯队的童书、社科、教材教辅、管理则有着特定的阅读人群，占比较少。

从年龄来看，30 岁是分水岭。30 岁以下用户在玄幻、仙侠、科幻、灵异、二次元方面偏好性更强。而都市、古言、军事则拥有更多 30 岁以上用户。

从学历来看，高中及以上学历的用户内容偏好差异较小。初中学历用户独具偏好，对包含言情、青春、科幻在内的女频内容偏好高于男频。

从收入来看，富豪人群对男频、都市更偏爱。而女频向的现言与古言，富豪人群与低收入人群偏好形成反差，富豪人群最低，低收入人群最高。

从不同安卓系统手机品牌来区分，差异也不大，只在第五序列中出现微小差别。华为、OPPO 用户偏好历史类型，小米、酷派、魅族用户偏好仙侠类，三星用户则对悬疑类型情有独钟。从收益对比，网络原创作品明显比出版类作品收益更高，前者第一是后者第一的4倍，前者第十也比后者第一要高。可见，深圳市出版类数字阅读作品还有较大创富潜力。

在有声阅读领域，深圳人更喜欢听经典IP原著和改编经典IP的著作，其次是实用型工具类内容和网络原创的高人气作品。在动漫领域，武侠、言情IP的竞争力强劲，且以女频内容为主导。但排在第一的是男频向的《斗破苍穹》，其收益占前十作品总收益的三分之一。可见，男频向读者的内容偏好相对集中。

整体来说，深圳十个区的偏好与深圳整体偏好差距不大，排名前五的偏好集中度高于全市平均值的有宝安、龙华、光明、坪山四区，第二、第三梯队的偏好略有区别。在阅读时长上，普遍是日夜分明，8点到24点为高峰期，且高峰期时间长，主要集中于午休时和晚饭后到睡觉前两个时段。低谷期在4—6点。不同区在夜间活跃度略有区别。

微观对比，宝安区爱看仙侠，7点以后阅读用户迅速增长。福田区更爱看现言，不太爱看幻言，对传记和青春类型更感兴趣。福田区夜间阅读占比在深圳十区中最低。龙岗区偏好整体与全市持平，夜间阅读相对比较活跃。罗湖区更偏好现言和古言，古言偏好占比位列深圳十区第一，对时尚也尤为偏爱。罗湖区夜间阅读占比也较低。南山区偏好梯度落差十分明显，更爱现言，不太爱看悬疑。南山区夜间阅读活跃人群较少。盐田区偏好与全市基本持平，对时尚略有偏重。对比福田、罗湖、南山，盐田区夜间阅读活跃度更高。龙华区偏好集中程度较高，更偏好仙侠。龙华区夜间阅读十分活跃，7点以后阅读人群就大幅提升。光明新区的偏好集中程度也较高，首位偏好占比居于十区最高。光明新区夜间阅读最活跃，0—1点坚持阅读的用户更多，7点即进入阅读高峰期，早起阅读人群占比在十区中居于第二。坪山区的偏好集中程度也很高，和光明新区最接近。坪山区也在7点就进入阅读高峰期，早起阅读人群占比在十区中居于第一。大鹏新区和全市整体偏好基本一致，对生活类型更偏爱。活跃度上，大鹏新区比其他区提前1小时到达午休峰值，晚饭后到睡觉前峰值时段更短，夜间用户较为活跃。

五、深圳数字阅读用户青睐哪些工具端产品

深圳市数字阅读用户更偏好用手机阅读，手机阅读用户达78%，其次是书本和电脑。另外，有14.1%的用户习惯使用电纸书阅读器，而在电纸书阅读器中，有超过七成用户偏爱kindle或咪咕阅读器。

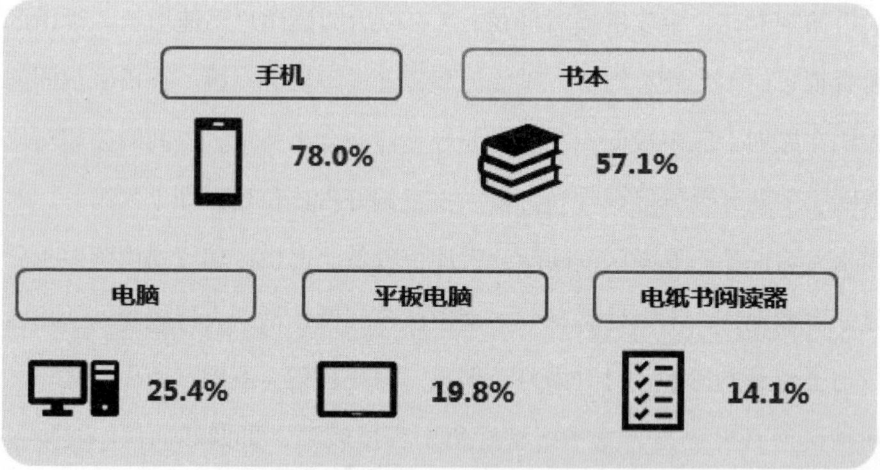

图6 深圳市数字阅读用户日常阅读工具使用偏好

数据来源：《深圳市民数字阅读行为调查问卷》

从消费构成看，购买纸书的用户占比超过72.18%，电子书占比

57.93%，电纸书阅读器占 15.49%。结合上文，可以推论，手机阅读电子书和纸书阅读是用户最愿意花时间和花钱的两大方向。而年均消费额主要集中于 500 元以下。

在手机阅读软件和网站偏好上，QQ 阅读位列第一，占比 23.8%。网页中百度文学网页版最受欢迎，占比 12.3%。在未来的付费理念上，51.93% 的用户接受阅读付费，其中，有超过 60% 的用户过去两年内实际付费过。数字阅读用户的版权付费和知识付费观念还需良性引导。

六、深圳数字阅读用户未来趋向展望

调查研究发现，在未来发展上，仅有两成的纸书用户表示未来会选择电子阅读。未来，数字阅读技术升级和改善纯纸书用户在数字阅读设备上的阅读体验，或是使不同类型用户破冰的首要方法。

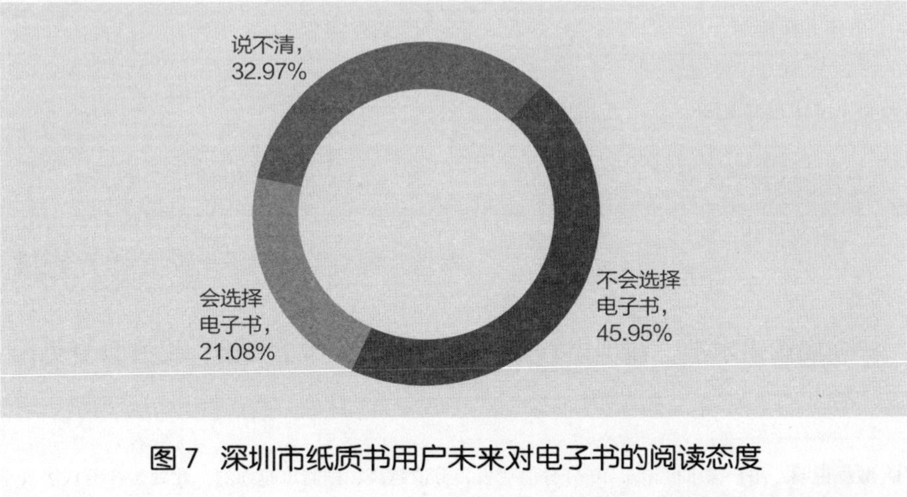

图 7 深圳市纸质书用户未来对电子书的阅读态度

数据来源：《深圳市民数字阅读行为调查问卷》

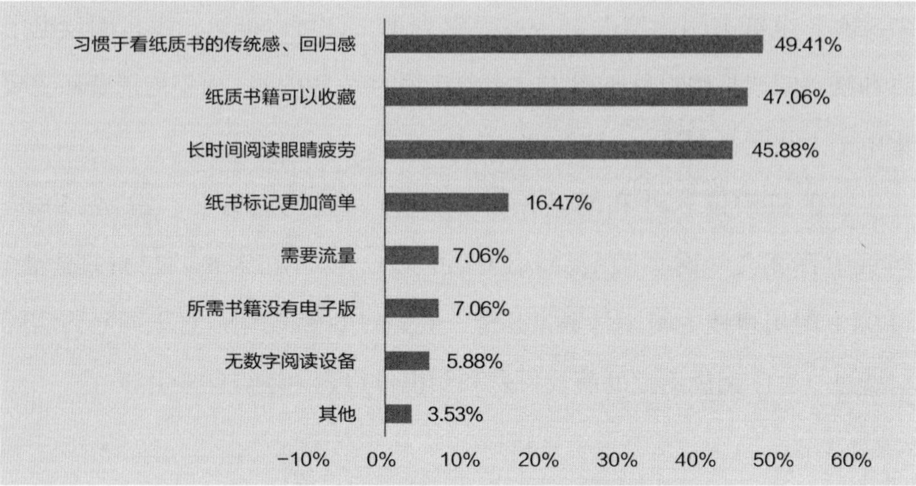

图 8 深圳市纸质书用户不选择数字阅读的原因

数据来源：《深圳市民数字阅读行为调查问卷》

表 5 2017 年深圳市数字阅读用户不同类型内容阅读需求[①]

类别	需求度低（1—3 分）	需求度中（4—7 分）	需求度高（8—10 分）
工作学习类	18.27%	41.81%	39.92%
提升自身见闻、计划性阅读类	19.91%	41.97%	38.12%
权威 / 专家推荐阅读	35.75%	42.71%	21.54%
娱乐休闲 / 消遣类	24.34%	42.95%	32.71%

数据来源：《深圳市民数字阅读行为调查问卷》

在阅读需求上，深圳市数字阅读用户对工作学习类，提升自身见闻、

① 数据说明：用户需求度由 1–10 分分值代表，分值越高，则需求越强烈。此处 1–3 分代表需求低，4–7 分代表需求适中，8–10 分代表需求度高。

计划性阅读类的内容需求较高，高需求占比分别达到 39.92% 和 38.12%，而对权威 / 专家推荐阅读类的内容需求度较低，低需求占比为 35.75%，这为未来开发与引导深圳数字阅读内容提供了参考。

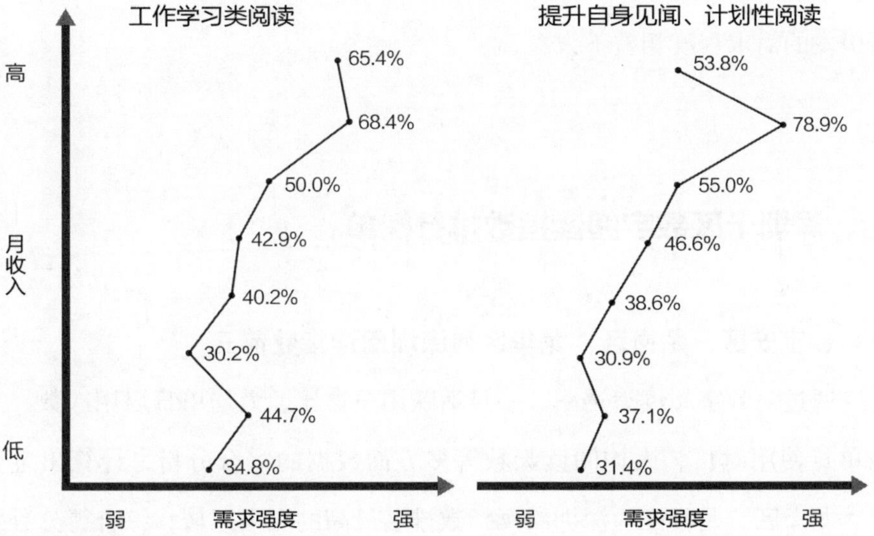

（续）

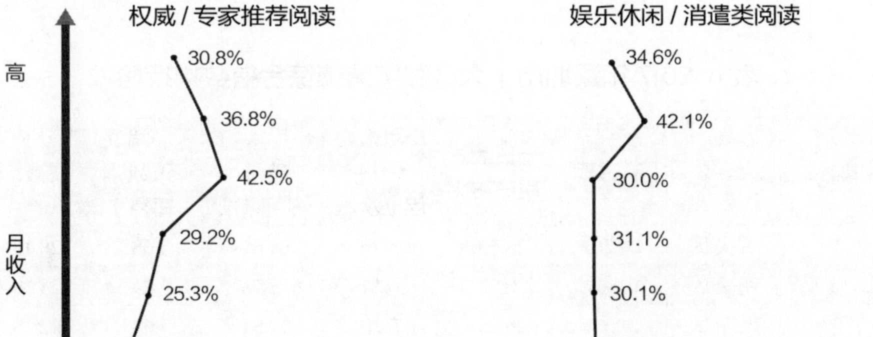

图 9　深圳市不同收入用户对不同阅读内容的需求度

数据来源：《深圳市民数字阅读行为调查问卷》

在月收入与阅读需求的关系上，数据显示，低收入群体最需要娱乐休闲 / 消遣类内容，高收入群体更需求工作学习类和提升自身见闻类内容。无论收入高低，深圳市数字阅读用户对权威 / 专家推荐内容需求度均较低。娱乐休闲 / 消遣类内容作为用户精神方面的补给，对不同收入维度下用户所引发的需求程度相差不大。

七、深圳十区数字阅读指数排行榜单

1. 宝安区、龙岗区、龙华区列深圳阅读指数前三

通过对数字阅读渗透率、一日活跃用户占比、人均单日启用次数、人均单日使用时长、人均阅读天数等多方面数据的综合分析，计算出宝安区、龙岗区、龙华区为深圳阅读指数排名最高的三大区域，综合得分分别为 28.14 分、24.39 分、22.19 分，各区之间分数差异相对较小。

表 6 2017 年深圳市十大区数字阅读综合指数排行榜

排序	区域	渗透率	一日活跃用户占比	6 月人均单日启动次数	6 月人均单日使用时长	人均阅读天数（每月）	总分
1	宝安区	29.26%	28.65%	5.20	59.81	5.68	28.14
2	龙岗区	19.97%	30.94%	5.14	58.76	5.24	24.39
3	龙华区	14.39%	28.65%	5.20	59.81	5.68	22.19
4	南山区	9.48%	26.85%	5.29	64.16	6.40	21.01
5	福田区	9.44%	35.87%	4.80	53.49	4.51	19.48
6	光明新区	6.32%	28.65%	5.20	59.81	5.68	18.96
7	罗湖区	6.03%	37.34%	4.96	56.88	4.33	18.95
8	坪山区	3.32%	30.94%	5.14	58.76	5.24	17.73
9	盐田区	1.05%	47.14%	5.07	53.84	3.24	17.24
10	大鹏新区	0.73%	30.94%	5.14	58.76	5.24	16.69

数据来源：第三方数据监测

表7 深圳市十大区数字阅读综合指数评价体系说明[①]

指标	指标释义	占比
渗透率（%）	在所选时间段内，区域目标用户占所属地域活跃用户的比例。 计算公式：某区数字阅读活跃用户规模 / 深圳市数字阅读活跃用户规模	40%
一日活跃用户占比（%）	在所选时间段内，只有 1 天打开过数字阅读类 App 的用户占比。 计算公式：一日活跃用户占比 = 统计周期内仅有一天活跃的用户 / 统计周期内全量活跃用户	10%
人均单日启动次数（次）	在所选时间段内，数字阅读类 App 平均每天被每个用户打开的次数。 计算公式：SUM{ 周期内第一天～最后一天的（日度启动次数 / 日度活跃人数）}/ 周期内天数	20%
人均单日使用时长（分钟）	在所选时间段内，数字阅读类 App 平均每天被每个用户使用的时长。 计算公式：SUM{ 周期内第一天～最后一天的（日度使用时长 / 日度活跃人数）}/ 周期内天数	20%
人均阅读天数（天）	在所选时间段内，平均每个用户打开数字阅读类 App 的天数。 计算公式：SUM{ 每个活跃用户在周期内的启动天数 }/ 活跃用户数	10%

2. 分析与建议

数据显示，宝安区渗透率最高，该区数字阅读用户规模也最大。未来建议增加对大鹏新区、盐田区和坪山区等区域的阅读氛围培养，贯彻落实“全民阅读”工作 8 个着力点，即着力办好主题阅读活动、着力提供优质阅读内容、着力完善基础阅读设施、着力促进少年儿童阅读、着力倡导领导干部阅读、着力推动基层群众阅读、着力营造良好阅读氛围、着力加强组织协调工作思想理念。

数据显示，盐田区一日活跃用户占比最高，表示在一个自然月内，

① 数据说明：综合指数无满分，由各项得分累积得来。

该区仅数字阅读过一天的用户占比近五成，用户黏性较差，区域整体数字阅读用户表现欠佳。未来建议根据盐田区已知的居民偏好内容类型，为用户适当推荐相关类型书籍、举办相关线下活动，如阅读会等，吸引用户阅读。

在付费指数排行榜上，数据显示，在月人均消费额度和付费意愿方面，宝安区、福田区、罗湖区是付费指数排名最高的三个区域，分别得分 54.51 分、53.37 分、51.58 分。

宝安区作为深圳市数字阅读综合指数最高的区域，在用户真实付费方面也有所体现，是月人均消费额度较高的区域。值得一提的是，罗湖区一日活跃用户占比过高，表现欠佳，但用户实际消费方面表现亮眼，活跃度较低用户与活跃度高且消费能力较强用户两极分化明显，未来建议进行良性引导，发挥头部用户对整体用户的带动能力。

在付费意愿排行榜中，前三名均为南部区域，这与其经济发展水平较高有一定的关联。盐田区与福田区用户活跃度较差，但消费意愿最高，未来潜在消费能力较强，可以借助这一特性，为其推送合适的数字阅读内容。南山区作为近几年发展较快的区域，汇集了一大批高学历高收入人群，其对付费阅读这一行为的认可逐渐带动了其付费意愿的提高。

魏甫华，海天出版社副总编辑

王文涛，深圳市华文国际传媒有限公司副总经理

陈涤非，咪咕数媒有限公司副总经理

“深圳读书月”研究

新时代开启新征程，新阅读焕发新光彩

——第十八届深圳读书月总结

朱德明 陈宏强

在市委市政府的大力支持以及市委宣传部、市文体旅游局的悉心指导下，各主承办单位共同努力，圆满完成第十八届深圳读书月的各项活动与任务。

本届读书月以习近平新时代中国特色社会主义思想及习总书记系列重要讲话精神为指引，以学习宣传贯彻党的十九大为主线，以“新时代 新阅读”为年度主题，认真落实李克强总理政府工作报告中“大力推动全民阅读，加强科学普及”的工作要求及国家新闻出版广电总局《全民阅读“十三五”时期发展规划》的总体部署，深刻践行《深圳文化创新发展2020（实施方案）》的发展理念及《深圳经济特区全民阅读促进条例》的法制规范，在新时代的背景下积极推广满足美好生活需要、激发文化创新活力的新阅读，在新征程的起点上努力探索专业化、品牌化、国际化、数字化“四轮驱动”的新发展，通过覆盖更广、水平更高、内涵更深的阅读活动与文化理念，进一步提升市民素质、涵养城市文明，牵引带动与现代化国际化创新型城市相匹配的文化强市建设再上新水平，努力为深圳新时代走在前列、新征程勇当尖兵提供文化支持。活动总结如下：

一、总体情况

第十八届深圳读书月于11月1日正式启动，于12月2日召开总结分享会。围绕年度主题，共组织策划阅读活动835项。其中重点活动58项，占总活动数的6.9%；创新活动22项，占重点活动的38%。

据统计，本届读书月共吸引逾1000万人次参与，影响广泛、反应良好。主要体现在：

领导重视，各方支持。深圳市委副书记、市长陈如桂，市委常委、宣传部部长李小甘以及市老领导、读书月总顾问李灏、厉有为、李海东、王京生等出席了启动仪式；国家新闻出版广电总局副局长周慧琳，中国出版协会常务副理事长、国家新闻出版广电总局原副局长邬书林，国务院参事张抗抗、樊希安等参与了各类活动；诺贝尔文学奖得主莫言、茅盾文学奖得主毕飞宇等名家大师与法国作家达瓦佑、美国哈佛大学教授凯瑟琳·斯诺等国际来宾先后登台论道、对谈交流。此外，还有来自北京、合肥、扬州、香港、澳门等十余个地区的阅读界、教育界代表参加或观摩了本届活动。

组织到位，执行有力。各主承办单位呼应及时、执行有力，在确保意识形态导向正确的基础上，于第一时间将学习宣传贯彻十九大精神的思路渗透进活动组织过程，以最大力度将专业化、品牌化、国际化、数字化的意识贯彻到活动执行层面，与党和国家的发展、与深圳全民阅读的进步产生了更到位、更紧密的联系。

导向正确，宣传面广。层层把关，坚守正确文化导向，重视舆论宣传引导。各项活动受到中央及省市各级媒体的持续关注，陆续刊播转载新闻报道2400余篇；引发微博、微信等社交媒体的广泛讨论，累积生产传播图文消息1500余条。宣传海报在深圳公交、地铁、机场等250余处平台展示，宣传影片获新华社手机客户端等权威新媒体推送。

二、特色亮点

（一）营造浓厚氛围，尤其突出十九大主线

党的十九大是在全面建成小康社会决胜阶段、中国特色社会主义进入新时代的关键时期召开的一次十分重要的大会。本届读书月紧扣十九大对发展方位的科学判断与对美好未来的殷切展望，着重推出"特别策划"板块，引领社会各界学习宣传贯彻十九大精神，营造了浓厚的爱党爱国思想舆论氛围。

主题书展掀学习热潮。在市委副书记、市长陈如桂等的见证下，深圳市学习宣传贯彻十九大主题书展于本届读书月启动之际揭幕。主题书展共组织习总书记讲话著作、党性修养、党史党建、从严治党等相关出版物217种，包括《党的十九大报告辅导读本》等多种国内最新出版的十九大学习资料和读物。此外，四大书城还在醒目位置组织与之呼应的专题书展，推动全市学习热情持续高涨，累积销售主题图书近490万码洋。

各式活动添宣贯活力。南山区"新时代、新征程"诗文朗诵大赛吸引近20支队伍报名参与；报业集团、地铁集团联手策划"重读红色经典"特别活动，引领青少年群体回顾激情燃烧的岁月；团市委"深圳青年深度阅读计划"重点邀请十九大代表走进机关、校园、社区、园区，开展10场系列宣讲活动，感染千余听众，再掀学习十九大精神热潮。

（二）调动参与热情，尤其发挥名家名社带动作用

广泛的群众参与是推动全民阅读事业蓬勃发展的立足之本与活力之源，是促进美好生活向往不断实现的必要基础与必经之道。本届读书月进一步拓展名家名社资源、创新阅读互动体验，更加充分地调动了全民参与热情，提升了全民阅读动力。

名家大师引爆阅读热情。王京生、张抗抗、樊希安、莫言、毕飞宇、李敬泽等学者大家做客读书论坛，场面火爆，盛况空前。诺贝尔文学奖得主莫言以讲座“民间艺术对我小说创作之影响”亮相中心书城，吸引5000余人次驻足聆听，创造近8万人次的单日客流；国务院参事王京生、张抗抗、樊希安同台参与“在历史的天空下——城市与阅读”高峰论坛，引发300余听众思考。此外，知名文化学者于丹亮相“阅读看见未来——书香宝安行”系列活动，进行“读书·读城”分享交流；故宫博物院院长单霁翔到访盐田区图书馆，奉献精彩讲座；尹昌龙、杨争光、邓一光、陈诗哥等八位本地文化学者受邀参与音乐频率“声音书房”诵读会，用声音构筑文学世界。

传统文化彰显阅读魅力。本届读书月创新打造“主宾出版社”概念，牵手拥有百年历史积淀的中华书局，策划举办展览展销、新书首发、专题讲座等活动，以传统魅力感染带动更多市民加入阅读行列。此外，罗湖区经典品牌“诗礼传家”组织开展儒学讲座、歌舞朗诵等活动6场，场场爆满；宝安区创新活动“书香古色知书识礼”邀请嘉宾与粤港澳大湾区师生着汉服朗诵诗词，场面壮观；龙华区“文以载道”诗文朗诵活动融合非遗元素，吸引上千名家长与孩子近距离感受非遗魅力。

互动体验增添阅读趣味。“阅在深秋”图书馆阅读体验活动推出雕版印刷、古籍拓印、绘本制作等多元文化体验项目，吸引上百人排队等候；少

儿图书馆"名著新编短剧大赛"通过18场公益训练营鼓励以改编剧本、体验角色的方式品读名著，受到全市学生热烈欢迎；南山书城首次招募"文明阅读小义工"，收到千余人踊跃报名；光明新区"大眼睛亲子阅读绘"融合角色扮演、剧场演绎等互动体验形式，吸引300余人共度阅读时光。

（三）深化载体创新，加强数字阅读理论研究

本届读书月顺应数字化趋势，继续推出"互联网+"板块，组织策划6项重点主题活动，着重加强理论研究，为深化发展数字阅读、构建更高水平的"全国十大数字阅读城市"提供了科学依据与明确指引。

数字阅读理论研究走在前列。在深圳市全民阅读研究与推广中心、华文国际传媒的牵头组织下，本届读书月发布了全国第一份基于用户细分的全民数字阅读报告城市样本，同时评选出"2017年度深圳数字阅读奖"。此外，首届全媒体有声读物互联网应用高峰论坛于北京举办，吸引政府部门、行业协会、业界精英、专家学者等200余名代表展开主题发言和圆桌讨论，发布"有声读物播读评价体系建立"报告。

载体创新应用普及势头迅猛。"手机阅读季"在"咪咕阅读"App中设立"偷书"专区，鼓励用户相互共享、免费借阅电子图书；市妇联创新打造0—6岁儿童早期阅读专业推广线上平台"阅芽计划App"，积累用户19万余人；深圳书城网络科技有限公司通过"厉害了我的读书月"H5设计大赛，引导读者用更加多元的数字载体记录、展现阅读的价值与魅力。

（四）深耕品牌价值，尤其推动经典品牌持续创新

读书月十八年成长历程，不仅整体打造了一个深得民心的公共文化品牌，更陆续孕育出许多广受好评的经典品牌活动。本届读书月通过重磅展

览“读书月十八年品牌及经典活动回眸”，鼓励各主承办单位以品牌价值为导向创新经典活动、深化品牌内涵，进一步提升了读书月活动矩阵的品牌感召力。

持续创新，铸就经典品质。“地铁阅读季”在11号线增开“书香专列”、新设“扫码阅读”，彰显了广泛渗透的品牌活力；“温馨阅读夜”首次推出“书童”吉祥物，与近万名青少年读者互动，突出了读书为乐的品牌取向；“经典诗文朗诵会”精心安排朗诵名家和青年器乐演奏家同台“对话”，衬托了大气雅致的品牌特质；“大鹏自然好书奖”颁奖活动融入大量大鹏半岛动植物元素，强化了自然和谐的品牌调性。

精心提炼，打造全新品牌。深圳图书馆上线“新书直通车”项目，创出“读者选书，图书馆买单”的新型借阅服务；深圳晚报倾力打造全新品牌“看见城市的光——2017最美小书店”评选，吸引40余家小书店报名参与；坪山区深入各大企业，创新开展“朗读者”大赛；龙岗区通过“领读者论坛”整合推出涵盖38个阅读交流点的“友好阅读联盟”，并制成地图向广大市民派发。

（五）重视阅读引领，尤其关注价值引导和风尚培育

全民阅读的核心是阅读内容。《全民阅读“十三五”时期发展规划》指出，必须充分发挥引领示范作用，不断提升全民阅读的质量和水平。本届读书月积极推广优质阅读内容、传授深度阅读方法，营造了会读书、读好书的全民阅读风尚。同时，积极响应“弘扬科学精神，普及科学知识”的时代要求，紧密结合以科技创新驱动发展、以科学普及引领创新的时代趋势和深圳定位，引领更多读者关注科技科普等主题图书。

荐书讲书活动注重导向。“领导荐书”邀请市委常委、宣传部部长、

读书月组委会主任李小甘向读者推荐《习近平讲故事》《智能时代》《中华文化的前途和使命》三本好书，市文体旅游局、市教育局等读书月主承办单位及知名企业主要领导也纷纷荐书；福田区“深圳年度十大佳著”从50部作品中遴选了双年内的深圳非虚构类文学好书；“一本书的攀越”邀请唐克扬、魏小河等专家学者带领读者深度阅读《洛阳伽蓝记》《百年孤独》等经典名作；华夏星光影城“相遇与相逢的艺术电影”沙龙活动邀请邓一光、梁二平、胡野秋等文化嘉宾漫谈艺术电影，以电影赏析为切入点延展阅读概念，引领文化风尚。

科技阅读比重明显增加。“年度十大好书”聚焦科技科普、生态环保类作品，集中推介《草木深圳·郊野篇》《驱魔》等中外佳著；“年度十大童书”设置知识性读物组别，鼓励少年儿童在科普读物的指引下建立科学思维、培育科学精神；“读书月推荐书目”中，科技科普类作品分别占“藏书与阅读推荐书目”“优秀中小学生读物”的10%与25%，比重明显提升。此外，本届读书月创新举办科幻作品大赛，面向全国征集文字作品497部、美术作品445部，为推动科幻产业发展创造了有利条件，为培育科幻阅读兴趣营造了浓郁氛围。

（六）增强文化关爱，尤其提升基层群众阅读品味

“保障市民阅读权利”是《深圳经济特区全民阅读促进条例》提出的明确要求，也是全民阅读事业坚持公益普惠、深入基层基本原则的重要举措。本届读书月继续设立“温暖阅读”板块，通过6项重点主题活动与遍布全市的一般主题活动，将文化关爱传播到了广大基层群众当中。

优化基层单位阅读资源。“赠书献爱心”向军营监狱、中小学校等28家单位捐赠爱心图书近160万码洋，并在嶂背社区工作站等地新建4家

"青工书屋"；市妇联"阳光童年"活动深入河源和平、深圳龙华等地，开展主题服务40余场，覆盖4200余人次；南山书城走进深圳监狱，围绕"阅读重塑人生"主题进行帮教演出，展出图书2.6万余册；深圳市阅读联合会广泛发动民间阅读组织力量，策划开展蔓延至各基层单位的主题活动65项；"阅读志愿者在行动"组织568名阅读志愿者开展咨询引导、陪读伴读等阅读服务。此外，罗湖相继落成第6家、第7家根植社区的悠·图书馆，为社区居民提供了丰富多彩的阅读沙龙服务。

培育基层群体阅读品味。市总工会"十大书香企业""十大读书成才职工"评选为千余名企业职工树立了榜样；龙岗书城力邀冰心儿童文学奖得主陈诗哥走进龙岗天成学校，为200余名学生提供阅读写作指引；宝安"劳动者文学推介会"以成果展、手迹展呈现劳动者文学的靓丽风姿；光明"书海会友"发动广大青年职工参与"推荐一本好书"活动；"我最喜爱的课外书"演讲比赛走入龙岗三所小学，吸引约4200名师生参加，为拓宽校园阅读范围、提高校园阅读水平做出了有益示范。

（七）增进合作交流，尤其彰显典范城市阅读气质

阅读是深圳一张闪亮的城市文化名片，是促进对外交流、讲好深圳故事的重要桥梁。本届读书月秉承"引进来""走出去"并重的活动思路，组织举办多场合作交流活动，覆盖国内国际数十个地区，进一步利用阅读名片展现了真实、立体、全面的深圳，彰显了"全球全民阅读典范城市"气质。

广结益友，共享阅读经验。本届读书月延续"阅读双城记"的有益做法，邀请合肥文化名人、学者专家来深交流，推动签订"深圳合肥2017—2018年全民阅读双城合作协议"；海天出版社特邀新书作者，法国哲学学

会会长皮埃尔－亨利·达瓦佑同职业养蜂人弗朗索瓦·达瓦佑出席“《蜜蜂与哲人》新书首发暨学界交流”会；“阅芽计划”重磅打造的全国儿童早期阅读发展与教育峰会吸引美国哈佛大学教育学院终身教授凯瑟琳·斯诺等国内外幼教专家参与，为早期阅读教育赋予了更加国际化与更具前瞻性的意涵。

外溢发展，彰显城市气质。领读者大奖辐射全国，覆盖各地读书组织、机构与个人，表彰合肥文广新局、沈阳师大图书馆、宜兴惠人书友会等领读力量，打造出扬名全国的全民阅读盛会；海洋文化论坛落地扬州，以“一带一路”古地图交互式多媒体展、“海上丝绸之路”国际研讨会等活动汇集长三角、珠三角地区公共图书馆代表，吸引数十名“一带一路”沿线国家留学生参与；“弘文百乐杯”阅读绘画百米长卷活动在珠海、太原、湛江、佛山、天津等地开展，将深圳创意创新的文化艺术气息播撒到市外多个地区。

第十八届深圳读书月内容丰富、形式新颖，生动诠释了新时代背景下的新阅读，深入探索了新征程起点上的新发展，为深圳全民阅读事业迈步新时代、扬帆再起航做出了良好表率。但同时，本届活动还存在些许不足，有待进一步研究改善。未来，读书月还要在阅读引领上更加专业，在策划组织上更加精细，在品牌塑造上更加深入，在活动发展上更加创新，在国际交流上更加主动。

三、第十九届深圳读书月工作思路

2018 年是全面贯彻党的十九大精神的开局之年，第十九届深圳读书月将在立足既有成果、发扬有益做法的基础上继续固本开新，以习近平新时代中国特色社会主义思想为指引，以弘扬改革开放 40 周年丰硕成果为主线，进一步贯彻落实国家《全民阅读“十三五”时期发展规划》及《深圳文化创新发展 2020（实施方案）》，打造更具引领力与感染力的城市文化菜单，打造更加精品化与国际化的城市文化名片。初步工作思路如下：

（一）以弘扬改革开放 40 周年丰硕成果为主线

从阅读文化视角出发，通过主题书展、图书评选、特区对话等丰富多彩的阅读活动，多层次、全方位、立体式地展现深圳作为改革开放窗口、试验田、排头兵和示范区的发展历程与经验成果，为深化供给侧结构性改革、打造更具示范引领作用的改革先行区提供文化动力。

（二）加强阅读引领，进一步发挥带动作用

以切实带动市民读者读好书为目标，进一步深化荐书模式，有针对性地为儿童、学生、青工等群体提供不同主题、不同类别的阅读指引；丰富荐书形式，搭建人人可参与、想参与的阅读分享交流平台；强化荐书宣传，透过“阅读推广人下基层”等推广活动将好书佳作真正带入基层群众生活，将读书月在保障市民文化权利、推进市民阅读生活方面的引领作用落到实处。

（三）拓展多元阅读，进一步深化载体创新

坚持“阅读永恒，载体创新”的发展之道，巩固“全国十大数字阅读城市”优势，向国际先进水平看齐，不断优化数字阅读活动、丰富数字阅读产品，拓展以数字阅读为主要内容的多元阅读，推动更多重点主题活

动与新载体结合，推动建成永不落幕的线上阅读活动参与平台。在此基础上，积极办好全国数字阅读座谈会，加强理论交流与经验共享。

（四）完善活动细节，进一步锻造精品质量

提早策划品牌活动，不断打磨细小环节，锻造一批有创意、重细节、高质量的精品活动，进一步完善读书月的品牌格局。着重开展讲座培训，为各主承办单位提供专业指导，全面提升策划、组织、执行等全流程的筹办水平。着重强化督导职责，采取总体部署与定期汇报相结合的方式，及时掌握进度、把关要点，确保最终质量。

（五）增进对外交流，进一步走向国际舞台

在市委市政府的领导下重点开展城际阅读交流活动，进一步加强与联合国教科文组织、国际阅读友城、国际阅读组织等的联系与合作。有计划地与日本、韩国等邻近的高水平阅读城市组织互访交流，在汲取优秀经验、碰撞丰富创意的同时，分享展现读书月与深圳全民阅读的成果，让“全球全民阅读典范城市”的魅力进一步传播到国际舞台。

朱德明，深圳读书月组委会办公室主任助理

陈宏强，深圳出版发行集团综合事业部企划宣传专员

引入人文资源，助推“阅读之城”

——以 2001—2017 年“深圳读书论坛”为例

甘子华

迅速崛起发展的国家和城市，被称为文化沙漠。我国香港、上海、深圳等地都曾获此“殊荣”。王京生在《文化是流动的》一书中也说：“深圳的人口构成来自全国各地，中国 56 个民族都有人落户深圳，语言、饮食、习俗都有相当的差异。加之，涌入的移民，首先要解决的是落脚之处和生计问题，因此即出现了大规模的掘金狂潮，一切皆让位于此，而政府所能提供的初始文化服务，从无到有非常有限。而这一切都是文化积淀论者批评深圳为‘文化沙漠’的真实依据。”①

1980 年，深圳经济特区正式建立。随后人们提及深圳，多是谈论其经济成就。而随着经济飞速发展，人们又开始关注文化滞后的问题。然而文化是可以流动的，美国社会哲学家刘易斯·芒福德说：“城市可以通过从其他地区或者文明的健康的社会中移植组织以获得新生……看看罗马纪念物和希腊文学为中世纪耗尽的能量提供了多少补给。唯一必须的是那个接受新组织的机体必须处于一种准备就绪的状态。”② 深圳是一座年轻的移民城市，而人是文化的基本载体，可以带来文化的流动。出版人南兆旭

① 王京生．文化是流动的 [M]. 北京：人民出版社，2013.
② 刘易斯·芒福德．城市文化 [M]. 北京：中国建筑工业出版社，2009:333.

曾说深圳人有点不自信，"总是有一种文化身份的焦虑，你说我是文化沙漠，我就要证明我不是沙漠。"[①] 于是，"深圳读书月" 活动坚持了 18 年，由此孕育了一座因热爱读书而受人尊重的城市。而其重头活动 "深圳读书论坛" 的持续开展，助推深圳成为 "阅读之城"。

一、"深圳读书论坛" 的基本概况

（一）"深圳读书论坛" 的创建

从 1980 到 2001 年，深圳从一个贫穷落后的南方小镇发展成初具规模的现代城市，创造了世界城市发展历史上的一个奇迹。在深圳经济快速发展以及人才市场竞争压力不断增大的影响下，深圳人源于自身和社会发展的需要，催生出强烈的读书热情和求知渴望。商潮不掩读书声，深圳兴起了一股 "读书热" "购书热" "学习热"。

1983 年，在财政紧张的情况下，市政府决定兴建深圳科学馆、博物馆、电视台、图书馆、大剧院、深圳大学、体育中心、新闻中心八大基础精神文明设施。这 "切实改变了深圳特区被一部分人所贬称的 '文化沙漠' 形象，为深圳后来经济社会与文化发展打下了不可或缺的基础"[②]。还有在 20 世纪 90 年代建立的深圳书城、深圳特区报业大厦、深圳商报大厦、深圳有线电视台、华夏艺术中心、何香凝美术馆、关山月美术馆、深圳画院等 "新八大文化设施"，都初步构建了深圳较为完善的公共文化

① 真实的深圳史是有细节、有温度的历史 [EB/OL]. 新京报 [2016-4-8].http://www.sohu.com/a/68229099_401349.

② 吴俊忠，党凯 . 深圳文化发展理念的历史沿革 [J]. 深圳大学学报（人文社会科学版），2008(1):19-24.

服务体系。

“学术文化是整个文化的核心和灵魂。在城市文化结构中，学术文化处于最深层次，是城市文化的根基，是城市软实力和城市核心竞争力的重要指标。学术研究的导向决定城市发展的方向，学术文化的深度决定着城市文化积淀的厚度，学术大师的高度决定着城市文化精神所达到的高度。”①1996 年 6 月，著名文化学者余秋雨首次提出了“深圳学派”，对深圳当时的学术文化现状进行反思。因为当时的深圳尚缺乏一流的文化学者和学术机构，难以形成底蕴深厚的学术氛围和文化环境。于是，2001 年读书月组委会决定增设一项“高端文化品牌活动”——深圳读书论坛，让市民能够聆听“大家”的声音。读书论坛也成为“国内外首个以读书为号召、以专家学者演讲为形式、以促进城市文化建设和学术文化交流为目的的主题活动”。

（二）“深圳读书论坛”的发展

1. 初创期：2001—2004 年

从 2001 年到 2004 年，“深圳读书论坛”处于最初的创立阶段，共邀请了 30 位嘉宾，举办了 32 场活动（见附表）。万事开头难，读书论坛在创立初期也遇到了困难。深圳文化学者、作家胡野秋曾多次参与论坛的策划组织，在创立时，四处奔波于各个企业、单位寻求赞助。他回忆说：“对方表面上都笑脸相迎，可说到最后，态度都是‘大力支持，一分不给’。……你对企业说要办个演唱会，估计不愁赞助。但办个读书论坛，企业就都打退堂鼓了。”“但正当他一筹莫展之时，市宣传文化事业专项

① 吴忠 . 以学术文化引领城市文化发展 [J]. 艺术百家 ,2013(1):93–95.

发展基金拨出 20 万元专款用于首届‘深圳读书论坛’。”[①]

虽然当时的深圳缺少学术大家，但是政府的资助和专家学者的支持为处在创办初期的读书论坛提供了很大的帮助。2001 年 10 月 26 日，深圳读书月组委会聘请了 6 位专家学者为特别顾问。他们对深圳读书月都做出了重要贡献，例如从首届读书论坛开始便连续三年登台演讲的余秋雨。“首届读书论坛影响力有限，邀请文化学者的工作面临很大难度。其时刚刚走完‘千禧之旅’的余秋雨不仅爽快地答应来深‘开坛布道’，而且主动请缨，依靠自己广泛的人脉邀约演讲嘉宾。由于他的邀约，当时已经 84 岁高龄的国学大师饶宗颐才答应‘出山’。”[②]2001 年是深圳读书论坛创办的第一年，需要扩大自己的品牌知名度。而饶宗颐先生作为第一位开讲嘉宾，让读书论坛从一开始就站在了一个很高的起点上。

从附表来看，前四届读书论坛主要围绕当年读书月主题展开，论坛时间安排基本在周六、日，但也有部分场次安排在周一、周二等工作日内。相比于第一届、第二届读书论坛，第三届、第四届论坛的活动场数明显更多。而在这四届读书论坛中，第三届读书论坛的场数最多，也是历年读书论坛中最多的。并且第三届读书论坛被认为“实现‘规格高、导向准、观点新、效果好’”。[③]第三届读书月主题为“提升城市品位 享受健康人生”，这与深圳开始建立高品位文化城市密切相关。2003 年 1 月，深圳市委三届六次全会首次提出确立“文化立市”战略。6 月，深圳还成为首批文化体制改革的全国试点。在这种文化体制改革的背景下，深圳提出建立“高品位”文化城市的目标，显示了深圳从“文化是否存在”到“文化品位高

① 蔡梦吟，谢洋．一座城市和她的精神文化瞭望者 [N/OL]. 中国青年报．2014-12-1.

② 刘悠扬．香飘万里的深圳“文化狂欢节”[EB/OL].[2008-8-26].http://book.ce.cn/ssjj/200808/26/t20080826_16613525_2.shtml.

③ 尹昌龙．文化深圳从阅读开始 [M]. 北京：中国社会科学出版社，2016:71.

低”的问题转移。

2. 成长期：2005—2009 年

2005 年，是读书论坛创办的第五年。依靠前四届的经验积累，读书论坛开始进入成长期。从 2005 年到 2009 年，读书论坛在探索中不断前进，开始成为读书月活动中最具品牌影响力的活动项目。

读书论坛在这时期进行了很多创新。比如 2005 年读书论坛创新活动形式，创办了“在历史的天空下”主题对话。首场“在历史的天空下”邀请了文坛南北二侠金庸和二月河，围绕“历史 · 小说 · 人生”进行对谈。这次深圳对话被认为是第六届深圳读书月的压轴大戏，也一度成为当年人们津津乐道的话题。此后，“在历史的天空下”成为读书论坛的固定活动，每年都会邀请 2 位学者进行对谈。比如 2006 年到 2009 年间先后邀请了阎崇年、唐浩明对谈袁崇焕、曾国藩；于丹、杨锦麟对话“读书是一种生活方式”；葛剑雄、孟宪实对谈“长安 · 上海 · 深圳：移民社会与文化”；星云法师、刘长乐对谈“修好这颗心——人生智慧的达成与启悟”。

另外，2005 年读书论坛还首次免费发放门票。因为往届读书论坛都需要购票入场，所以发放免费门票这一举措很受市民欢迎。这一届读书论坛邀请到著名作家毕淑敏，她在深圳市文化局围绕“心理健康与人生幸福”做了主题演讲。她回忆起那天的情景时说：

“我记得那次来深圳正是冬天，演讲的票是免费发放的，每个人凭身份证可以领两张，当时我觉得这操作挺正规。发票那天下着雨，天气挺冷，但票很快就发完了。演讲的第二天还是第三天，我到香港去，过海关的时候正碰上一个人，他对我说，他那天去听我的课了，我当时觉得这个读书月的活动真是深入到各行各业普通民众中去了，这件事给我留下很深的印象。”①

免费发放门票的方式，其实同年6月创办的市民文化大讲堂活动就已经先一步实现了。但是它与读书论坛不同，读书论坛是在每年读书月活动期间举行，市民文化大讲堂的时间跨度则长达半年，每个周末都有一两次讲座。另外，免费入场也是政府资助公共文化的体现，与2005年10月11日通过的《中共中央关于制定国民经济和社会发展第十一个五年规划的建议》有关。该建议提出，“加大政府对文化事业的投入，逐步形成覆盖全社会的比较完备的公共文化服务体系。”此后，公共文化活动向市民免费开放的这种方式逐渐流行起来。

除了创新形式之外，从2005年起读书论坛的规模和影响逐步扩大，为其他论坛类活动的开展奠定了基础。比如2005年的“现代家庭教育论坛”“全国校园文学论坛”“全国打工文学论坛”；2007年的“海洋文化论坛”“青工大课堂”“全国未成年人阅读文化论坛”等等。

从读书论坛的举办地点来看，前几届论坛全都在市内举办。2006年读书论坛第一次把场地安排在龙岗区，这说明论坛开始关注深圳外来劳务工的文化需求；从读书论坛的嘉宾和主题来看，这几年的嘉宾阵容更豪华，专业范围更广泛。例如2005年首次邀请了海外学者加文·孟西斯，2009年邀请了佛教大师星云法师。

深圳读书论坛也得到了企业和媒体的支持。深圳读书月从2004年开始实行政府委托承办制，之后还吸引了知名品牌企业共同参与和支持。其中，2006年，深圳农行支持读书论坛，冠名读书论坛——“农行金钥匙·读书论坛”；2009年照明企业“海洋王照明”也支持深圳读书论坛活

① 胡洪侠，张清．向阅读致敬：深圳读书月历届嘉宾回望与回访[M]．深圳：海天出版社，2009.

动，冠名读书论坛——“海洋王照明·深圳读书论坛”。深圳报业集团出版社每年都出版《大家的声音——深圳读书论坛演讲录》，收录各位专家学者在读书论坛上的精彩演讲。

3. 拓展期：2010 年至今

2010年是深圳经济特区建立30周年，也是深圳读书论坛建立10周年。从 2010 年起，读书论坛进一步追求拓展。首先，随着 2010 年深圳经济特区范围扩大到全市，读书论坛也进一步深入基层。从附表可以看到，读书论坛的很多场次都设在龙岗区图书馆和宝安区图书馆。2013 年还特别开设了“读书成才青年论坛专场”，邀请了 5 位优秀青年，分别是银行高管顾亚峰、供电局职工时亨通和叶志晖、青工作家张华、90 后诗人毛志刚，向观众分享他们读书成才的励志故事。

其次，论坛形式也在不断创新。继 2005 年创立的“在历史的天空下”对话之后，2011 年新增设了“在诗歌的天空下对话”专场，2013 年新增设了“读书成才青年论坛专场”。另外，往届读书论坛“在历史的天空下”活动每年只邀请 2 位嘉宾进行一场对谈，但在 2010 年、2013 年、2014 年都安排了两场对谈，2017 年邀请了 3 位嘉宾。尤其在 2013 年，除了专设的“在历史的天空下”对谈之外，还另安排了 3 场对话。

再次，往届读书论坛都是以当年读书月主题为纲，但从 2013 年起，读书论坛有了自己独立的主题，与读书月主题相区别。这是承办方《晶报》的创新举措，“突破往届嘉宾各讲各的主题的模式，尝试在一个大的主题下，在海内外邀请专家学者从不同角度，对同一个主题展开精彩论述。”[①] 比如，2013年读书月主题为“阅读筑梦 阅读圆梦”，读书论坛主题

---

① 李海若 . 想和名人名家近距离接触吗？机会又来了！ [N/OL]. 晶报 .2013-11-8. http://news.sina.com.cn/o/2013-11-08/074228654500.shtml.

为"我们的时代 我们的青春";2014 年读书月主题为"接力民族精神 创造文明生活",读书论坛主题为"温故与知新"……

最后,此阶段的读书论坛,第三方的参与度更高。2012 年读书论坛改为联办制,由特区文化中心和《晶报》共同举办。其中"在历史的天空下"对谈活动首次由《晶报》接手承办。相比于政府和企业,媒体更能充分利用传播手段和传播平台。比如利用报纸做大量相关报道,并利用微博、微信等新媒体传播平台进行宣传。2016 年社会组织也参与到了读书论坛活动中,深圳市阅读联合会、深圳市全民阅读研究与推广中心均参与了承办。

二、"深圳读书论坛"的基本特点

(一)一贯性、时效性

读书论坛是读书月的一个品牌活动,因此读书论坛主要围绕读书月主题而展开。2006 年读书月首次确定总主题,直到 2016 年总主题才由"阅读·进步·和谐"变为"阅读·进步·圆梦"。而在读书月总主题和年度主题下,读书论坛又会根据城市和时代的发展进行调整创新。特别是 2013 年起,读书论坛不再沿用读书月的年度主题,而是把主题精细化,制定自己的年度主题。

比如,2001 年 11 月中国加入世界贸易组织,第二年读书论坛便邀请了著名经济学家李京文以"中国加入 WTO 一年后经济形势"为题演讲;2003 年 SARS 事件后,论坛邀请了著名保健专家陈中辉围绕"从'首长保健'到全民保健"做讲座;2015 年互联网 + 写入政府工作报告,上升为国家战略，论坛以“互联网＋读书”为主题，邀请了资深媒体人连清川谈“碎片化的时代读经典”。

除了主题，读书论坛在其他方面也都体现了一贯性和时效性的统一。在形式上，每年论坛的基本形式为嘉宾演讲和嘉宾对话，但又会根据实际情况设立特别专场。例如2014年论坛的特别场，邀请了王京生、白岩松做题为“高贵的坚持——深圳读书月十五周年之际的回顾与展望”的演讲。在嘉宾方面，2013年论坛邀请了5位优秀青年，打破了以往只邀请名家大师的局面。

（二）重人文、轻科学

历年读书论坛主题各异，最大程度地覆盖了自然科学、社会科学和人文学科。17年来，读书论坛共举办了130场活动。其中，人文学科，即文、史、哲类讲座共计77场，占总数的59%；社会科学，即经济、政治、社会、文化类讲座共计47场，占总数的36%；自然科学类讲座最少，只有6场，占总数的5%（见图1）。而在人文学科里，文学类讲座最多，历史类讲座相对较少（见表1）。

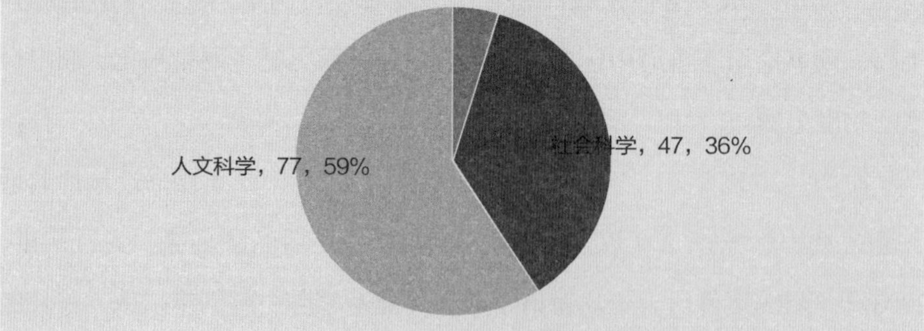

图1 历年读书论坛主题分类

不仅是论坛主题，论坛邀请的嘉宾大多也来自人文社科领域。2001—2017年，读书论坛邀请的嘉宾一共有144位，而来自自然科学领域的只有6位。并且文化学者余秋雨和作家唐浩明参与次数多达3次，还有金庸、谢冕、阎崇年、王蒙、丁学良、莫言、王京生7位专家学者均参与了两届读书论坛。这些参与2次或3次的学者都是人文社科研究领域内的，可见论坛主题和嘉宾重人文、轻科学的特点。

表1 历年读书论坛人文学科类主题（单位：个）

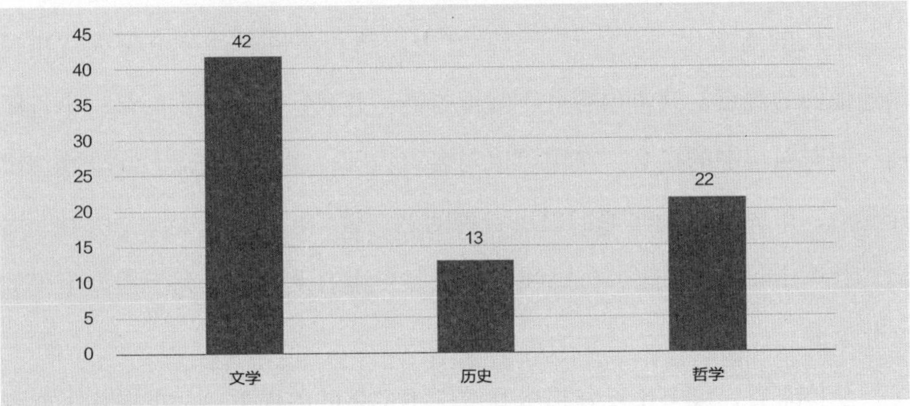

（三）学术性、高端化

建设学术文化，引领城市文化发展是读书论坛创建的目的。因此，学术性是论坛的一大重要特点。论坛的嘉宾总是把学术前沿和研究热点，以及极具知识性、权威性、创新性的观点和思想带给市民。例如2006年，中国当代著名作家莫言，为读书论坛的观众带来了一场“论当代文学创作九大关系”的主题演讲；2008年，中国复关及入世谈判的首席谈判代表龙永图，做了题为“当今形势下中国的发展战略”的讲座；2009年，中国人民大学文学院教授程光炜，以“当前当代文化研究的几个问题”为主题做专题讲座。

读书论坛比较注重演讲嘉宾的知名度和学术地位。虽然他们的学科领域分布不均，但大都是各学科领域内的领军人物。他们中间有“国学大师”饶宗颐、“国画大师”黄永玉、“佛教大师”星云大师、“万能科学大师”何祚庥等等，显示了论坛的高端化倾向。这种倾向使得论坛在读书月活动中独树一帜。读书月其他论坛类活动有针对广大外来工的“青工大课堂”和“全国打工文学论坛”、针对亲子家庭的“亲子阅读论坛”、针对海洋文化建设的“海洋文化论坛”等等。

论坛的高端化并不等同于高高在上。嘉宾演讲时往往会深入浅出地阐述他们的观点，演讲内容并不晦涩难懂。并且，论坛提供的是一个近距离、面对面接触的机会，市民可以与名家大师一起互动交流。在嘉宾演讲完毕后，市民有机会向他们提出各种问题，请他们答疑解惑。“听君一席话，胜读十年书。”这个市民和名家平等交流的平台，有利于提高市民的文化素养。

总体来看，读书论坛在追求高端学术文化的前提下，又把握住了群众需求变化，以及城市和时代的发展。并且无论是在论坛主题、论坛形式，还是嘉宾阵容方面，都做到了因人而异、因地制宜、因时求新。

三、“深圳读书论坛”的影响分析

（一）人与人：学术交流和相互促进

读书论坛17年里，举办了130场活动，邀请了144位嘉宾。国内外的许多名家学者都曾登坛论道。这场“深圳人的文化大餐”，受到了广大市民的欢迎。

"很多时候，读书论坛都因为听讲人数太多，而不得不让很多人席地而坐。胡野秋记得，论坛最火爆的是金庸，2004 年在市民中心的讲座一度引发交通瘫痪，金老与深圳人促膝对话 1 个多小时；余秋雨也是三次演讲三次爆满。'周国平讲座那次，有个小伙子轮不上提问，他着急地站起来说，我是从东北坐飞机来听论坛的。'"[①] 深圳人饱满的读书热情和城市浓郁的文化氛围，使得作家、编剧陆天明激言感慨："我生是读书论坛的人，死是读书论坛的鬼。"作家唐浩明也说："我觉得读书月从读书论坛开始找到了魂。"

读书论坛让市民"零门槛"接触到学术文化，并面对面与名家交流。他们一方面受到一流学者的影响，另一方面又与学术大家共同思考、共同进步。深圳读书月组委会办公室主任尹昌龙在《阅读看见未来：对我影响最大的书》中这样说道：

"我主持过许多读书月的活动，发现深圳的听众特别争气，他们常常提出许多充满挑战的、让人不太好回答的问题。2007 年，我们邀请于丹教授参加论坛，她特别能说，语言很抒情，也很流利。但听众问她：'孔子博大精深，你这样讲是不是讲浅了？'曾有学者对于丹提出批评，认为《于丹〈论语〉心得》有把《论语》肤浅化的倾向，但在深圳，很早的时候，读者就与她有过这样的对话。在这里，深圳的听众与名家之间有非常平等的交流。"[②]

显然，读书论坛不仅提高了市民的文化素养，还增强了深圳与一流学

① 杨媚．聆听大家声音，共享智慧人生 [N/OL]. 深圳特区报 .2009-11-1. http://kns.cnki.net/kcms/detail/detail.aspx?dbname=CCND2009&filename=SZTQ20091101A170&dbcode=CCND.

② 魏甫华，瘦竹．阅读看见未来：对我影响最大的书 [M]. 深圳：海天出版社 ,2016:221.

者对话的能力。而这种对等的交流不仅拉近了市民和名家之间的距离，而且促进了市民和市民之间的交往。

与以往相比，在钢筋水泥构成的现代都市中，人与人之间的关系变得疏远。并且，由于深圳是一个年轻的移民城市，城市里大多数人都来自不同的地方，带着不同的期待。在这里，他们难免感到孤独。而通过阅读，他们可以获得心灵的救赎，以此排遣孤独。读书论坛的举办让市民相互聚集在一起，共同聆听大师的声音。读书论坛、读书月的持续举办，也让市民看到了政府、企业和社会组织为他们创造良好的文化环境而努力的决心，也看到了深圳人对读书的热情和求知的渴望。这都让市民的内心充满温暖，从而促进他们的交往。

（二）人与城：价值引导和文明建设

在人与城的关系上，读书论坛起到了一种价值引导和文明建设的作用。王京生，曾任深圳市委常委、宣传部部长，他在《大家的声音：深圳读书论坛演讲录》的序言中说：

“深圳尽管目前还没有多少学术大家，但不缺少整合国内外流动的文化资源的能力，更不缺少对高品位学术文化的执着追求。通过深圳读书论坛，我们近距离地聆听学术大家的声音，领略学术大家的风采，从中获取知识、砥砺精神。它的开设为城市学术文化的普及、人文精神的弘扬做出了积极的贡献，对提升城市文化品位，营造城市良好的学术文化氛围也起到了积极的促进作用。”①

不可否认，读书论坛对深圳学术文化的构建做出了极大的贡献。浓郁

① 王京生 . 大家的声音 : 深圳读书论坛演讲录 [M]. 深圳 : 深圳报业集团出版社 ,2005.

的学术文化氛围可以提高城市的文化素养和文明建设，还能够为一代代深圳人提供一种价值引导。更重要的是它让每一个生活在这个城市里的人，感受到了更多的阅读魅力、文化力量，而不再仅仅是经济的繁荣。2006年11月11日，读书论坛邀请了清史研究专家纪连海，在龙岗文化中心以"正说和珅"为题做专题讲座。后来他在接受采访时说：

"在参加深圳读书月之前，我总觉得读书应该是文人的一件事儿，而且应该只发生在文化和历史氛围比较浓厚的一些地方。刚听说深圳有读书月时，我还不太明白：深圳也有全民读书的氛围？而且居然不是第一届，甚至坚持了这么多年？自从那次亲身感受读书月以后，我对深圳的印象就特别好了。以前我没有想到，深圳对文化如此地投入，如此地重视。"[①]

"没有想到深圳对文化如此地投入，如此地重视"，也许现在还有很多人都秉持着相同的看法。其实，深圳很早就重视文化了。在建市初期财政紧张的情况下，时任深圳市委书记、市长的梁湘提出，"勒紧裤腰带，再困难也要把教育和新闻文化建设搞上去！"这句话，"让每一个特区的'开荒牛'至今仍记忆犹新。"[②] 此外，深圳重视文化的部分原因还源于市民的文化自觉。例如，1996年深圳书城暨第七届全国书市盛况空前，为深圳创下了7个全国第一。

深圳人大多来自不同的地方，他们对这个城市都有着不同的期许。人和城市都需要找到两者间的契合点，人们才愿意留在这个城市，城市才能更好地发展，从而能够达到一种双赢。深圳人有着巨大的读书热情，在面对激烈的市场竞争时，更需要接受高端学术文化的浸润与洗礼。读书论坛正是找到了他们之间的这一关联点，拉近了深圳人与城市之间的距离，让

① 胡洪侠，张清．向阅读致敬：深圳读书月历届嘉宾回望与回访 [M]. 深圳：海天出版社，2009.
② 吴松营．深圳的艰难与辉煌 [M]. 广州：广东人民出版社，2015:7.

更多的人留在这座城市。这也让每一个生活或暂时生活在这里的人拥有一种归属感，一种家的感觉。正是这种文化的力量让市民更加自信，共同书写城市的新篇章。

（三）城与城：经验借鉴和文化发展

2013年10月21日，联合国教科文组织授予深圳市“全球全民阅读典范城市”荣誉，这是该组织在全球城市推行全民阅读颁发的最高奖项。深圳读书月坚持多年，在推动深圳乃至全国的全民阅读上都做出了很大的贡献。“最初是珠江三角洲的近邻城市——中山、江门和东莞纷纷效仿，在本市举办‘读书月’或‘读书节’。接着，青岛（读书文化节）、重庆、郑州(绿城读书节)、兰州等城市，以及浙江、吉林、内蒙古等省区也开展了轰轰烈烈的‘读书节’。这一热潮甚至波及福建、黑龙江、河北、江西等省的一些中小城市。”①

而作为读书月中最具品牌效应的活动——读书论坛，自然也对其他城市产生了很大的影响。如前所述，从2005年起读书论坛的影响逐步显现，直接促进了市民文化大讲堂、打工文学论坛、海洋文化论坛等深圳市内论坛类活动的举办。并且，它的影响也不局限于市内，多个城市的读书月都沿用效仿，举办论坛类活动。比如，始创于2002年的中山读书月的“香山讲坛”“中山大讲堂”系列讲座；始创于2004年的江门侨乡阅读文化节的“名家读书论坛”；始创于2004年的绿城读书节的“读书论坛”等等。

其实，在城市与城市之间，读书论坛影响的不只是一种外在形式，如

① 李峰．深圳亮丽的文化品牌——“深圳读书月”[J]. 河南图书馆学刊,2007(1):134-137.

邀请名家、公共演讲，更是这座城市对于高品位学术文化的执着追求。这种坚持，让其他城市了解到学术文化在城市文化中的重要地位，从而也更注重城市学术文化建设。从全国范围来看，北京是"中国学术之都"。北京的文化底蕴雄厚，而且学术传统深远。无论是学术机构、学术资源还是学术人才，它在中国都占据绝对优势地位。并且，北京还引领中国其他城市的学术文化发展。与北京相比，深圳显然还缺乏与北京进行学术对话的能力。"从世界范围来看，许多著名的国际化城市都有与其相称的发达的学术文化。如伦敦、巴黎、东京、纽约等，不仅云集大师级的学术人才，而且有极活跃的学术机构、极富影响力的学术成果和浓烈的学术文化氛围，正是学术文化的繁盛，才使这些国际化城市成为某种意义上的世界性的文化中心。"①

因此，只要城市坚持通过读书论坛等高端文化品牌活动，丰富学术文化资源，那么城市将朝着高端文化的目标前进，从而提高自身的核心价值。而在城市和城市之间，读书论坛的成功经验，具有借鉴意义。

四、"深圳读书论坛"的可持续发展研究

（一）坚持高学术品位，又兼顾普及性

2017 年是深圳读书论坛成立以来的第十七届，明年读书论坛将迎来第十八届。深圳读书论坛应该在坚持高学术品位的同时兼顾普及性，以更好地促进城市文化的发展。

---

① 王京生．观念的力量 [M]. 北京：人民出版社 ,2012:151.

读书论坛让学术走出学术殿堂，成为学术与群众之间的桥梁。市民聆听大家的声音，可以增加自己的专业知识和提高自身的文化素养。对于学术大家来说，他们与市民交流时，往往也可以从中获得新鲜观点和看法。但是由于读书论坛名家荟萃，如果嘉宾都讲各自领域里面很专业的内容，那么对于普通市民而言，读书论坛就变成了学术会议，无法真正提高市民的文化素养。因此他们在演讲时，应该从普通听众需求出发，尽可能通俗易懂地让市民了解其中的学术内涵。

另外，学术通俗化、大众化并不意味着要一味迎合大众。读书论坛作为一个高端文化品牌活动，应该贴近市民的需求，又要适当高于需求，起到引领市民文化素质的作用。例如，在论坛中，可以增加“名家读名著”的主题类讲座。经典名著经过了时间考验经久不衰，读名著可以让市民不仅与当代学术大家交谈，还与各个时代最有智慧的人交谈。

（二）形成地方特色，创新活动形式

除了要坚持高品位文化，读书论坛还应形成有深圳特色的文化品牌。读书论坛基本邀请了我国全国范围内的学术大师，但是外国学者和本土学者相对较少。因此在嘉宾邀请方面，读书论坛可以进一步增加外国和本地专家的比例，尤其是深圳的本土学者。因为随着城市学术文化的发展，深圳学术界人才也在不断扩大，他们是城市文化发展的中坚力量。深圳学派的建立也是深圳学术发展的重要节点。

嘉宾演讲、嘉宾对话是读书论坛的主要形式。其中每年的嘉宾对话活动，一般只安排一场。其实“强强对话”活动每年可以根据实际情况灵活做出变动，这样读书论坛才能常办常新，吸引市民参与。例如2010年和2011年的“6+2”模式，即6场演讲，2场“在历史的天空下”对话；

2013 年的“3+6”模式，即 3 场演讲，6 场对话，6 场对话里，包括了 2 场“在历史的天空下”对话，3 场对谈，还有 1 场由 5 位优秀青年组成的青年论坛专场；2014 年的“5+2”模式，即 5 场演讲，1 场“在历史的天空下”对话，还有 1 场对谈是深圳读书月十五周年的特别专场。

在论坛主题和论坛嘉宾方面，自然科学领域涉略比较少。从举办地点来看，深圳读书论坛从 2013 年以来，几乎每场都在深圳图书馆举办。往年读书论坛有部分场次设在了龙岗区和宝安区，还有一些是在中学校园里，这都体现了读书论坛在深入基层方面所做出的努力。因此，读书论坛也可以继续把部分场次设在龙岗区、宝安区、罗湖区等地方。另外，由于深圳（宝安）读书月中也有读书论坛活动，为了整合资源，降低嘉宾邀请难度，深圳读书论坛可以和宝安读书论坛合作，共同举办其中的某些活动。

（三）加大宣传力度，促进市民参与

自 2000 年读书月创办以来，每年都会有宣传海报，而读书论坛则是在近几年才开始有自己的宣传海报。这与深圳晶报、深圳出版发行集团成为读书论坛的主要承办方有关。显然，读书论坛需要加大自身的宣传力度来促进市民参与。在宣传上，活动主办方、承办方应该根据不同的群体类型，选择不同的传播媒介和传播手段。并在读书论坛的活动前期、活动中期和活动后期，分别采取不同的线上、线下策略。

读书论坛的嘉宾对于深圳读书论坛也提出了一些建议、意见。例如毕淑敏，她说：

“我在武汉的时候，看到演讲会场外面的广场上设了大屏幕，当主讲人在里面演讲的时候，外面的大屏幕也在同步播出，很多人站在外面听。

我觉得那个形式挺好的，因为礼堂再大，能容纳的听众总是有限的，有了这样高科技的手段，就可以有更多的普通市民能够听到专家学者的演讲。而且这种形式也更自由，观众可以决定听下去还是离开，让文化有了更多的亲民的、和大众零距离的感觉。深圳有那么好的市民广场，如果采用这样的方法，可能吸引更多的市民关注。”①

使用大屏幕的方式可以让论坛在场内外形成互动，使得即使不在现场的观众，也能感受到场内学术大师们的魅力。还可以通过网络直播的形式，在全民阅读网——深圳读书月的官方信息平台上传读书论坛的视频，让市民足不出户就能听到精彩的讲座。甚至对于一些特别精彩的讲座，可以与电视电台合作播出，扩大读书论坛的影响力。

如此来看，深圳确实已从“文化沙漠”发展为“阅读之城”了。“俗话说，看上千年的文化到西安，看上百年的文化到上海，而看几十年的文化到深圳。深圳的文化影响并不依赖于原有的文化资源，相反，它在三十多年间的新鲜的文化创造使之大放异彩，并也由此改变了被讥为‘文化沙漠’的旧有局面。”② 但是深圳要成为全面发展的国际都市，尤其是文化大市、文化强市，还有很长一段路要走。

甘子华，南京大学信息管理学院研究生

---

① 胡洪侠，张清．向阅读致敬：深圳读书月历届嘉宾回望与回访 [M]. 深圳：海天出版社，2009.

② 王京生．文化是流动的 [M]. 北京：人民出版社，2013.

附表

2001—2017年深圳读书论坛

年份	主题	场数	日期	嘉宾	内容	地点
2001	探求科学真理弘扬人文精神	6	11.10	饶宗颐	中国学术与人文传统	深圳商报国际会议厅
			11.11	徐雁	中外名著的阅读与科学、人文的创新	
			11.19	何祚庥	科学、人文与反伪科学	
			11.19	牛憨笨	二十一世纪光电子技术展望与对策	
			11.23	余秋雨	万里归来话人文	
			11.28	谢冕	从文学建设想到文化建设	
2002	建设公民道德实现文化权利	7	11.1	梁慧星	中国民法典的制定	深圳大剧院
			11.6	余秋雨	现代公民的文化塑造	深圳大剧院
			11.10	孙立川	对华文出版的观察	深圳书城
			11.15	高希均	知识世纪中，做有抱负的知识人	深圳大剧院
			11.16	唐浩明	曾国藩的成功之道	深圳大剧院
			11.23	李京文	中国加入WTO一年后的经济形势	深圳大剧院
			11.25	卓泽渊	公民权利与法制发展	深圳市盐田区委会堂
2003	提升城市品位享受健康人生	10	11.1	陈中辉	从“首长保健”到全民保健	深圳大剧院
			11.2	胡思远	航空航天与国家安全——从“神舟五号”发射成功谈起	深圳市文化局
			11.8	杨争光	我的阅读经历	深圳市文化局
			11.9	刘光溪	入世的十个理念的确立与创新	深圳市万科东海岸
			11.13	梁桂全	跨越第二曲线：变局与对策	深圳市社科院
			11.16	王蒙	我们的精神家园	深圳大剧院
			11.16	余秋雨	城市品位的底线：公民群体意识	深圳大剧院
			11.22	高玉宝	从文盲到战士作家	深圳市文化局
			11.23	熊澄宇	新媒体与信息社会	深圳市文化局
			12.6	龙应台	谁的城市谁的家	深圳福田会堂

（续表）

年份	主题	场数	日期	嘉宾	内容	地点
2004	提高市民素质 面向城市未来	9	11.1	孙云晓	养成读书习惯终身受益	深圳少年宫
			11.2	曹文轩	我所理解的真文学	深圳市文化局
			11.7	周国平	现代人的幸福观和财富观	深圳市文化局
			11.13	李欧梵	阅读城市与城市阅读	深圳市文化局
			11.14	李银河	变革时代的性文化	深圳市文化局
			11.16	金庸	中华民族：强在融合	深圳市民中心
			11.21	夏伟东	公民道德与小康社会	深圳市民中心
			11.24	严凌君	青春做伴好读书	深圳中学
			11.28	蒋庆	儒学探微——儒学的真精神与真价值	深圳市文化局
2005	读书为乐 读书为荣	10	11.5	扬之水	古诗文中的艺术与生活	深圳市文化局
			11.6	花建	文化建设与城市的可持续发展	深圳市文化局
			11.12	阎崇年	清代十二个皇帝的画像	深圳市文化局
			11.13	余华	读书的乐趣	深圳报业大厦
			11.15	王世仁	读一读石头书写的历史	深圳市文化局
			11.19	加文·孟席斯	中国发现世界	深圳市文化局
			11.20	陆学艺	社会结构、阶层关系与和谐社会	深圳市文化局
			11.26	毕淑敏	心理健康与人生幸福	深圳市文化局
			11.27	梁从诫	环境保护与公民责任	深圳市文化局
			12.16	金庸 二月河	“在历史的天空下”：历史·小说·人生	深圳广电集团演播厅
2006	让城市因阅读而受人尊重	10	11.4	阎崇年 唐浩明	“在历史的天空下”：阎崇年、唐浩明对谈袁崇焕、曾国藩	深圳广电集团演播厅
			11.5	张家声	散谈有声艺术语言的创作	深圳大剧院
			11.11	南方朔	读书50年	深圳大剧院
			11.11	纪连海	正说和珅	龙岗文化中心音乐厅
			11.12	刘力红	中国文化的生活科学观——中医的基本精神	深圳大剧院
			11.18	黄永玉	文学之外	深圳大剧院
			11.18	梁文道	我的灵魂我的书	深圳图书馆
			11.19	莫言	论当代文学创作九大关系	深圳大剧院
			11.25	石钟山	电视剧创作及其他	深圳图书馆
			11.26	王海鸰	我的创作与生活	深圳图书馆

（续表）

年份	主题	场数	日期	嘉宾	内容	地点
2007	实实在在读一本书	7	11.3	杨东平	教育公平——一个现实的理想	深圳图书馆
			11.4	钱文忠	老一辈学者的读书生活——以季羡林、王元化为例	深圳图书馆
			11.4	赵琳	中西文化的精神差异	深圳图书馆
			11.11	方成	幽默艺术	深圳音乐厅
			11.18	陈子善	从张爱玲的《色·戒》说起	深圳音乐厅
			11.29	于丹 杨锦麟	“在历史的天空下”：读书是一种生活方式	深圳大剧院
			11.30	余光中	灵感从何而来	深圳图书馆
2008	我阅读 我快乐	8	11.1	陆天明	在突破中前行——《命运》创作心路	深圳中心书城
			11.2	邱震海	在历史与未来之间——改革开放三十周年反思	深圳图书馆
			11.15	金耀基	大学在现代社会的功能——兼论大学之道的今与古	深圳音乐厅
			11.16	张悦然	我的文学之路	深圳图书馆
			11.22	龙永图	当今形势下中国的发展战略	深圳音乐厅
			11.23	当年明月	明朝的历史	深圳图书馆
			11.23	葛剑雄 孟宪实	“在历史的天空下”：长安·上海·深圳：移民社会与文化	深圳大剧院
			11.30	郑渊洁	阅读是淘金	深圳图书馆
2009	城市推崇阅读 阅读改变城市	9	11.7	丁学良	阅读改变人生——兼论城市人文精神的养成	深圳图书馆
			11.8	陈丹青	我为什么说我不是读书人	深圳图书馆
			11.8	许纪霖	重建社会中心为何失败	深圳图书馆
			11.14	程光炜	当前当代文化研究的几个问题	深圳图书馆
			11.15	陈平原	“文学”如何“教育”——关于“文学课堂”的追怀、重构与阐释	深圳图书馆
			11.21	麦家	喧嚣的时代，孤独的个人——麦家谈文学也谈人生	深圳图书馆
			11.22	严长寿	做自己与别人生命中的天使	深圳图书馆
			11.27	杜维明	儒学的当代使命	深圳图书馆
			11.29	星云法师、刘长乐	“在历史的天空下”：修好这颗心——人生智慧的达成与启悟	深圳广电集团演播厅

（续表）

年份	主题	场数	日期	嘉宾	内容	地点
2010	文明公民阅读为荣	8	11.7	詹伟雄	摩登的人与阅读	深圳图书馆
			11.13	吴国盛	究竟什么是科学	宝安图书馆
			11.14	傅道彬	城邑文明与春秋时代	深圳图书馆
			11.20	陆铭	为了公共利益：中国的城乡和区域发展之辨	龙岗图书馆
			11.21	王振忠	中国传统商帮与经营文化	龙岗图书馆
			11.22	梅葆玖 坂东玉三郎	“在历史的天空下”：如何读戏剧这本无字书	深圳广电集团演播厅
			11.27	葛兆光	谜一样的古地图：古代中国人的世界观	深圳图书馆
			11.28	江晓原 刘兵	“在历史的天空下”：科学主义的危害	宝安图书馆
2011	文化深圳从阅读开始	9	11.1	洛夫 谢冕	“在诗歌的天空下”： 洛夫与谢冕关于诗歌的对话	深圳大学
			11.5	岳南	读书与爱国 ——以二十世纪中国知识分子为例	深圳图书馆
			11.12	孙郁	鲁迅的思维特征	宝安图书馆
			11.13	王名	社会管理创新与公民社会建设	宝安图书馆
			11.19	张庆善	红楼梦三大主角人物研究 ——怎么看薛宝钗	龙岗文化中心大剧院
			11.20	丁亚平	电影之魅——从默片时期的阮玲玉说起	龙岗文化中心大剧院
			11.20	张志林	哲学家眼中的科学	深圳图书馆
			11.26	蒋勋	《红楼梦》——青春与孤独	深圳图书馆
			11.27	李潘 祝勇	“在历史的天空下”： 阅读与人生	深圳图书馆
2012	阅读提升正能量	6	11.3	杨雨	“我是人间惆怅客” ——听杨雨讲纳兰	龙岗图书馆
			11.4	秦序	古琴音乐与古琴文化	龙岗图书馆
			11.10	刘梦溪	读书与修身	宝安图书馆
			11.11	严家炎	我看金庸小说	宝安图书馆
			11.20	戴锦华	欧洲经典的光影转世 ——文学改编与社会文化	深圳大学图书馆
			11.27	郑欣淼 周功鑫	“在历史的天空下”： 一段历史，两个故宫	深圳图书馆

（续表）

年份	主题	场数	日期	嘉宾	内容	地点
2013	我们的时代 我们的青春	9	11.2	张辛欣	你我自媒体，张辛欣的数码创作和她的骇客帝国	深圳图书馆
			11.8	尹昌龙 胡洪侠	一个城市的读书故事：梦想与道路	深圳图书馆
			11.9	郁亮	菜鸟达人梦	深圳图书馆
			11.10	何道宽 李凤亮	深圳学派的创新发展之路	深圳图书馆
			11.16	陈平原	八十年代的我们	深圳图书馆
			11.17	孙皓晖 梅毅	“在历史的天空下”：中国文明与世界格局	深圳图书馆
			11.22	顾亚峰 时亨通 叶志晖 张华 毛志刚	奋斗创造未来，实干成就梦想	深圳供电局有限公司
			11.24	邓一光 阎连科	“在历史的天空下”：我们在这个时代能够做什么	南山书城
			11.30	唐诺 初安民	朱天文、朱天心的文学青春	深圳图书馆
2014	温故而知新	7	10.31	丁学良	中国的海外利益——跨世纪的演变与挑战	深圳图书馆
			11.8	雷颐	从甲午战争谈中国近代史	深圳图书馆
			11.9	徐焰 舒健	“在历史的天空下”：回顾甲午，实现强国梦	深圳图书馆
			11.18	严歌苓	生命中的阅读	深圳图书馆
			11.19	王蒙	新时期文学	深圳图书馆
			11.26	沈志华	中国出兵朝鲜：动机和结果	深圳图书馆
			11.28	王京生 白岩松	高贵的坚持——深圳读书月十五周年之际的回顾与展望	深圳图书馆
2015	互联网+读书	4	11.17	许知远	重新想象阅读	深圳图书馆
			11.20	聂震宁 魏小河	“在历史的天空下”：我们究竟为什么读书	深圳图书馆
			11.21	连清川	碎片化的时代读经典	深圳图书馆
			11.29	刘克襄	四分之三的香港和二分之一的深圳	南山书城

（续表）

年份	主题	场数	日期	嘉宾	内容	地点
2016	阅读，走向未来	7	11.6	格非	重返归乡之路	深圳图书馆
			11.12	李零	楚帛书的故事——中美两国调查记	深圳图书馆
			11.13	张晓峰	互联网＋分享经济：引领创新转型的力量	福田区图书馆
			11.26	林清玄	昌城玄语——都市梦，禅生活	深圳中心书城
			11.26	孟建民 陈劲	“在历史的天空下”： 工匠精神与民族复兴	深圳图书馆
			11.27	詹宏志	旅行与读书	深圳图书馆
			12.3	唐浩明	做读书明理的君子——从曾国藩教子读书谈起	深圳图书馆
2017	阅读，浸润人生	5	11.11	莫言	民间艺术对我小说创作之影响	深圳图书馆
			11.12	刘大任	仿佛有灵魂	深圳图书馆
			11.25	李敬泽	咏而归：与古人同行在春风里	深圳图书馆
			11.26	毕飞宇	愉快的阅读小说	深圳图书馆
			12.3	张抗抗 王京生 樊希安	“在历史的天空下”：国参对话——城市与阅读	深圳图书馆

关怀少年儿童，引领童书阅读

——2017深圳读书月十大童书评选活动思考

朱荷叶

深圳读书月"年度十大童书"评选活动是深圳读书月重点品牌活动之一。"年度十大童书"评选在继承2014年、2015年深圳少儿图书馆承办经验的基础上，2016年、2017年由中心书城承办。启动至今已是第四届，从2014年启动第一届起，"年度十大童书"就确立了"立足深圳，放眼全国"的宗旨，力图打造在全国具有影响力的华文童书奖。

一、十大童书评选活动背景

（一）儿童阅读与成长是国内外阅读推广关注的重点

阅读是人类获取知识、增长智慧的重要方式，是一个国家、一个民族精神发育、文明传承的重要途径。儿童阅读与成长关系着国家未来的智慧力量。"阅读"作为儿童智慧成长的源泉与根基，格外受到全世界的重视与提倡。

近年来，许多国家在儿童阅读推广方面开展了一系列行之有效的创意活动。联合国教科文组织积极发挥国际组织功能，将推进儿童阅读作为国际大事，组织发起“世界图书之都计划”“写信给贝鲁特”约稿活动，联合学校提高儿童的阅读品位和质量。同时，4月23日“世界读书日”在世界上受到广泛的欢迎和响应，英国教育机构和书店向学生共发送了1300万英镑读书日代金券，让他们到读书日成员书店换购自己喜欢的书；法国文化部一方面作为全民阅读活动的发起者，通过下属机构尽力联络其他政府部门协助组织，另一方面，每年在部门预算中设立专门基金，用于开展公益性儿童阅读活动。国外图书馆系统也致力于营造独特的阅读氛围，千方百计引导儿童阅读。丰富多样的活动是图书馆的重头戏，如讲故事、戏剧表演、作者见面会等。美国“儿童阅读扫描”计划中，政府提出在阅读领域“不让一个孩子落后”的理念，将阅读作为学校教育中的环节，并将图书馆作为儿童阅读的领航。

中华民族有着优良的读书传统，崇尚读书、诗书继世之风绵延数千年。“全民阅读”已上升为国家战略，全民阅读活动在全国各地蓬勃发展，活动规模不断扩大，内容不断充实，方式不断创新，影响日益扩大。儿童阅读是全民阅读的基础，关注儿童阅读推广与成长质量已经成为全社会的共识。从小培育儿童阅读兴趣、阅读习惯、阅读能力，保障和促进少年儿童阅读是全民阅读的工作重点。针对儿童阅读推广，全国各地相继出现了许多促进儿童阅读的机构、网站、项目、活动等。其中“书香伴成长”的家庭亲子阅读推广活动受到了广泛欢迎，各地纷纷举办童书展，打造儿童阅读嘉年华，社会力量也积极参与儿童阅读推广工作。据统计，全国目前已经有上万家绘本馆和民间儿童阅读推广机构参与。此外，全国公共图书馆担当起了儿童阅读推广工作的主体责任，各省级、市级公共图书馆成立少儿馆、少儿分部，从事儿童阅读公共文化服务。全国各大书店专设儿童图书展示区和多功能活动空间，从亲子阅读、青少年阅读等多层面，开展形式创新、活动组织模式创新的儿童阅读活动。可以说，儿童的阅读与成长始终是"全民阅读"的重要内容。

（二）"文化深圳"日益重视儿童阅读环境与智慧成长

"文化立市""文化强市"一直是深圳市的重要发展战略。在深圳市委市政府的大力倡导与支持下，深圳市的文化氛围日益浓烈，文化生活日益丰富，文化服务日益健全，深圳市民已从重物质生活转向重精神生活。"撒播阅读种子，守护心灵成长"，深圳市充分重视培育儿童阅读与成长，短短几年内形成了优质的阅读环境、特色的阅读品牌、丰富的阅读活动和专业的阅读服务。深圳市的阅读推广是由政府、图书馆、书城、民间机构各方共同参与，合力推进的发展模式。各方组织开展的各项亲子阅读活动每年达上千次。如由深圳市妇联牵头，爱阅基金会与深圳书城共同实施的"深圳阅芽计划"，向在深圳生活的0—6岁儿童赠送不少于50万份的包含适龄图书、阅读指导手册等内容的"阅芽包"，并建立儿童早期阅读推广发布服务平台，儿童早期阅读志愿服务体系，持续宣导儿童早期阅读的理念，深受儿童和家庭的欢迎。再如少儿图书馆"喜悦365亲子共读计划"" 快乐阅读积分计划"、福田图书馆"绘本工厂系列活动"、盐田图书馆"儿童早期阅读素养启蒙计划""小橘灯阅读推广计划"、罗湖图书馆"书香留痕童年缤纷活动系列"及三叶草"绘本剧"、彩虹花公益小书房与中心书城"童书帮帮堂"等形式多样的主题推广活动。中心书城总承办十二届"沙沙讲故事"阅读推广活动，每年辐射达千万人次，深受小朋友、家长、老师的欢迎，也获得了社会的广泛好评。为激发儿童的阅读兴趣，培养良好的阅读习惯，深圳市自2013年开始每年培养一批由图书馆员、老师、家长组成的儿童阅读推广人，并在政府的引导、鼓励与扶持下有组织地走进图书馆、学校、社区为儿童讲故事，播撒着阅读的种子，科学引导市民享受读书之美。儿童阅读先锋队成为深圳市儿童阅读推广的中坚力量。

2015 年 12 月 24 日，深圳市六届人大常务委员会第四次会议通过《深圳经济特区全民阅读促进条例》，其中促进未成年人阅读是本次立法的一个重点，要求市、区教育主管部门指导中小学校、中等职业学校、幼儿园等开展阅读活动，开设或者调整相关课程，并每年向社会发布中小学生阅读水平情况报告。同时，将每年的 4 月 23 日定为“深圳未成年人读书日”，鼓励开展未成年人的阅读及交流活动。儿童的阅读成长已成为深圳市乃至全社会关注的重点。

（三）中心书城的儿童阅读推广基础

深圳读书月作为一项大型社会公益文化活动，每年在全市如火如荼地开展形式多样的读书活动，丰富多彩的儿童阅读推广品牌活动也应运而生。在每年读书月期间，深圳书城中心城成功举办“沙沙讲故事”亲子组总决赛、“中国亲子阅读论坛”等读书月专场，培养孩子阅读兴趣，让更多的家庭参与亲子阅读，感受亲子阅读的魅力。

随着深圳读书月第二个“15 年再出发”，中心书城立足现有系列儿童阅读品牌活动，在进一步建立自己的特色和优势方面再上一个台阶，通过整合更多专业权威性的教育资源，精心打造如“小小建筑师”“牵手名家”等面向少儿的活动，以及“育儿讲堂”“童书帮帮堂”“中国亲子阅读论坛”等为父母、教育工作者度身打造的交流活动等，为深圳亲子家庭打造了中国最大、最具影响力的亲子阅读中心——“深圳书城亲子阅读中心”，并于 2015 年 11 月 5 日揭牌。“深圳书城亲子阅读中心”持之以恒培养广大少年儿童“爱读书、善读书、多读书”的阅读习惯，在学校和家庭教育间架设起无障碍桥梁，为深圳市民搭建一个亲子阅读的体验中心、交流中心和展演中心，为全国出版单位、民间阅读组织、儿童教育专家搭建亲子阅读活动的重要平台。亲子阅读中心进一步为深圳市有效推进全民阅读助力，吸引各界关注并带动市民更多参与到阅读活动中来。同时，亲子阅读中心微信服务号的上线及推广，将传统行业原有的商业模式“移植”到微信平台。通过新技术的运用，不断增强客户智能化体验、情感沟通体验，进一步挖掘客户的潜在需求，提升卖场服务能力，从而为深圳建设现代化、国际化新型城市相匹配的文化强市献出一份力。2016 年“年度十大童书”评选活动在“深圳书城亲子阅读中心”的活动开展基础上正式开启。

二、读书月“年度十大童书”评选活动项目运作机制

深圳读书月“年度十大童书”评选活动已开展四届。评选聚集了内地（大陆）及港澳台出版界、学术界、评论界、新闻界以及儿童教育专家和民间阅读组织的专业眼光，以内容导向为基础，以儿童喜爱为标准，以专家评选为主导，以公众投票为辅助，精选一年来华文世界出版的、适合孩子们阅读的少年儿童读物，从中评选出“年度十大童书”，并在深圳读书月期间发布，打造权威华文童书评选品牌。

2017 年“年度十大童书”评选以“以评带读，以榜促阅；为家长提供选书指引，让儿童遇见优秀童书”为出发点，历经一年，经过 4·23 系列活动组织开展、征集童书书目、初评“500 进 100”、复评“100 进

30”、终评“30 进 10”等五个阶段，组织了全国近 100 家知名童书出版机构、邀请了内地（大陆）及港澳台 50 余位专家参加，发动深圳市民 5 万人参与投票评选。11 月 26 日，全国 30 余家出版社代表、评委代表、民间阅读组织代表、学生代表、市民代表等 600 余人出席并参加了揭晓礼及颁奖典礼。2017 深圳读书月“年度十大童书”“年度致敬作者”“年度致敬译者”“年度致敬出版机构”的评选汇聚各方智慧结晶，在全社会产生了广大的影响。

“年度十大童书”评选是童书阅读推广的方式之一。公平公正地评选出真正能培养阅读习惯、提升阅读能力及孩子们喜欢的童书，为广大家长选择儿童读物提供指引服务，同时对童书阅读进行深入推广是评选的重要价值和意义。结合上几届成功举办的基础和经验，2017 年读书月“年度十大童书”评选建立起了长效运作机制，主要有以下几方面：

（一）政府主导，全面参与

全民阅读功在当代、利在千秋。2017“年度十大童书”评选活动机制完善，制度健全，并加强了政府宏观指导和政策推动的作用。一方面得到政策资金保障，确保活动顺利开展，另一方面借用政府力量推动社会全面参与，调动社会资源，激励全社会关注儿童阅读。本次活动得到深圳市精神文明建设委员会办公室、深圳市教育局、深圳市文体旅游局、中国图书馆学会阅读推广委员会的指导和深圳市福田区人民政府的特别支持，充分调动深圳图书情报学会、北京开卷信息技术有限公司、深圳市全民阅读研究与推广中心、深圳晚报，以及全国范围内的出版界、学术界、评论界、新闻界、儿童教育专家和民间阅读组织等社会各界的积极性、主动性和创造性，鼓励、动员和引导社会力量共同参与和推动。

（二）有序进行，程序严谨

2017"年度十大童书"评选活动从年初开始，率先完成了读书月"年度十大童书"评选手册，制定了包括评选图书范围和规则、评选流程、评选方式、本届活动亮点与特色、组织宣传渠道等内容的实施方案。

活动遵循公正、客观、中立的原则，在各阶段评选过程中严格按照程序进行，充分体现科学性和严谨性。在初评时，打破上一届专家仅限深圳本地的局限性，组织全国各地具有影响力的24位专家到场评选，另外还组织8位外地专家进行了电子投票，按照儿童文学、知识性读物、图画书各占40%、30%、30%的比例评选出100本入围童书。100本入围图书对外发布时，邀请了全深圳市各区具有代表性的40家幼儿园、小学签约成为"深圳书城亲子阅读中心"共建单位。同时在中心书城、罗湖书城、南山书城、宝安书城和"深圳书城亲子阅读中心"服务号设立了专区宣传陈列，号召读者参与投票。"100进30"的复评阶段组织20位童书专家评选，依据70%专家选票+30%读者投票，产生30本入围童书。"30进10"终评按终评规则最终产生2017深圳读书月"年度十大童书"。

本届评选活动邀请的专家地域广，涉及行业多，有来自北京、上海、南京、西安、成都、佛山、深圳、台湾及香港等地的童书作者界、出版发行界、教育研究界、阅读推广界、图书馆界、新闻界等重量级童书专家评委50余位，代表了不同的视角和态度。经过充分的阅读和深入的讨论，专家评委进行了审慎地投票。正如评委代表李潘在颁奖礼上所说，2017"年度十大童书"整个评选过程权威、公正，有新意。深圳是一座充满书香的城市，因为阅读而让人尊敬。"年度十大童书"评选活动依托于深圳读书月的大背景，无疑存在很强的指导意义，也带有极强烈的个性，甚至有旗帜性的标杆作用。

（三）少儿优先，保障重点

少儿阅读是全民阅读的基础，阅读的核心是阅读内容。本届评选制定严格的参评作品范围和内容，入选图书分为儿童文学、知识性读物、图画书三类，内容和形式适合 3—12 岁的少年儿童阅读；推荐的童书是出版时间为（以版权页为准）2016.7.1—2017.6.30，作者国籍不限的纸质中文儿童图书。在童书推荐阶段，中心书城搜集了来自 50 余位专家、近 100 家童书出版机构、开卷公司提供的畅销榜单和读者线上线下自由推荐的 1200 余种童书，通过层层审核把关，剔除重复及不符合条件的童书后，精选并制作了一本含 500 多种童书的基础书单。

（四）阅读活动多样化，推动亲子阅读常态化

本届评选活动贯穿全年，传统与创新，动态与静态相结合，并分阶段组织开展童书展、童书专家论坛、“小小阅读推广人”、“深圳书城亲子阅读中心”优秀作品朗读会、书香进校园等系列活泼欢乐、形式多样的阅读活动，让小读者体味阅读的乐趣。

对深圳人来说，每年的 4 月 23 日不仅是“世界读书日”，也是深圳所独有的“深圳未成年人读书日”。为推广深圳和上海发展儿童阅读文化事业的影响力，促进两地阅读交流与合作，推动深圳全球全民阅读典范城市建设，本届举办了“深圳 – 上海儿童阅读交流研讨会”，组织双方交流了在儿童阅读建设和童书评选方面的经验，为后续童书评选、推广、宣传做好前期准备。其间通过“亲子阅读中心”线上平台和线下空间招募 20 位“小小阅读推广人”，颁发徽章和证书，并在当日启动“小小阅读推广人”宣传推广日仪式。在此期间“小小阅读推广人”在书城现场进行阅读推广活动。此举对发展深圳书城亲子阅读中心和推动未成年人阅读有着深

远意义。

中心书城在“4·23”期间为幼儿园、公共馆和中小学及社会家庭举办童书益智展，组织以绘本为主的8000种儿童文学新书、2000种精品童书、100种幼教装备、500种益智类产品、创客作品等展配会。展配会打开了孩子们的视野，激发了阅读兴趣。同时在书城开展“儿童文学作家作品朗诵会”，邀请著名儿童作家和亲子家庭共读优秀童书作品。六一举办“解放孩子的双眼，畅听精品童书”的懒人听书活动，并为孩子设置诗文朗诵等环节，让孩子对阅读有不同体验。在读书月期间中心书城组织五场书香进校园活动，精选上几届百本十大童书及优秀童书进校园参展，获得学校的认可。十大童书在展销学校图书馆设专架陈列，在校园“共读一本书”的读书活动中被老师列为首选书目。其中入围100本童书的《穿堂风》销售量近2300册，入选十大童书的《给孩子讲量子力学》《今天，我可以不上学吗？》销售量近1400册。2017“年度十大童书”被福田区列为寒假必读书目。

（五）发挥优势，重在阅读推广

深圳的儿童阅读推广在理念上、活动形式上有很大的改变和提升，着力营造了良好的童书阅读环境，激活了儿童阅读热情。本届评选活动在已有的基础上，重点落脚在阅读推广，培育儿童自主阅读土壤，以此激发更多家长孩子参与童书阅读，让儿童获得自主阅读能力，提升儿童的人文和审美素养，促进儿童健康成长。本届评选活动以中心书城为中心点，由内向外逐步向各方向进行阅读宣传推广。

当100本、30本入围童书出炉时，四大书城均对入围童书进行专柜展示，并在深圳市图书馆设立读者投票箱，号召读者在各大现场和深圳书城亲子阅读中心微信服务号的“年度十大童书，有我一票”上参与投票，并在线上线下举行“30进10”竞猜有礼活动，共收回有效投票近5万张。同时，组织阅读推广人在书城现场、学校解读和探讨入选童书，在“深圳书城亲子阅读中心”的服务号上通过文字、语音介绍100本童书。让“年度十大童书”通过各种媒介，走到每一个读者、每一个小朋友身边，使其真正成为一个全民参与的阅读活动，以评促阅。

在“30进10”的终评会上，本届还设置拉票环节，从40家共建单位及全市各区小学及幼儿园报名的小读者中挑选了30名小读者，向终评评委荐书。孩子们通过3分钟发言，彰显了自己的阅读主张。来自30家入围童书的出版机构的社领导、童书作者、译者、编者等代表，各用3分钟时间向评委推荐各自的入围童书。“年度十大童书”从全国近100家童书出版机构的1200余种推荐童书中脱颖而出，凝结了全国童书界近50位专家的智慧结晶；还汇集了深圳市图书馆、各书城以及“深圳书城亲子阅读中心”服务号上投票的千余位读者的眼光和态度。评选组委会主任、深圳读书月组委会办公室主任尹昌龙在颁奖典礼上指出本次评选是各方智慧的结晶，在全社会产生了广大的影响。评委代表肯定了本届“年度十大童书”在发动读者方面付出的努力和取得的成果。深圳市教育局副局长赖群阳高度肯定中心书城开业十一年来对推动全市全民阅读活动所发挥的作用，对十大童书评选之于关注未成年人阅读及方向引领，促进孩童健康成长的意义大为赞赏，并表示深圳市教育局将不遗余力地给予支持和鼓励。

（六）加强媒体宣传，提升活动影响力

本届活动从一开始筹备就得到了社会各界的关注，并及时在各自媒体资源上对本次童书评选进行宣传报道，极大地提升了本次评选活动的影响

力和辐射范围。本届组织中央驻深记者站，港、穗、深等各新闻单位，电子媒体和网络媒体同步宣传，借助深圳市阅读联合会、彩虹花公益小书房、三叶草故事家族等民间阅读组织的微信、微博推广，共刊载相关报道100余篇次。4月23日启动的100本童书评选新闻发布会暨“深圳书城亲子阅读中心”共建单位授牌仪式，吸引深圳晚报、深圳卫视、凤凰网等30余家媒体进行了报道，引起了广大读者的关注。读书月期间举办的十大童书颁奖礼，组织30本入围童书的出版机构代表牵着孩子的手，带着作品以走红毯的方式出场，并邀请12位终评委代表和嘉宾领导走上通往颁奖现场的红毯，是本届“年度十大童书”组委会给予童书界、译者、出版者的最高礼遇。50多家媒体对“年度十大童书”揭晓礼及颁奖典礼做了详尽而生动的新闻报道。《深圳晚报》推出了以“‘年度十大童书’新鲜出炉”为主题的整版专题报道，在全国童书界引起了轰动。

本届同时还组织中国少年儿童新闻出版总社、浙江少年儿童出版社、明天出版社等十大战略合作少儿出版社及新经典、蒲蒲兰等童书品牌的微信、微博进行同步推广。10本童书揭晓后，入围的出版机构第一时间转发新闻报道，并通过自有微信平台发布消息，使传播更快更广更有影响力。

深圳本地自有媒体宣传力度和效果明显提高，除深圳出版发行集团旗下书城书吧通过店面展示、宣传，利用微信微博全程跟踪报道外，相关童书出版机构、深圳民间童书阅读推广机构、各中小学、《深圳特区报》、“深圳教育通”等公众号的点击率和阅读量均创新高。入围童书受到家长、老师的极大关注，三个多月实现销售码洋68.15万元，全年实现销售码洋近100万元，十大童书销售码洋实现33万元。

三、未来童书评选活动的思考

“阅读”作为儿童智慧成长的源泉与根基，做好儿童阅读的引导就是服务社会，服务我们的未来。特别是当下的儿童阅读越来越受到家庭、学校、社会的关注，每年编译创作出版的童书达数万种，如何从中挑选适合孩子阅读的优秀童书，成为家长、老师、专家和学者们关心的问题。

2018“年度十大童书”评选将结合现有经验成果，既着眼专家视角，突出引领作用；又结合儿童视角，考虑孩子们的意见表达。同时，通过“年度十大童书”评选活动，为深圳市民搭建一个关于亲子阅读的体验、交流和展示平台，为全国出版单位、民间阅读组织、儿童教育专家搭建亲子阅读活动的重要平台，推动关于儿童阅读类项目及产业的发展，提升深圳在全国亲子阅读方面的话语权。儿童阅读推广工作，是一项涉及学校教育、家庭教育、公共文化服务、新闻出版产业等各个领域的复杂工作。围绕深圳读书月组委会对童书阅读推广要求，对接下来的童书评选活动思考如下：

（一）选出一份负责任的书单，让优秀的童书呈现

1. 广泛进行阅读宣传推广，多方收集信息。在童书基础书目征集阶段，在我市幼儿园及小学开展广泛的专项阅读宣传活动，收集其阅读主张；在书城、图书馆、学校及社区现场进行市民调查，搜集市民的反馈意见；提供北京开卷信息技术有限公司不同角度的科学分析数据给评委专家进行对比，从而不断提高评选的质量，使评选更“接地气”。

2. 扩大参选童书的范围，发掘一些真正的优质好书，并进行大力推广，让好书影响更多的小读者。收集各行业对童书有研究的专家推荐意

见，以及经过市场检验的推荐书目，如中国小学生基础阅读书目、获奖童书作品、全国各大书店及店长推荐、深圳读书月中小学生读物推荐、深圳书城畅销榜推荐、深圳书城选书童书类、深圳读者自由推选等等。绘本类作品则参考凯迪克奖、丰子恺奖、安徒生国际大奖书系等获奖作品，及爱心树系列、信谊系列、深圳读书月“年度十大童书”入围图画书系列。经过初评、复评、终评环节，筛选出孩子能从中吸收人文、科学养料，用以建构完整知识体系、充实精神世界的家长放心的儿童书单。

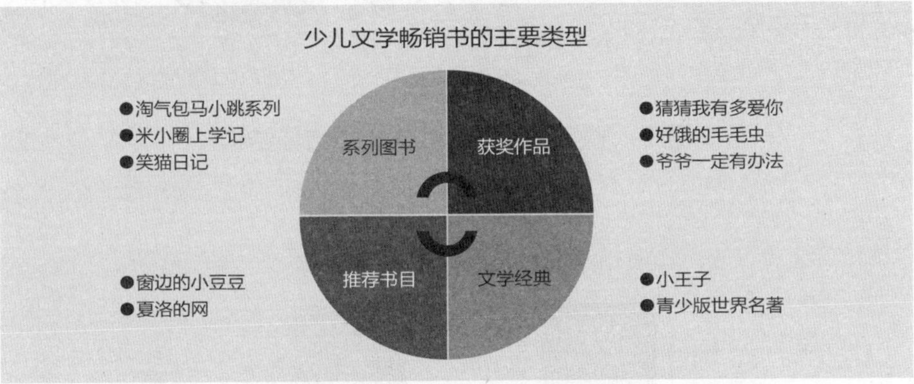

图1 北京开卷统计：少儿文学畅销书的主要类型

3. 入选图书结构根据需求调整。结合全国童书及本地童书市场情况，对入选书目进行综合考虑。未来童书评选更关注儿童阅读能力的提升和兴趣培养。2017 年评选入选十大童书销售中儿童文学占 12%，绘本占 30%，知识性读物占 58%。从这两年本地市场情况，及参考北京开卷全国市场统计数据来看（见图 2），应增加儿童文学的原创和诗歌类作品。同时，为更好引导推荐阅读，应对童书按照主题划分，并按受众群体细化分类，例如对童书的分龄问题进行更深入的分析；知识性读物可再细分为文化类、科技类等。童书评选考虑支持本土作家作品。2017 年的本土作品与引进版比例各占 50%，为鼓励本土作家创作更好的儿童作品，未来考虑调整比例结构。

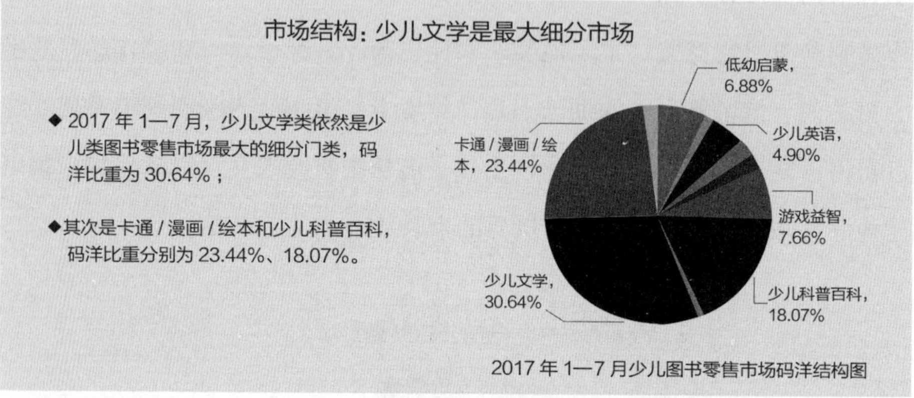

图 2　北京开卷统计：少儿类市场结构

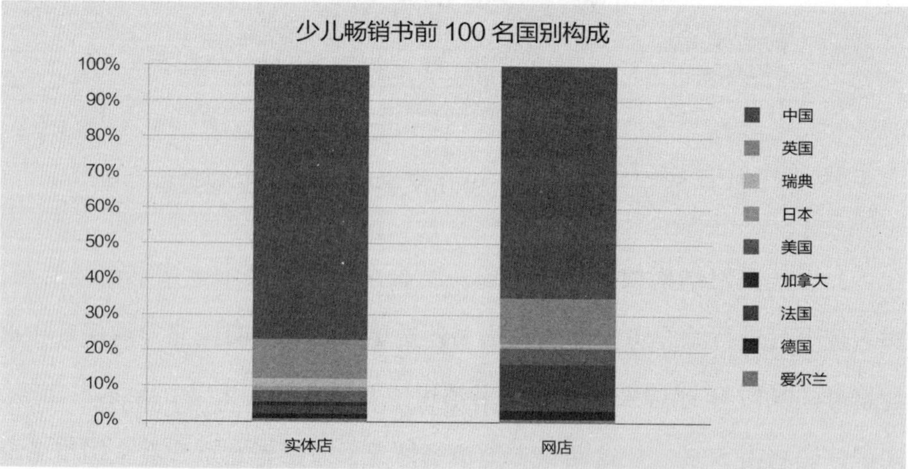

图 3　北京开卷统计：2017 年少儿畅销书前 100 名

（二）加大阅读推广力度，引领童书阅读

尊重儿童阅读权利，关怀儿童，提供儿童需求阅读服务，不仅在于

童书与孩子之间的连接，还在于家庭、老师、专业的服务人员与童书的连接。比如童书阅读推广人员及服务人员多读书、常读书、善读书，能开展有针对性和个性化的童书阅读服务，让童书与孩子的连接更有质量。“十大童书评选”活动更应加强后续阅读推广。

1.“4·23 世界读书日”阅读活动推广。2018 年“4·23”是第 3 个深圳未成年人读书日。为贯彻党的十九大和习近平总书记系列讲话精神，弘扬社会主义核心价值观，落实《深圳经济特区全民阅读条例》，彰显新时代阅读主张，促进未成年人阅读，进一步推动我市全民阅读活动深入开展，拟于 2018 年“4·23 世界读书日”期间，以“十大童书评选启动”拉开全市系列阅读活动举办序幕，同时开展港澳与内地城市阅读文化交流，联合上海、广州、哈尔滨、武汉、成都、合肥、苏州、香港、澳门等城市，举办以“儿童阅读与城市未来”为主题的城际儿童阅读交流，促进城际阅读资源合作，宣传和推广儿童阅读。

2. 开展生动活泼的童书阅读推广活动。融合中心书城亲子阅读活动中心平台，立足现有系列儿童阅读活动品牌，以十大童书为重点内容板块，开展高品质的原创趣味性童书阅读活动，继续为家庭读者营造富含文化内涵和能量的亲子阅读空间和平台，持之以恒地培养广大儿童的阅读习惯。引领全国亲子阅读活动发展方向，让父母和孩子享受更多的购书优惠，畅享快乐的亲子阅读时光。计划邀请年度评选的童书作者、出版编辑、阅读推广人，通过书城微信订阅号、亲子阅读中心服务号线上音频和线下现场讲书、演书和推书。

3. 建立出版、亲子家庭、学校、图书馆之间的连接渠道，共同营造儿童阅读环境，融合各方资源共同推动童书阅读，凝结推动儿童阅读的社会中坚力量。与亲子家庭、图书馆共同宣传推广书单，融合下基层，建立阅读分享实践活动平台，帮助亲子家庭知晓读什么和怎么读，共同探讨如何培养儿童阅读习惯。建立与教育局联动激励机制，走进学校进行阅读推广。第一，发挥“小小阅读推广人”的影响力，完善“小小阅读推广人”的履行职责内容。第二，与童书评选的共建学校单位共同推广阅读，如在学校专架陈列、内容展演十大童书等等。与出版机构资源整合。一方面通过童书评选加强童书优秀作品的创作生产，促进出版社出好书，为儿童阅读提供更多优质阅读内容；另一方面加强对童书的宣传推广，拓宽传播渠道，充分发挥引领示范作用，不断提升儿童阅读的质量和水平。

（三）注重民间力量，整合民间资源

深圳民间推广机构对童书阅读推广力度很大，形式多样，规模有大有小。中心书城已搭建童书阅读推广平台，打造了儿童阅读的功能空间，此举致力于为家庭与儿童提供优质童书、阅读指引、亲子活动、阅读课程、父母课堂等一切与阅读、成长有关的整体服务。“年度十大童书”评选应集合民间的力量和资源，将童书阅读推广发散到全深圳市各阶层，让更多儿童参与阅读活动，享受阅读的权利。

（四）提升“十大童书”的品牌影响力

组织“年度十大童书”作者进书店、校园，读者撰写读后感，家庭藏书推荐，礼品推荐等活动，推广深圳读书月“年度十大童书”品牌。组织100本入围童书、30本入围童书、十大童书陆续进入校园、社区，开展“童书援助”公益活动，提升品牌影响力和品牌价值。

加大童书评选活动预告宣传。深圳出版发行集团旗下书城卖场分别以专架、书台进行陈列展示，并通过活泼有趣的榜单呈现、品牌推广语、

上榜图书推介、各媒体对上期榜单的评论等元素，为读者提供深度阅读引领。

与发展儿童阅读文化事业较好的城市建立童书阅读友好城市联盟，建立联动机制，相互借鉴，共同推动华文童书阅读建设。

中国童话节创新发展之路

——打造以童话为载体的创新型少儿文化艺术创展平台

张明珠

改革开放 40 年，中华大地发生了翻天覆地的变化。深圳从几十年前一个不起眼的小渔村，发展为今天现代化的国际大都会，这是一部改革发展与城市建设的中国童话！今天深圳不只是改革开放的经济建设前沿地，也是精神文明建设、文化事业建设的热土。青少年是民族的未来、国家的希望，关注少年儿童、创新文化艺术、打造精品项目，是发展特区文化的重中之重。坚定文化自信，树立自主品牌，作为具有中国特色的原创文化品牌，拥有国家级商标的“童话节”由此诞生。

2004 年，全球首家以“童话”为载体的大型少儿文化艺术节——深圳童话节，在创造世界经济发展奇迹的沃土深圳生根发芽。2004 年是深圳文化事业飞速发展的一年，许多深圳人切实感受到这座年轻的城市越来越浓郁的文化氛围。2004 年 3 月 2 日，深圳市召开文化立市战略工作会议，提出了“大力实施文化立市战略、努力把深圳建设成为高品位文化城市”的目标，为深圳文化建设揭开了新的宏伟篇章。在这阵文化春风的吹拂下，深圳童话节应运而生。

深圳童话节以童话为载体，通过“读童话、看童话、演童话、唱童话、舞童话、写童话、画童话”等文化艺术形式，走公益型、创新型及普惠型艺术之路，当年即被深圳读书月列为重点主题活动之一。至2013年，深圳童话节已运行到第十届，正值"十八大"胜利召开，为在青少年中开展"中国梦"教育宣传，童话节组委会联合文化部全国公共文化发展中心、中华儿童文化艺术促进会等单位将深圳童话节升级为"中国童话节"。14年来，中国童话节在深圳生根发芽，并茁壮成长为国家级少儿文化艺术创展平台。14年来，中国童话节以其创新的活动理念和丰富多彩的主题活动内容吸引了全国各地区约8000所幼儿园、中小学校、文化艺术机构的参与，受益儿童达1000万人次以上。童话节已不仅是我国少年儿童自我展示的舞台、艺术创造的空间、艺术鉴赏的领地，更是国内外少儿联谊交流的平台，并逐渐成为少儿朋友们的新节日。童话节让全国各地、各民族少年儿童汇聚在一起，携手让这朵颇具梦幻色彩的童话之花开遍神州大地，让中国优质的少儿文艺精品站上世界的舞台，最终实现全世界各地少儿文艺荟萃的嘉年华。

一、童话节项目概述

童话节的创意始于深圳读书月，它活动主题明确，文化特征鲜明，一出生就具备了浓郁的文化特征。在深圳第五届读书月"提高市民素质，面向城市未来"的主题指引下，首届童话节把关注的目光落到少年儿童身上，以"启迪童心·梦想飞扬"为主题，以"读童话、看童话、演童话、唱童话、舞童话、写童话、画童话"为主线，掀起了少年儿童以"童话"为主题的童话阅读及童话艺术浪潮。

每个孩子都是伴随着童话故事长大的。孩子是祖国的未来和希望，我们有责任和义务为他们提供一个能够培养兴趣、引导成长、发挥潜能、展示自我的舞台。当前少儿素质教育的重要任务是激发、引导孩子们的想象力，培育孩子的自主创新意识。孩子们最大的乐趣在于充满着梦想，每一个孩子的内心深处都是一个充满想象的神奇世界。童话节在各项主题活动的设计上都给予孩子们在思维、创作上的广阔空间，巧妙地引导他们的兴趣，激发他们的潜能。童话节以先进的、创新的活动思维，引导孩子们踏上一段爱的旅程！

（一）读童话——经典童话故事阅读活动

几乎每个人都有过孩提时迷恋童话故事的记忆，当孩子们游历于童话的海洋中，与白雪公主、小红帽、小松鼠、狮子王等可爱、勇敢的形象进行着心灵的互动时，当童话中的形象美、情感美和情境美如甘甜的雨露滋润着孩子们的心田时，它们所产生的精神教育与心灵碰撞，对孩子们的成长有着重要的意义。童话节引导孩子们放下手中的电子设备，断网下线，阅读经典童话故事，享受阅读的快乐，过有意义的童年。

（二）看童话——童话剧专场演出活动

童话剧是一种集服装、化妆、表演、歌唱、美术、杂技等诸多技能和技巧于一体的综合艺术。它不但能提升孩子们的艺术鉴赏能力，也有利于开发他们的想象力和创造力。童话节组织童话剧专场公益演出，将其作为对少年儿童进行文化艺术素质教育和思想品德教育的重要手段，为少年儿童的健康成长创造良好的社会氛围。充分发挥艺术启迪心灵、净化心灵的作用，帮助他们区别美丑善恶，使人人有受到艺术教育的权利。并为关爱特殊儿童群体，共建和谐社会奉献爱心。

（三）演童话——校园中英文短剧汇演

童话节组织各中小学校、幼儿园等参赛单位根据世界名著、童话故事改编童话剧、音乐剧或自编自创思想性强、艺术性强的童话剧、音乐剧、校园课本剧等，来展示当代戏剧艺术成就。同时让少年儿童在参与创作、编排、表演的过程中拓展人生视野，领悟人生真谛，增进对社会的理解。另一方面通过参赛锻炼了少儿中英文语言表达能力和表演技巧，使他们感受艺术创作的魅力，进而帮助他们树立远大的理想。

（四）唱童话——童话之声少儿歌唱汇演

通过唱童话，引导孩子们在童话歌曲演唱中发现美、创造美、体验美，并进一步推动少年儿童音乐教育事业发展，推出一批优秀的少年儿童歌唱作品，发现和培养具有一定歌唱天赋的少儿人才。

（五）舞童话——童话之舞少儿舞蹈汇演

用舞蹈的形式演绎童话，用童话的艺术表现舞蹈，同时展现少年儿童舞蹈艺术的创作和表演水平，促进全国舞蹈艺术交流与提高，表现当代少年儿童朝气蓬勃、奋发向上的精神面貌，并为少年儿童搭建一个联谊竞技的平台。

（六）写童话——童话故事创作

童年是天马行空的年代，每个孩童的小脑袋里都装着各式各样的童话故事，也梦想着成为各式各样的童话主角。童话节通过组织孩子们以改编、续写、自创等体裁形式进行童话故事创编，开发他们的思维能力、创作能力等众多能力。并更好地培养他们的阅读写作兴趣，为他们搭建一个发挥想象、展示自我、张扬个性的舞台。每届童话故事创作是参与人数最多的活动项目，近几届均达六七万人次，已成为深圳广大少年儿童语文写作教育的有效补充及交流竞技的平台。

（七）画童话——童“画”世界少儿书画创作

画童话是历届童话节最受欢迎及参与人数最多的活动项目之一。孩子们可以用绘画的形式来描绘心中的童话故事及人物角色，作品包括彩色水笔画、油粉笔画、水粉画、中国画、版画、装饰画、漫画、素描、书法作品、手工作品等，并集中展示了中小学校、幼儿园、美术机构等教育单位的美术教育成果。

（八）创童话——童话文化艺术成果延展

14 年来，以童话为载体的少儿文化艺术得到了极大的发展与丰富，取得了丰硕的成果。近几届童话节，仅童话故事与书画创作作品，就逾 10 万件。以活动促延展，以延展反哺活动，已成为童话节的良性循环发展之道。

1. 童话集锦作品制作出版

对童话故事与书画创作大赛中的优秀作品结集出版，对歌舞类、童话剧类等优秀作品刻制光碟出版。这记录了孩子们美好而又重要的成长过程，不仅能供家长和孩子们纪念收藏，而且能见证孩子们的成长，并供其他同龄少儿学习交流。

2. 童话节精品节目展演

童话节组委会对各主题项目中表现突出的单位和个人给予表彰，同时组织国家级导演、音乐、舞蹈专家对各项目精品节目进行整合，打造综合性少儿文艺盛宴。为全国少年儿童提供精品文艺欣赏，推进童话节文化事业的发展。

3. 童话大巡游

每年12月最后一个周末（拟定国际童话日），以童话之名汇集来自不同国家、不同肤色的少儿，融合东西方文化，根据不同国家、民族的特色，将少儿打扮成各式童话人物，乘上特制花车，手持各式道具，以不同主题行进于深圳中心区，创建一个国际化、参与度广、极具交流互动价值的文化品牌项目。以童话吸引世界各地少年儿童朋友的参与，为深圳创造一个具有独特特色的艺术盛事，一个充满爱与美的欢乐海洋，让家长和孩子们放下平日的压力，共同享受童话乐趣！

4. 童话之旅活动

为探访全国各地颇具特色的城市或地区，加强全国少年儿童的艺术交流与研学旅行，童话节将陆续开通各地童话之旅活动，包括：深圳特区童话之旅、西安一带一路童话之旅、哈尔滨的冰雪童话之旅、伊春的森林童话之旅、呼伦贝尔的草原童话之旅、上海的迪士尼童话之旅等活动。

二、童话节品牌特色

（一）童话+文艺

童话+文艺是童话节的最大特色。国内外的艺术赛事活动一般是以艺术门类、形式开展活动，而童话节，是以童话为载体，牢牢抓住童话对孩子们的吸引力、对孩子们的成长意义这一着眼点，形成独具特色的"童话艺术"，即特色化的"中国童话"。童话节始终以"读童话、看童话、演童话、唱童话、舞童话、写童话、"画童话"为主线，让童话因子渗入少年儿童所接触的几乎全部艺术形式，以童话为主线主题，以艺术形式为表现手段，让童话艺术化，让艺术童话化。

（二）童话＋学校

童话＋学校是童话节迅速发展的主要途径。童话节的目标对象是广大少年儿童，通过宣传部、精神文明办、团委、教育局等主管单位的大力支持，加强与各中小学校、幼儿园的全面合作，共同推进，让童话艺术活动成为学校艺术教育的强大补充，同时也让童话节成为学校艺术教育成果水平的展示平台。据统计，每届童话节，以学校为单位统一组织参与活动的多达1000多家。学校单位的倡导发动、统一组织，确保了活动的有序开展及赛事水准，更迅速地将童话艺术推广到更多的受益少儿中去。

（三）童话＋公益

童话＋公益是童话节的基本原则。童话节是非营利性全国少儿文艺活动平台。坚持公益性和普惠性是童话节发展的根本之道。童话节倡导的不仅仅是童话艺术教育，更是要广大少年儿童都拥有艺术教育的平等权利。童话节很多项目不收取任何报名及参赛费用，少数项目只收取小额场地及评审费用。14年来，童话节以其创新的活动理念和丰富多彩的主题活动内容吸引了全国约8000所幼儿园、中小学校、艺术机构，100多万人次参赛选手的参与，受益少儿朋友达800万人次以上。使更多孩子有机会上舞台，有能力上舞台。

与此同时，组织策划众多公益活动，如童"画"世界书画大赛优秀作品公益画展，经典童话剧公益演出，为汶川等灾区儿童捐赠文具、棉被等活动。尤其童话节众多的比赛项目，也鼓励特殊学校的孩子积极参与。特殊学校的孩子勇敢登台，为大家展现了同样的艺术之美。他们在舞台上自信、自在的发挥，体现了童话节是每一位少年儿童圆梦的平台，更体现出童话节对特殊少年儿童艺术教育需求的关心关爱。

（四）童话 + 平台

童话 + 平台是童话节的发展模式与方向。中国童话节已成为我国少年儿童的新节日，已成为我国少年儿童自我展示的舞台、艺术创造的空间、才艺竞技的赛场、艺术鉴赏的领地，更是联谊交流的平台。构建童话产业大平台、大融合功能，通过搭建童话产业链，资源撮合、演艺培训、版权交易、衍生品开发等，打造基于童话艺术的产业生态，更好地提供更优质的服务，以弘扬优秀文化、启迪少儿心智，围绕时代发展主题，不断推陈出新，努力探索、发展和促进具有中国民族特色的童话艺术，将是童话节未来的方向。

三、童话节创新发展之路

（一）创新活动方式，改变活动理念

2017 年童话节将赛事形式改变为汇演形式，打造国家级儿童公益嘉年华。中国童话节将淡化赛事，以启迪儿童心智为主，突出交流展示，推进童话文化、童话文学、童话艺术的发展，以童话嘉年华、童话之旅等各类童话主题汇演活动，使孩子们愉悦童心，传递快乐。让孩子们在童话文学与艺术中享受幸福快乐与感受真、善、美的优良品质。并更好地发展及

丰富童话文学、童话艺术的形式与内容，在新时代演绎新童话，为孩子们带来童话新体验。

（二）转变活动思路，转换活动模式

从公益性活动到纵向产业化提升。未来的童话节将不断增强公益性，同时加强童话产业的大平台、大融合功能，通过搭建童话产业链，资源撮合、演艺培训、版权交易、衍生品开发等发展项目，更好地为全国少年儿童提供更优质的文艺服务。

（三）拓展活动地域，传播童话内涵

让全国各地的孩子们都享受童话带来的欢乐。未来童话节将在更多的城市设立分会场，目前已计划在北京、上海、天津、重庆、南京、沈阳、成都、武汉、东莞、苏州、株洲、赣州、淄博等近 30 个城市展开，将继续在有条件的省市增设分会场，发现、培训各地童话创作的优秀人才，让他们汇集深圳，交流互动，让童话艺术之花在全国更多地方生根发芽，开花结果。

（四）提升品牌体系，传递品牌价值，国家级媒体关注

童话节的影响力越来越强，也吸引了国家级媒体的广泛关注。中央电视台特别制作快乐体验之中国童话节专题节目两期，人民网、央广网等也都予以报道。童话节首先进行标识系统工程建设，包括童话节字体、商标的注册；童话节主题曲的创作；童话节形象代言卡通形象的塑造；每届童话节形象、色彩统一的海报、宣传册、节目单、活动背景板等设计制作；活动过程中有意识地收集所有活动的图片、影像、媒体宣传资料，并制作

成资料片及作品集等。这些都促进了童话节在全国进行更大范围的宣传和推广。

（五）开拓新方向，丰富新内容，注入新活力，倡导"国际童话日"

从2017年开始，童话节着力推进童话产业的发展。通过举办"首届童话研讨会与童话产业论坛"，发起成立"全国童话产业联盟"。

通过童话研讨会，提升我国童话文化的理论高度，为中国童话节的未来发展指明方向；通过童话产业论坛及产业联盟，整合童话产业资源，做强做大童话产业链，更好地为孩子们提供童话文化服务。通过开启童话之旅，真正让童话走进孩子们的真实生活，让主题童话活动为孩子们带来无尽的欢乐与记忆。并继续向联合国教科文组织提出申请每年12月最后一个周日为国际童话日。

通过引进合作单位，整合童话资源，共创童话节新未来。童话节的未来将是各行业、各领域的企事业单位、文化公司、艺术机构等合作单位，通过联合、共融、共享、抱团进行打造及推进，通过资源互补，合力共赢，童话节将更具生命力、创新力。

同时将继续推进中国童话节永久会址的选址工作，打造童话小镇及童话岛项目，助推童话节持续发展。拟在深圳择地建设童话小镇，按照国家特色小镇相关要求规划建设，在深圳童话小镇发展模式成熟后再向全国其他有条件的地方进行复制。拟在深圳大鹏海边建设童话岛，打造以童话为主题的集文化教育、艺术活动、游乐休闲、旅游度假、童话产业等为一体的童话梦幻之岛。

少年儿童是祖国的未来和希望，更是"中国梦"的践行者，所以我们每一个人都肩负着为少年儿童保驾护航的责任。习近平总书记曾在讲话中明确指出“童年是人的一生中最宝贵的时期，在这个时期要注意树立正确的人生目标，培养好思想、好品行、好习惯”。而童话在人类的童年时光里饰演着尤为重要的角色，它是真、善、美的象征，更是正确的人生观、世界观、价值观的启蒙。因此，开启少年儿童的童话大门，传递童话理念，分享童话乐趣就是帮助少年儿童培养正确的成长方向。在实现民族伟大复兴与中国梦的过程中，我们需要一批杰出的人才，而人才的培养一定要从少年时光就给予良好的启航动力和方向引导，童话节将为此做出最大的努力。

展望未来，童话的世界性决定了童话节定将走向全国、走向世界，向全国少年儿童展示新时期少儿的创意和想象，促进各民族各地区少儿的艺术交流和发展。随着童话节的发展和逐渐成熟，在未来的某一天，它也必将升格为国际童话节，为中国童话走向世界创造良好条件。我们相信，在伴随着童话节长大的孩子们中间，未来也一定会有机会出现像安徒生一样伟大的童话故事大家！

张明珠，中国童话节组委会秘书长

图书馆研究

深圳全民阅读
发展报告
2018

“微图书馆之城”平台建设与研究

——以深圳“图书馆之城”应用为例

蔡晖

随着多媒体移动设备的迅速发展，移动互联网正越来越多地走进人们的生活。跟随这种趋势，用户需求的差异化日益显现，以移动互联网技术为基础的图书馆“微服务”（亦称移动服务）迅速发展。据中国互联网络信息中心（CNNIC）第 39 次《中国互联网络发展状况统计报告》显示：“截至 2016 年 12 月，中国网民规模达 7.31 亿，互联网普及率达到 53.2%。其中我国手机网民规模达 6.95 亿，增长率连续 3 年超过 10%，随着智能手机等移动终端的迅速普及，台式电脑、笔记本电脑的使用率呈下降趋势，移动终端不断挤占其他个人上网设备的使用。”

一、课题背景以及研究的目的和意义

我国公共图书馆微服务虽广泛开展，但普及率偏低，服务模式主要为 WAP 和 App，移动服务和移动资源较为丰富。微服务具有良好的个性和交互性，但存在体系不完整、缺乏创新性、知晓度较低、有效性整体不高等问题。

为进一步深化和拓展深圳"图书馆之城"微服务应用研究，2016年7月，《"微图书馆之城"平台建设与研究》作为2016年度深圳市图书馆之城课题立项。本课题也是深圳图书馆承担的国家文化科技提升计划项目——《公共图书馆现代科技应用研究》移动服务相关研究内容的继续深化和成果转化，从最初的深圳图书馆新浪微博、微信订阅号，紧跟着的支付宝城市服务、移动网站上线、移动支付上线、微信服务号与城市服务，到今天的"微图书馆之城"平台的全面搭建、"图书馆之城"开放API"微服务"模块诞生，深圳图书馆在"微服务"应用方面坚定地走出了一条精彩纷呈的不平凡道路。

二、研究内容及重要观点、对策建议

（一）"微图书馆之城"平台需求及关键问题

1. 可伸缩易扩展的统一技术平台

现代计算机技术发展快，更新换代频繁，特别对于尚无完善统一标准的物联网技术、人工智能技术更是如此。大部分新技术的生命周期长的不过2年，短的几个月甚至数天就会被淘汰。但创新必须摸着石头过河大胆尝试，这就要求统一技术平台必须采用嵌入式思想构建，具备高度的模块化、集成化管理能力。在公共图书馆城市一体化服务模式下，各成员馆均可按自己的想法及需求在统一平台搭建个性化系统模块，或者扩展新的功能模块，在规划、搭建、服务期间能很好地融入统一平台，在需要退出升级时亦能快速响应并顺利实施。

2. 数据接口与规范控制

数据接口与规范主要为保证移动服务平台数据质量，数据质量直接影响服务质量，如文献位置数据的准确性会直接影响到需要找到它的读者。移动服务大数据分析的结论准确性与数据的全面性密切相关，作为分析样本的数据越完整、维度覆盖率越高，所得出的结论也越接近于真实。在实际的数据分析中，往往会因为数据维度不足导致分析终止。

3. 阵地服务、线上服务、微服务三者的关系

现代公共图书馆的文献、活动、空间、设备等资源须同时支持阵地服务、线上 WEB 服务、移动微端服务三种不同的服务模式。图书馆须充分高效地利用有限资源为更多读者提供更优质的服务，当不同读者分别到馆、互联网、移动端对同一资源提出请求时，如何合理分配就成了“图书馆之城”必须考虑的问题。相比于阵地服务与网上服务，微服务具有更大的需求驱动力，依据“挤出效应[①]”，大力发展微服务会让更多的读者使用图书馆服务，但也可能在特定的时间段造成阵地服务、线上 Web 服务的服务量数据波动。公共图书馆必须规划阵地服务、线上服务、微服务三者的可使用的资源范围，确保在不冲突影响的情况下平稳发展，最终依靠“微服务”的创新发展收获更大的服务效益。

4. 创新服务管理及宣传模式

移动服务创新是一个涉及多方面的协同工作，不仅涉及图书馆内各部门，更涉及图书馆之间，图书馆与企业间的协同管理。如微信支付功能研发，就涉及腾讯公司、财务部门、技术部门的协调处理。创新服务实施后，可通过传统媒体、新媒体（微信、微博）、网站、设备、学术刊物等

---

① 挤出效应：指一个相对平衡的市场上，由于供应、需求有新的增加，导致部分资金从原来的预支中挤出，而流入到新的商品中。

多方面进行宣传发布，这就需要更多部门、团队有机协作才能完成。移动创新服务宣传的目的是让更多的读者使用新服务，让更多的专家了解新服务，必然需要多样化的渠道和个性化的宣传方法。

5. 支持统一结算的移动支付技术平台

目前主流的移动支付平台有微信、支付宝、Apple Pay 三类，在城市一体化统一服务的背景下，一个支持统一结算的移动支付平台必不可少。同时，移动支付平台须具备较强的容错能力，在网络故障丢包、系统升级切换、设备维护期间均能保证移动支付平稳运行，结算清晰无争议。移动支付平台也须具备事件回溯能力，对有争议的支付能够列印完整的事务明细清单，以支持问题核查与整改。

（二）“微图书馆之城”平台搭建

1. 选择微信或支付宝平台基础架构

选择微信或支付宝这两个手机端的平台推广图书馆服务的优势有：①图书馆如争取到了这两个主流平台的部分海量用户，相对于原有服务读者量来说呈数量级的增加，极大地推广了图书馆服务。②读者只要装了微信或支付宝就能使用图书馆服务，省去了安装图书馆 App 的步骤，避免了 App 泛滥。③通过和微信、支付宝后台用户数据的交互，做到了绑定读者统一登录，即用户只要登录了微信或支付宝就无需再次登录图书馆系统。④利用微信，支付宝平台的扫一扫功能开发出手机端特色服务：扫码登录，二维码读者证，文献扫码转借、ISBN 扫码检索等创新服务。

平台采用通用的 HTML5 技术研发图书馆之城移动端服务大厅，打造图书馆之城移动服务平台。该系统主要应用了前端轻量级框架 JQUERY 和 AJAX 动态交互技术，不仅能适应不同的手机操作平台如苹果、安卓等，也能适应微信、支付宝等 App 平台，以此便能打造一个统一通用的移动服务前端。

2. 平台整合与一体化技术架构建设

微信和支付宝均使用 oAuth2.0 开放授权访问标准实现统一认证功能，通过此标准协议可获取到每个读者唯一的用户 ID，读者只需要登录一次，即可将读者的证号和微信或支付宝用户 ID 绑定。“图书馆之城”微服务平台基于此实现了读者登录一体化模块（同时支持微信和支付宝），通过该模块可以实现微信、支付宝自动授权登录图书馆系统。未来新增功能时，只要在程序中嵌入该模块，即可实现统一登录。

3. 建设“图书馆之城”移动服务 API 平台

“图书馆之城”开放 API 平台是可伸缩易扩展的系统平台，能处理各类移动服务业务需求。“图书馆之城”开放 API 平台是“图书馆之城”移动服务技术和数据开放性的基础，“图书馆之城”各成员馆均可利用开放 API 研发自己特色的个性化移动服务创新功能，是各成员馆自主研发与创新的基础保证。

4. 网站宣传规范建设

网站 Banner 规范要求开发新功能新模块的时候，要同时考虑 Banner 宣传，以最人性化的方式宣传新功能新模块。导引页面是新功能和推荐功能的重要外部入口，要在 OPAC、自助图书馆、网站等粘贴进入导引页面的二维码、网址等。大屏幕发布 UI 包括图书馆大门口、各服务区显要位置等发布的实时服务数据，需要做统一的规范。

如“快递到家”功能，在传统的媒体宣传、活动宣传、阵地宣传、微信微博宣传的基础上，新增了线上宣传包括 Banner 宣传、导引页面宣传、自助图书馆屏幕二维码入口、OPAC 二维码入口等多场合多平台的宣传规范。所有新功能的开发和实施都需要考虑线上线下宣传的同步进行。

（三）“微图书馆之城”平台创新案例

1. 二维码全面应用

二维码是用于信息存储以及传递的新技术，它具有快速识别、信息容量大、可靠性高和低成本等特点，被广泛应用于移动支付、电子商务等领域。二维码在图书馆之城的主要应用有：①扫码快捷登录：市民读者选择自助设备上相应服务项目后，扫描屏幕二维码，在手机端确认登录，即可快速登录自助借还系统；②二维码读者证：代替实体卡办理读者证事务、申请电子阅览室电脑机位与打印资料等；③扫 ISBN 号查书：读者通过手机的扫一扫功能，扫描图书条形码，轻松获取馆藏信息，并可选择预借、快递到家等服务；④扫码转借：基于分享阅读的理念，借助“扫一扫”功能，鼓励读者之间进行图书借阅，传递阅读乐趣；⑤基于“到位[①]”理念的扫码连接 Wi-Fi 服务：针对已经来到图书馆的“到位”读者，扫面墙上或读者宣传栏的二维码即可连接图书馆的无线 Wi-Fi 上网，省去认证输入密码等繁琐的操作。

2. 智能化与个性化服务

微图书馆之城为市民读者提供智能化、个性化服务。比如实时发布图书馆服务大数据，包括当前客流量、电子阅览室机位使用率、借阅次数等；通过位置识别，智能推送附近图书馆，含市（区）级图书馆、分馆、自助图书馆等各类可利用的图书馆服务点；智能 Wi-Fi 接入，一键上网；结合收集归档的用户使用习惯数据，个性化推送通知公告、活动消息及各

① “到位”理念即根据用户的位置向其推荐合适的服务，如用户在图书馆推荐图书分享服务，在家则推荐家政服务。

项新服务；支持移动端智能实时咨询服务，无客服在线状态系统会自动切换为小图丁智能机器人服务模式，为用户回答图书馆使用相关问题。

3. 移动在线阅读

微图书馆之城致力于为市民提供便捷的服务与优质的数字资源。市民可以通过支付宝城市服务、微信城市服务、深圳图书馆微信公众平台等多渠道免费在线阅读十二种类型丰富的数字资源库，包括《龙源微刊》《书香深圳电子图书》《天天微学习视频》《职业全能培训库》等，共计电子图书 58000 余种、期刊 4144 种、报纸 200 余种、有声读物 37000 余种、音视频资源 76596 个及试题 161000 余套。

三、成果的学术价值、应用价值，以及社会影响和效益

（一）微服务已经成为国内外图书馆历年研究的热点

检索式设置为“主题 = 微服务 OR 社交网络 OR 移动服务 AND 图书馆”，时间和领域不限，共检索到相关文献 1563 篇。虽然图书馆微服务自 2004 年起已有学者提出，但直至 2012 年，随着技术和设备逐步成熟，图书馆微服务才逐步成为研究热点。

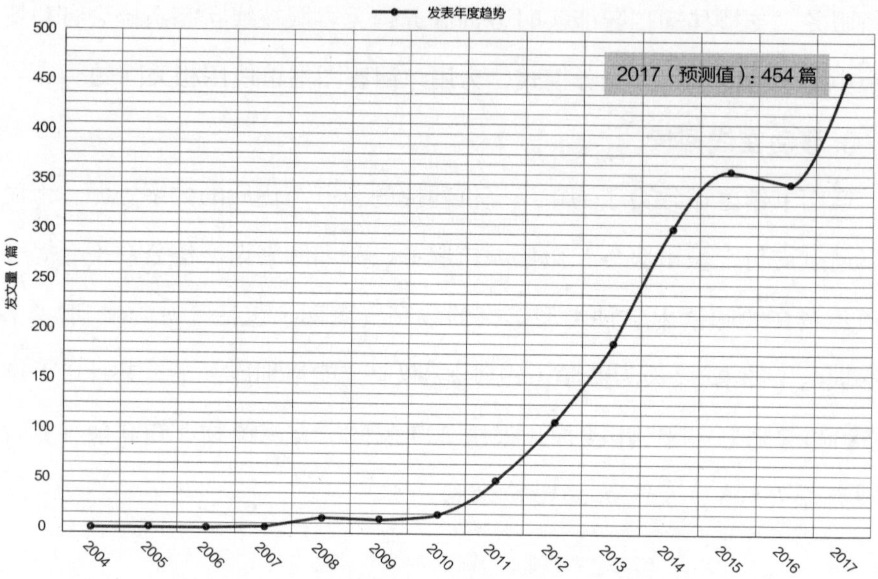

图 1 “微服务”相关文献发表趋势

（二）微服务访问量全面超过 PC 版网站访问量

2017 年 8 月 20 日，深圳图书馆数据监控平台显示，微服务日访问量以 57680 次（微信：32194，支付宝：14479，移动版网站：11007 ）首次超过了 PC 版网站的 49020 次日访问量。

2017 年 9 月份，微服务累计 1264796 次月访问量（微信：738378，支付宝：323012，移动版网站 203406），高出 PC 版网站的 1053836 次月访问量 20%。“微服务”平台全面成为图书馆服务读者的首选平台。

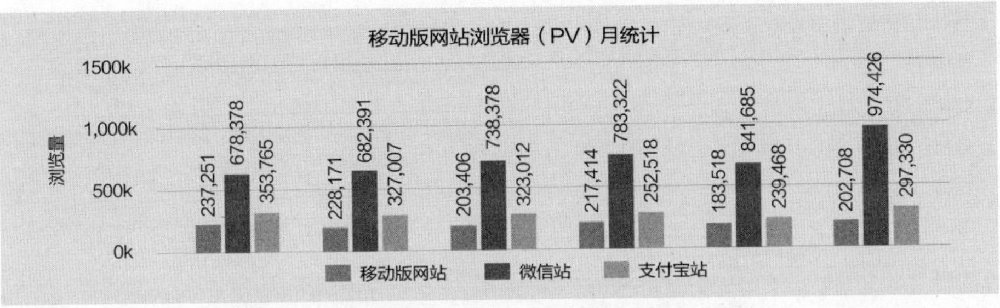

图 2 “微服务”统一平台自 7—12 月，
平台访问量（PageViews）数据持续上升

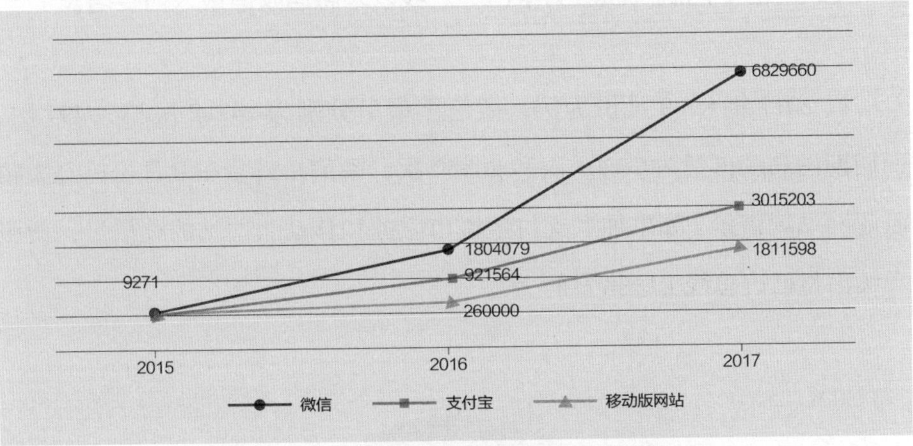

图 3 2015—2017 年微服务访问量数据

（三）“图书馆之城”微服务访问量提升带来的效能提升

微信续借量在 5 月份微服务平台上线以来出现井喷式增长，9 月份增长更多。主要原因是旧版微信续借需读者在微信订阅号窗口编辑发送续借命令完成续借操作，操作界面不够人性化。而 2017 年 5 月底开通的微信服务号，之后陆续上线了图书馆之城移动服务大厅，功能齐全，界面友好，操作简单。用户通过绑定功能实现了一次绑定，自动登录，而一键续借功能也深受读者喜欢。

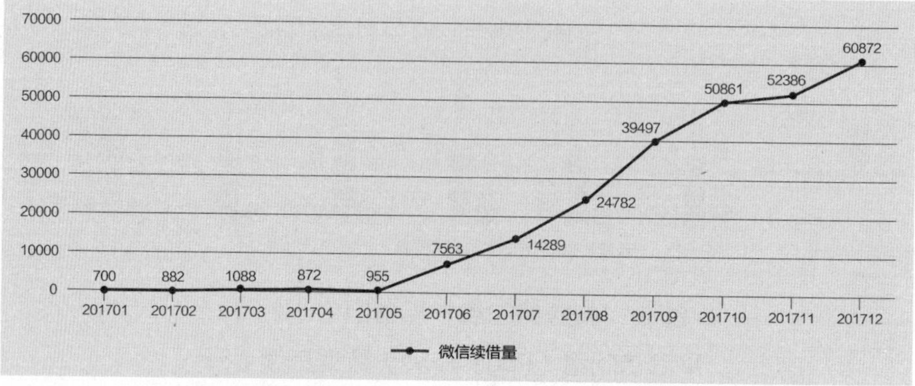

图 4 自 5 月底“微服务平台”上线以来微信续借量大幅度增长

以 2017 年 8、9 月份为例，微信续借量分别为 24782 次和 39497 次，而同期网站续借量为 26201 次和 20550 次。微信续借量在 9 月份已经大幅赶超网站续借量，如果加上支付宝城市服务和移动版网站的续借量，微服务续借量已占总线上续借量的 2/3。

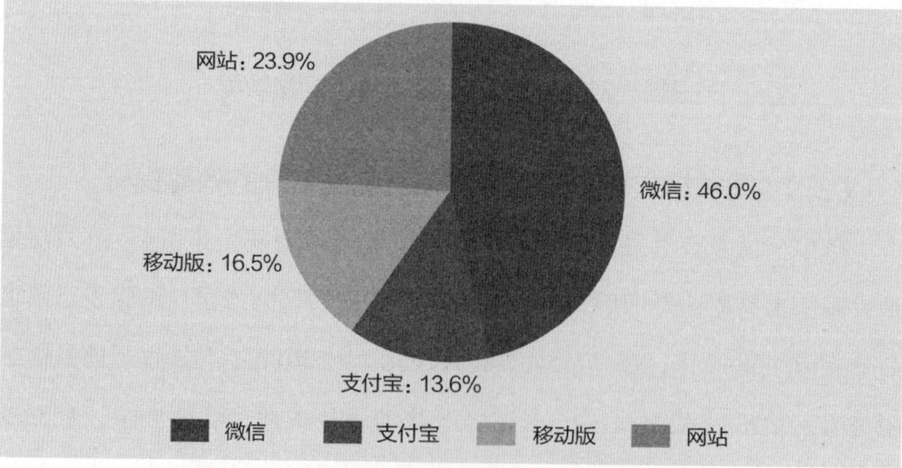

图 5 2017 年 8-9 月份各平台续借量占比

（四）移动支付绩效

2017 年 1 月至 12 月支付宝支付欠款金额呈现不断上升趋势，表明越来越多的读者使用移动支付。8 月份微信支付正式上线后，受微信支付的挤出效应影响，支付宝支付金额有所下降，但移动支付（微信 + 支付宝）总额几乎成倍增长。“微图书馆之城”移动支付平台统计数据充分说明了移动支付的方便和普及，未来移动支付会进一步减轻“图书馆之城”阵地服务的现金收支压力。

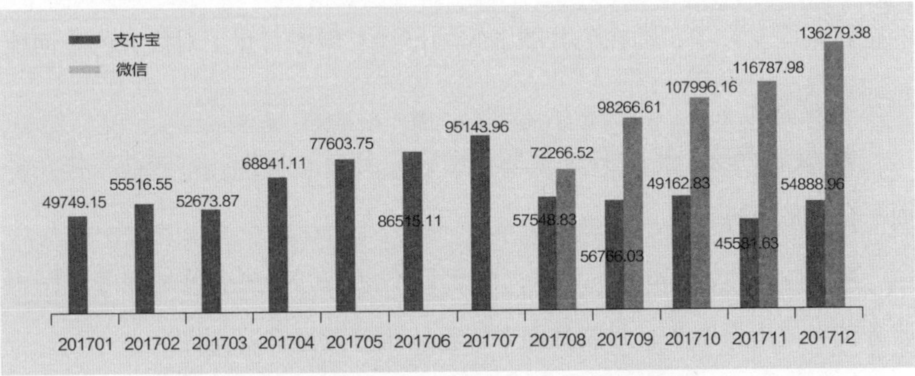

图 6 2017 年读者扫码缴（欠）款金额统计

（五）对公共图书馆业务的指导意义

微服务主要在移动端设备上使用，其主要载体为智能手机和平板电脑等，对比 PC 端网站服务具有便携、用户基数大、可定位、可移动支付等优势。灵活、稳定、易用的微服务促使读者逐渐从 PC 端向移动端微服务转移。而这种趋势也对公共图书馆业务工作起到重要的指导作用，未来应更加重视微服务平台的打造。

四、最终结论

研究结果表明，“图书馆之城”微服务平台建设模型及经验对公共图书馆开展移动服务有重要借鉴价值，不仅能引导更多阵地服务、网上服务读者使用微服务，对公共图书馆整体服务量也有大幅度提升。读者能更简单直接地通过微服务了解、使用图书馆的各项创新功能，并通过微服务社交网络产生重要的宣传效果。“微服务”平台建设不是简单的技术方法、技术平台、管理模式的研制和引进，而是在移动服务思维下对系统、管理的全面重构与升华，是在公共图书馆城市统一服务背景下对服务的全面梳理和系统实现。

● 微服务统一平台具备全面移动化、全面云端化、全面社交化、全面平台化的特点。

● 网站宣传 Banner、导引页面建设不仅能引导更多阵地服务、网上服务读者使用微服务，对公共图书馆整体服务量也有明显提升。

● 不断深化并联合社会力量的泛运营团队、泛技术团队和泛内容团队是微服务创新的原生驱动力。

蔡晖，深圳图书馆系统部副研究馆员

阅读推广联盟机制研究

——以深圳市光明新区图书馆为例

王凌宇

图书馆是阅读推广最常见的主体，同时也是政府机构、其他社会组织或个人推广的平台或助手。随着国家政策深化，全民阅读作为公共文化服务的重要部分，责任主体不再局限于图书馆界。从实践来看，目前国内阅读推动力量主要有政府、公共图书馆、高校图书馆、民间阅读公益组织。相比国外的阅读推广活动有各类组织机构的支持，国内阅读推广力量欠缺的有中小学教育机构、企事业单位、出版传媒机构、社区组织等。在全民阅读推广浪潮中，宣传、文化、教育、医疗卫生、工青妇、文联等不同部门、机构、社会团体、个人在促进全民阅读推广上的职责与义务进一步明确，全民阅读工作由最初的主要以公共图书馆、出版机构为主体的行业促进模式转向政府主导下的各部门、机构、社会团体、企业、个人共同参与，资源共享、跨行业联合推动的模式。本文以光明新区图书馆跨行业的阅读推广实践为基础，分析阅读推广联盟机制概念、意义以及对阅读推广联盟机制建设的一些思考。

一、阅读推广联盟机制概念

阅读推广是提升民族文化素质和推进社会文明发展的重要手段。阅读推广的主体可以是政府部门、企事业单位、新闻出版机构、民间组织和个人等，阅读推广的对象包括工、农、学、商、兵、政、科、教、文、卫等各个行业的读者。阅读推广作为一种传播行为，采用美国传播学家拉斯韦尔的“五 W 模式”进行解读，也就是说阅读推广主体通过一定的媒介手段，向读者传达有利于读者参与阅读的信息，从而达到促进读者自主阅读的目的。“联盟”解释为个人、集体的联合。阅读推广联盟可理解为推广主体之间联合合作，整合各个主体的阅读推广对象，通过多样化的推广方式开展阅读活动，并通过多样的宣传方式扩大影响力。对比“图书馆联盟”概念，阅读推广联盟有异曲同工之妙，同样强调的是主体之间的互助合作，但主体从团体或学术组织扩展更为广泛，以及对于联盟的主要内容则更针对阅读推广，更具有公益性。因此，阅读推广联盟可定义为将不同的阅读推广主体联系起来，形成联盟关系，依托这种可拓展的关系，在活动组织的人员、资金、资源方面进行协同和合作，充分利用不同组织机构的资源，发挥其本身的优势，从而更好地开展阅读推广活动。阅读推广联盟机制作为实现联盟目标的一系列规范、标准以及制度，可包括资源共享机制、联盟管理制度、工作协作协调框架以及绩效评价体系等一系列内容。

二、建立阅读推广联盟机制的意义

（一）深化图书馆行业的公共文化服务

2015年，中央办公厅、国务院办公厅印发了《关于加快构建现代公共文化服务体系的意见》，明确提出："加大对跨部门、跨行业、跨地域公共文化资源的整合力度。以行业联盟等形式，开展馆际合作，推进公共文化机构互联互通，开展文化服务'一卡通'、公共文化巡展巡讲巡演等服务，实现区域文化共建共享。"国家从顶层设计上明确提出推动包括图书馆在内的各类公共文化机构要通过资源共建共享，从根本上提升公共文化服务的效能。图书馆作为国民终身学习的公益服务机构，引领全民阅读推广。阅读推广已经成为公共图书馆领域最引人注目的服务，国家公共图书馆系统及其独特的馆藏资源和专业服务使其成为阅读推广的主要阵地，同时公共图书馆贯彻教育理念、知识自由观念，凭借公益性属性发挥教育、宣传等社会服务职能。成立公共图书馆跨行业服务联盟可以最大限度地实现公共图书馆文献资源、场地资源和人力资源的共建共享，开创图书馆服务新格局，提高图书馆的管理水平和服务能力，从而更好地发挥图书馆行业在公共文化服务体系中的作用。

（二）主体多元协作的阅读推广满足不同目标群体的多样化需求

随着公共文化服务社会化参与形式逐渐增多、范围不断扩大、主体日渐多元，阅读文化产业与公共文化的深度融合将开启，也将更好地满足新形势下人们对于公共文化服务的全新需求。无论是推动基本公共文化服务标准化、均等化发展，还是创新阅读服务方式，阅读文化产业与公共文化发展的深度融合将发挥重要的作用。一方面，在供给改革中，公共文化服务、阅读文化产业应当形成合力，全面激活阅读文化消费。另一方面，随着全民阅读的深入，阅读推广主体得到延伸和扩展，政府作为主导力量，加强宏观指导和政策推动，鼓励、动员和引导社会力量共同参与。因此，建立阅读推广联盟可以联合出版机构、阅读推广机构、阅读推广人等社会各方力量，整合区域特色，扩大受众范围。目前各个阅读组织和机构在资金、人员、组织形式、活动策划方面均自成体系，不同的阅读组织针对的区域、范围以及活动的形式等均有所不同。依托图书馆开展的阅读推广活动，虽有丰富的馆藏资源和专业人员，但活动形式、受众范围比起民间阅读公益组织有很大的差距。通过建立阅读推广联盟机制，可以最大限度整合文献资源、场地资源和人力资源，发挥图书馆的引领、示范和带动作用，实现以强带弱、机构协作的服务新格局，满足不同目标群体的文化需求。

（三）深度整合联盟区域阅读推广资源

阅读空间是评价一个城市或区域阅读氛围与风气的重要指标，阅读空间的友好程度直接影响市民的阅读兴趣和阅读生活的舒适度。联盟的建立有利于扩展阅读空间，提供个性化阅读空间体验。在联盟的基础上，图书馆推广阅读体系不再局限于图书馆的设施与环境，可以整合其他主体机构服务资源，减少推广对象的阅读成本，包括时间成本等，将阅读推广融合到国民日常生活，从而促进不同类型公共服务的跨界融合。另外，阅读推广人才作为全民阅读推广的核心，包括图书馆员、教师、志愿者、家长等。具有专业阅读推广素养，掌握专业阅读推广技能，懂得专业阅读推广策略与路径的推广人是阅读推广的根本保障。通过联盟可以整合阅读推广人力资源，搭建培训平台，提供统一的培训计划，更好地建立阅读推广专业人才体系。

三、光明新区图书馆阅读推广联盟机制实践

在文化、教育、医疗卫生大部制改革环境下，光明新区图书馆阅读推广面临人口结构复杂、社区黏性不足、阅读素养参差不齐以及阅读的重视程度不足等问题，在整合空间、服务和人力资源的基础上，明确提出全民阅读伙伴计划，建立区域性全民阅读推广部门、机构、行业联动机制，在阅读推广跨行业联盟上做出以下探索。

（一）整合阅读空间资源

光明新区通过讲座等主要活动品牌，积极开发本馆空间资源，与其他社会机构联合开展丰富多彩的阅读推广活动，发挥社会空间资源自身特色的同时为读者提供多样的阅读空间体验。如依托全民阅读空间提升计划，打造光明书房，引进艺术家、设计师资源参与新区图书馆空间功能重塑。另外，积极整合医院、学校、幼儿园和社区图书馆的空间资源。实施“校园计划”无缝连接青少年读者的校园空间，建立新区图书馆与辖区中小学校图书馆馆藏资源共建共享机制，共同实施馆校阅读推广活动，实现空间资源互补共享；建设符合居民生活习惯的社区图书馆，打造具有图书馆公益服务的书吧，打造购书、办证、借书、看书的立体式阅读模式，成为新区图书馆延伸服务空间。

（二）整合阅读服务资源

光明新区图书馆将推广阅读服务与其他文化事业服务融合，为实现全民阅读推广工作与创新公共服务模式的有机融合做出了很好的示范。将阅读推广融入早期教育服务，早期教育服务重点是推广儿童早期阅读，儿童早期阅读虽只是终身阅读的基础阶段，但却能为孩子的一生打下生命的底色，是性价比和成效最高的阅读。儿童早期阅读能让越来越多婴幼儿家庭加入到阅读之中，少儿读者和家长共享阅读的时光，阅读陪伴孩子健康成长的理念逐渐融入家庭、融入民心、融入社会。光明新区图书馆策划"阅读起跑线"计划，面向辖区 0—3 岁儿童及家长免费发送"阅读大礼包"，同时配套开展涵盖孕妈妈、准父母、婴幼儿童的"阅读起跑线"主题系列活动，以尽早帮助辖区新生儿及儿童家庭科学、健康、快乐地开展早期阅读教育，培育家庭阅读文化；将阅读推广融入健康卫生服务，光明新区图书馆联合光明新区人民医院、光明新区中心医院等机构，通过医院、社康中心、社区图书馆等渠道发放 500 份"阅读大礼包"，通过医院妇产科和社康中心的介入，将早期阅读教育课程纳入医疗卫生体系的优育课堂之中；将阅读推广融入社区文化服务，创新基层社区治理模式，彰显公共服务对辖区市民的全方位关怀。光明新区积极发挥社区图书馆的作用，完善社区图书馆布局，依托社区图书馆建立图书分享平台，鼓励社区家庭通过交换和漂流的方式分享阅读。

（三）整合阅读人力资源

光明新区图书馆提出全民阅读种子提升计划，通过理论与实践培育"光明领读者"，积极利用社会人力资源为阅读推广项目服务，搭建培训平台，建立激励与评价机制，建立光明新区的阅读推广专业人才体系。实施馆员阅读推广培训计划，定期开展面向新区、街道、社区图书馆的馆员阅读推广技能培训课程，在培训中引入读书会组织与运作，图书馆员进班级，轮值社区图书馆馆长等项目；实施面向家长、志愿者进行的故事义工培训班，帮助家长掌握儿童阅读推广技巧，鼓励家长走入社区，探索故事钟点工模式，实现故事义工与相应社区图书馆的植入计划，实现故事义工长期驻点相应社区，开展相关儿童阅读推广工作；实施新区幼儿园、中小学校教师阅读推广培训计划；面向新区读书会团体、文艺团体、企业、工会、妇联、团委、义工联等机构主要活动执行人，开展读书会带领人培训；培育阅读推广志愿者，2013年建立书香传播志愿队，已初步形成稳定的志愿者团队，配合新区图书馆开展“光明大讲堂”系列活动、“4·23世界读书日”系列活动、暑假期间少儿阅览区“文明阅读”使者活动等各项推广活动；培养阅读教师、故事妈妈，为图书馆开展的早期儿童阅读活动提供专业的人力资源。

（四）共建跨行业的全民阅读推广平台

光明新区图书馆担负新区的全民阅读保障与推广使命，建立馆藏阅读资源保障体系，与其他社会机构联合开展丰富多彩的阅读推广活动。各类活动组织者、参与者涉及图书馆、学校、医院、社区、家庭、出版机构、书店、读书团体、阅读推广人等各个主体。2013年，光明新区实施“书香光明”计划，通过建立馆校联动、共建共享机制，孵化、引进和培育公益性阅读推广社团、民间读书会等，加强图书馆与学校、医院、社区、家庭、书店、出版机构、文艺协会等各主体联系与合作，基本实现了全区阅读空间、馆藏、服务、活动、机构等资源的一体化运作平台。品牌活动是推广平台的重要支撑，依托光明新区文化、医疗、卫生、教育大部制改革优势，2015 年推出“阅读起跑线”活动品牌，连接图书馆、医院及下辖社康中心、幼儿园等机构，通过阅读大礼包、家长阅读课堂、家庭早期阅读体验区、经典绘本漂流区、家庭早期阅读档案等项目和平台建立“阅读 + 公共服务”新模式，促进公共服务资源跨界融合。

总体而言，光明新区图书馆共建跨行业的全民阅读推广联盟合作机制，回归社区，整合资源，搭建平台，社会参与，共建品牌。发挥图书馆空间、馆藏、人才、服务方面的资源优势，通过阅读推广人进医院、进校园、进社区等，帮助这些机构建立自身的专业优势。发挥医院连接新生儿家庭的优势开展阅读起跑线计划，发挥幼儿园、学校与阅读推广主要对象联系紧密的优势，开展班级读书会、作家进校园、阅读教室培训计划等项目。发挥社区图书馆与家庭联结优势，建立图书分享平台，促进儿童阅读推广和亲子教育，建立和谐、风尚新社区。

四、关于建立阅读推广联盟机制的思考

（一）阅读推广联盟原则

阅读推广联盟建设中需要遵循一些基本原则和要求：保障阅读推广联盟各项工作的正常开展；明确联盟中各个性质的推广主体的权利、责任和义务，并严格执行；联盟中的推广工作需要在公正、公开、公平的条件下进行；协调各个性质的推广主体的利益和关系，避免重复和消解矛盾。一个联盟需要有直属机构或领导机构的直接支持和帮助，保证联盟运转资金的连续性和稳定性。我国公共文化服务是政府主导的基本文化服务，阅读推广作为公共文化服务的一部分，需要坚持以政府为主导，文化主管部门

积极参与，公共图书馆做带头人，联合各个推广主体，发挥推广主体的专项优势，整合目标群众实现全面服务。

（二）阅读推广联盟管理制度

阅读推广联盟建设需要出台联盟管理制度，保证各项阅读推广工作的顺利开展，公共图书馆阅读推广团队应针对活动开展、计划，特别是与其他性质推广主体的协作需要明确规定，从而保障阅读推广活动从最初的活动策划到后续的真正实施均能够有条不紊地展开，为每一项活动安排具体的、明确的负责单位和负责人员，让所有参与的推广主体均能够从中获得实实在在的效益。

成立阅读推广联盟委员会，进行统一协调规划，设立专职人员，由专职人员发起、组织、协调开展的项目和活动。通过阅读推广联盟出台相应的规范性文件、联盟相关的章程、协议等，可包括组织规则、工作过程、网站管理工作规程、工作计划、内设机构职责、荣誉体系设计、出版物标志规范等内容，这样的章程约束机制来明确推广主体的各项责任与义务，避免联合开展活动时出现的不必要的推诿以及不配合等情况。

构建统一的阅读推广平台，促进资源共建共享，加强联盟成员间的交流合作；定期组织联盟成员交流经验，提高从业人员素质和发展管理水平，从而推动图书馆与实体书店转型升级；推动全民阅读活动的开展，推进联盟成员与相关企事业单位的合作，实现合作共赢；加强与国内、国际业界友好往来，促进交流与合作；编辑出版联盟刊物，宣传全民阅读的资讯及成果，介绍同行的先进经验和发展动向。另外也可建立评估和激励机制，阅读推广联盟工作开展情况列入政府部门对文化工作的考核项目，对开展活动优秀的组织机构给予奖励表彰，调动联盟各成员组织机构的积极性。

（三）阅读推广联盟面临的挑战

新建立的联盟可能会存在组织文化不融合、沟通协调障碍等问题。需要组织联盟领导者打破旧有的传统，基于共同目标建立和实行新的举措，从而保证新联盟各项活动的正常开展。通过新的推广模式，考虑不同联盟成员的具体情况，因地制宜，积极调整策略，发挥不同性质成员的自身效益。协调各个组织机构主体，避免重复推广活动，打造定期、长效的机构品牌活动，利用不同组织机构的特色形成个性化阅读推广活动品牌。目前阅读推广以阅读推广对象为基础，如基于青少年的阅读推广，基于大学生的阅读推广，基于亲子阅读的家庭阅读推广等，可以通过几个机构或者组织的联合，建立阅读推广活动的长效机制。

王凌宇，深圳市光明新区图书馆副馆长（主持工作）

公共图书馆智慧服务的应用与实践

——以深圳市盐田区智慧图书馆创新应用为例

李星光

随着城市化进程的加快，图书馆在城市化建设中的作用也日益凸显，智慧图书馆建设已经成为现代数字城市、智慧城市建设的重要内容。作为未来图书馆发展的新模式，智慧图书馆也正在成为传统图书馆创新发展、转型发展和可持续发展理念的实践模式。

一、智慧图书馆的概念与实践

（一）智慧图书馆与智慧服务

智慧图书馆是通过利用一系列新型信息技术，如物联网、云计算、关联数据等，预知或即时感知用户的需求，提供泛在、及时的智慧服务的一种新型图书馆。它是图书馆的一种新的发展形态，既有物联网的特征，又有数字图书馆的特点。相对于传统的数字图书馆来说，智慧图书馆有更透彻的全方位感知功能，有更便捷的互联互通和更人性化、智能化的管理与服务的优势。

“智慧图书馆”的核心在于人，是人通过智能的技术，去感知资源，并通过互联网络或物联网络去实现“物物相连”“物人相连”“人人相连”，实现“任何人、任何时间、任何地点、任何方式、任何事情”的“5A”梦想。“智”是一个图书馆的情商，体现智能化、自动化，侧重于技术、资源、设备、空间等物理因素方面；“慧”是一个图书馆的情商，体现灵性、人文化、创造力，侧重于馆员、管理、服务等内在因素方面。“智”和“慧”并不是相互独立的，而是相互依赖、统一的，共同推动实现“智慧图书馆”整体水平的提升。

图书馆的智慧服务指在合适的时间、合适的地点以合适的方式向读者提供其所需的资源或服务，整个过程以一种自动的、人性化、交互式和个性化的方式出现，主动感知读者的需求并提供相应服务。移动互联、云计算、物联网、“互联网+”等信息传播媒介和新兴技术的快速普及，为智慧服务提供了新的技术平台和发展方向。图书馆可以利用这些新技术实现建筑、资源、管理、服务的智慧化，将图书馆塑造成一个集馆员、馆藏资源、阅读服务等多个项目的一体化服务中心，其根本目的是面向社会大众提供一流的服务。

（二）盐田区智慧图书馆应用实践

2012年，盐田区文体局以区图书馆新馆建设为契机，探索新技术在图书馆的创新应用，提出“图书馆智慧平台的研究与示范”项目，2013年获得文化部科技创新项目立项。2015年4月，项目顺利通过文化部科技司验收，得到与会专家的首肯和高度评价，认为项目在公共图书馆界起到了较强的示范与引领作用。2016年6月，集数字化、智慧化于一身，具有海洋特色的盐田区图书馆新馆建成开放，成为全国首家实体智慧图书馆。

盐田区图书馆历经三年多的智慧图书馆的研究、探索、建设、示范与改进，在空间、资源、技术、服务、管理等方面不断创新，形成了一套具有示范意义的智慧图书馆服务系统平台。本文拟以盐田区图书馆的智慧服务实践为参考，探索智慧服务的建设和应用实施路径。

二、智慧服务的应用与实践

智慧服务是智慧图书馆建设所提出的新的价值理念、新的思路以及新的目标和发展模式，以实现知识管理和信息服务的增值。智慧服务必须精准地把握大数据时代图书馆服务职能及服务质量转变的必然趋势，利用网络信息技术充分发挥图书馆的优势。

（一）基于空间的智慧服务

传统的图书馆旨在为读者提供阅览自修的安静场所，给人的印象是“书的空间”。如今读者更期待图书馆在知识服务上有所突破，为读者提供适宜进行人际交流和知识创造的“人的空间”。未来图书馆会体现两方面的价值：场所价值和服务价值。挖掘图书馆作为场所的价值，吸引更多的读者回到图书馆，促使读者与实体空间的互动，这就要求图书馆结合自身特色、发展定位和读者需求进行空间再造。

智慧服务示范应用 1：海洋特色服务空间

盐田区图书馆整体空间及功能布局，以“海洋之书”为设计理念，融入“书的海”“海的书”等文化主题元素，突出了现代海洋文化多功能综合图书馆定位。图书馆的整体形象、家具、摆设、布局、导示系统等色彩简洁、明亮、柔和，为读者营造了舒适的阅读氛围。

针对各功能区域的服务对象，打造了环境优雅、独具特色的第三空间。开放了可体验数字阅读、3D 打印等技术的耳机森林、创客空间等区域；创新“图书馆 + 书吧”服务模式，为读者开放了 24 小时读海书吧、中庭书吧等休闲、阅读、活动场所；利用多媒体声光电互动技术，创新打造了数字体验式的海洋文化园，为盐田市民提供了更高品质的阅读文化体验。

在海洋资源服务层面，整合 1000 多家图书馆的海洋馆藏资源信息，研发了全国首个海洋专题资源联合目录库；自建非物质文化遗产沙头角鱼灯舞、疍家人风俗等特色数据库，特别是将收藏的 450 幅海图资源数字化，实现交互式、有声化的海洋文化资源新体验。

（二）基于“互联网 +”的智慧服务

“互联网 +”深刻改变着人们的工作和生活方式，将智慧图书馆加入“互联网 +”这个生态体系中，加强两者的深度融合与创新驱动，从而实现“互联网 +”与智慧图书馆的互利双赢，为用户提供多样化、个性化、专业化、人性化、移动化服务。

智慧服务示范应用 2：“云悦读——你看书我买单”服务系统

盐田区图书馆立足于“互联网 +”阅读方式，研发了“云悦读——你看书我买单”创新服务项目，实现了线上线下并存的读者荐书模式，为读者提供了更为便捷的“你看书我买单”服务。“线上”活动依托京东海量图书库，通过微信在网上直接选书，“即选即借”“送书上门”。线下活动以区图书馆读海书吧为依托，读者持有效读者证前往盐田区读海书吧，直接下单采购心愿图书，由服务台工作人员审核确认后直接现场借走。“云悦读”打造了“图书馆+云”的服务模式，实现了图书馆、网上书店、线下书店的文献资源整合，将传统的“为书找人”转变为快捷的“为人找书”，是图书馆追求个性化服务、主动服务的创新性举措，让读者可以参与图书馆的文献馆藏建设，鼓励读者多读书、读好书。

（三）基于物联网的智慧服务

物联网是通过信息传感设备，按照约定的协议，把任意物品与互联网连接起来，进行信息交换和通讯，以实现智能化识别定位跟踪监控和管理的一种网络，是在互联网基础上延伸和扩展的网络。基于物联网技术的智慧图书馆可以为管理者和用户提供更加智能化、差异化、个性化的管理和服务。

智慧服务示范应用3：智慧传感网

盐田区图书馆在全馆布设了基于Zigbee的无线传感网，通过各种感应器采集馆内环境、人流量、设备、文献、空间区域等信息，传输到后台系统进行统计、分析、加工，并可依据后台的指令进行指引、控制和管理。

通过传感网的实施与应用，实现智能楼宇管理，感知人流量与特殊读者的定位，实现固定资产的实时监控与防盗，自动调节环境温湿度，起到环保节能效果等。

智慧服务示范应用4：智慧服务设施

盐田区图书馆基于物联网、移动互联网、大数据、交互服务等技术应用，定制研发了智慧墙、智慧座席、智能机器人、智能书架等服务设施，期望实现文献、资产及人的实时感知，达到物物相连、人物相连、人人相连，将个性化、人性化、交互性、移动式等创新技术手段应用到图书馆各项服务和管理之中。

表1 智慧服务设备对比表

序号	智慧服务设备	服务功能及创新
1	智慧墙服务系统	放置在盐田区图书馆的主要入口处，提供信息展播、资源浏览、读者互动等功能。读者可9人同时查询不同信息，还可实现线上线下互动功能
2	智慧座席服务系统	集成相关的互动触摸设备和感应器，体现图书馆服务设施的人性化、可调节性、便利性，后期可以进行灵活组配，实现控制、互动
3	智能机器人服务系统	提供语音交互形式，自动理解读者的语音诉求，智能搜索后台数据库知识，以自然、流畅、清晰的拟人声音播放出答案，在必要时会在平板上调出相应的业务知识供读者查阅，可以有效辅助图书馆导询人员的日常工作。 读者可以与机器人进行互动对话，提供图书馆服务介绍、指南、规则引导等，还可以识别语音输入的书名，提供查询结果
4	基于RFID技术的新型智能书架服务系统	特色主要表现在：文献地图式浏览/指引、交互式文献推荐、可视化管理与盘点、文献多样式浏览、网络方式连接与管理。相比传统书架，智能书架查找资源方便、指引直观，读者找书速度由传统书架的5分钟缩短为1分钟，书架后台实时自动盘点定位，提高了图书馆员的工作效率

（四）基于大数据的可视化信息服务

当前，随着图书馆服务模式与读者阅读方式的快速变革，图书馆大数据的数据总量、价值属性、可用性和可靠性快速增长，图书馆的管理与服务正在从传统的“馆员经验治理”模式向大数据时代的“数据科学决策”模式转变。

智慧图书馆依据大数据的生命周期发展规律，将图书馆采集的原始大数据按照“数据——信息——知识——智慧”的过程有效转变，并依据大数据在不同转换阶段的价值属性与可用性特点，通过智慧决策结果来分层构造和管理图书馆。

智慧服务示范应用5：慧熵——数据管理中心

盐田区图书馆智慧系统基于大数据搭建了统一的数据管理中心，用于进行数据的采集、归类、整理及发布。相关的信息数据用于智慧墙的信息展示、App 程序信息发布、门户网站信息发布等。

智慧图书馆实现了图书馆馆内各种设施、资源的感知，对其利用率进行综合管理和跟踪，实时获取和统计各项资源的使用数据，并可以优化配置人力和物力，从而降低整体投入运行成本、实现节能减排，帮助管理者对图书馆各业务系统的关键性能指标、资源整体利用效率等进行综合分析和决策，为政府投资公益文化设施的资源合理利用及高效管理等提供了技术手段和方法。

智慧服务示范应用 6：智能书架大数据系统

智能书架大数据系统基于图书馆已有的智能书架数据库及图书馆之城业务系统数据，通过对读者取阅数据、图书上架下架数据、盘点信息数据、读者借出图书数据等的历史对比分析，了解读者的动态性需求，实时调整购书类目的配比情况，进而实现按需调配、采购和上架图书。

（五）基于 App 技术的移动服务

随着智能手机普及、手机性能不断提升，加之 App 具有功能丰富、离线使用、良好的交互性和用户体验等优点，App 客户端成为当前移动图书馆最重要的服务模式之一。目前智慧图书馆 App 服务主要是数字图书馆的常规服务，随着泛在化进程的推进，App 将利用智能手机的特性提供特有的终端服务。比如，读者走进图书馆，马上收到图书馆当前和今日的活动通知、今日入馆新书、当前图书馆入馆人次等信息。

智慧服务示范应用 7：移动 App 系统

盐田区图书馆基于智慧系统开放了分别面对读者、面对馆员的移动 App 系统。

1. “Touch 无限” App 应用，是面向读者的服务应用，读者可以随时、随地通过手机 App 与图书馆实行互联互通，如移动借书、实时查询、在线预约资源、浏览电子图书、参与图书馆资源建设等。

2.“激活”应用，是面向图书馆馆员，实现图书馆的移动式业务管理和服务，管理员可以远程实时了解图书馆各服务量、环境指标、活动的一些数据和运行状况。系统主要由移动业务管理、移动业务台、统计监控、资源预约、资源发现等功能组成。

（六）基于集群管理的公共文化服务体系

党的十八届五中全会明确提出，要“完善公共文化服务体系”“推动基本公共文化服务标准化、均等化发展”“创新公共文化服务方式，保障人民基本文化权益”。公共图书馆文化服务体系是公共文化服务体系中的重要组成部分，而智慧图书馆正是构建具有中国特色的覆盖全社会的公共图书馆文化服务体系的新理念、新思想和新战略。

智慧图书馆的建设目标是实现大资源的整体协调与共享、集群化运作，这不仅仅是自身的人、设施、空间、文献、信息等资源，同时也要与外部的网点、社会力量、服务共同体等之间进行资源协调和交互，这与当今“共享经济”的发展趋势一致。

智慧服务示范应用 8：智慧化集群服务体系

为不断完善盐田区公共文化服务体系，下一步盐田区图书馆也将进行智慧图书馆的集群化建设和提升。图书馆的集群化综合服务平台可以实现知识与信息的共建性整合、集约式显示、便捷性获取、无障碍转换、跨时空传递等，从而使地区性的公共图书馆网络向智慧型图书馆转型。

1. 建设智慧总分馆体系，通过智慧实现区域内服务网点的资源共享形成集约化管理，首先是技术基础设施及系统环境，包括：物联网、移动互联网、大数据等技术，在分馆实现自助服务、智能监控、数据及业务信息自动采集、移动服务和管理等，资源、数据、服务进行统一采集和分配；其次是资源进行统筹分配，包括按照专题建设主题馆，文献按需进行调配和采购，自动收集各网点读者需求，确保资源的合理化利用和流通；再次是建设舒适的、具备智能调控功能的适宜阅读空间，将集休闲、阅读、节能控制、安全等于一体。

2. 通过智慧图书馆的引领示范作用，与馆际之间加强合作，建设智慧资源联盟，以特色化、多元化资源建设为基础，实现开放式、交互性更强的资源共享服务，如：通过“一带一路”公共图书馆联盟建设专题资源服务等。

三、智慧图书馆的服务效果及意义

盐田区图书馆在智慧图书馆的研究和创新上做了一些尝试，取得了一定的应用效果，从读者的反映和应用统计来看，基本达到了设想的目标，但这只是智慧图书馆建设的第一步，还有很多需要完善和更进一步开发和建设的部分。

（一）服务效果

2016 年 6 月盐田区图书馆新馆开放后，智慧图书馆的项目实践获得较好的服务效果，读者人流量爆棚，日均超过了 4000 人次（原规划设计容量为 3000 人次），日均外借服务量 1100 册 / 次、年办证量 3750 张，分别是旧馆的 2 倍、2.5 倍。负一楼独具特色的少儿区开放服务后人流量爆棚，周末更是需要排号入场，少儿微信活动报名基本都是“秒杀”。四楼海洋文化园区基于“阅读 + 体验”打造的多媒体声光电互动海洋文化展厅让读者流连忘返。

新馆服务深受读者赞誉，有部分读者通过微信平台给“盐图君”的留言表示：“只要我们不离开盐田，不离开沙头角，周末我们最愿意去的地方，还是图书馆，在那里我们身心得到放松；在那里，我们自由自在地翱翔在知识的殿堂，非常棒！”“盐田图书馆是我心中最美最好的图书馆。”

智慧图书馆的示范应用也引起了业界同行的极大关注和支持。盐田区图书馆智慧平台运行一年多来，共接待国家、省、市领导，兄弟公共图书馆、高校图书馆同行及外国友人等前来参观指导 52 批次，2000 多人次。2017 年 6 月 15 日，文化部党组书记、部长雒树刚，在广东省委常委、深圳市委书记王伟中等领导的陪同下视察盐田区图书馆，调研基层文化建设工作，体验了智慧服务设备，高度赞誉盐田区基层文化的工作成绩，表扬盐田区“小区做出大文章”。

（二）项目成效

首先，为读者提供了全新的交互服务和体验环境，实现了读者全开放、资源全透明、服务全预知。图书馆是一个开放、透明的服务载体，各种资源、信息、活动均可以进行查阅、浏览，读者可以随时、随地进入数字资源空间、实体服务空间、馆外延伸区域，自助享受阅读、浏览、创作、休闲等服务，参与图书馆资源建设和交流分享，服务更加移动化、个性化、主动化、交互化。

其次，为管理者提供了全新的集约、高效的管理平台，实现了灵敏与快速反应、节能与低碳运行。图书馆的各种设施、资产、资源的状态、利用率等均可进行获取、跟踪、统计和管理，从而可以帮助管理者对关键性能指标、效益等进行统筹和决策，为政府投资公益文化设施的合理利用及高效管理等提供了技术手段和方法。

最后，为图书馆服务体系建设提供了全新的整合、集群创新模式，实现馆与馆之间的开放协调、共享新发展。智慧图书馆推动了图书馆的机制转换、队伍建设、技术驱动、流程再造，营造了“政府主导、社会力量参与”的公共文化服务格局，总馆与分馆、图书馆与社会力量之间可以更科学、合理地整合资源、服务、活动、人力等，实现资源共建共享、服务统一便捷、效益均衡发展。

（三）项目示范意义

1. 新理念的全面创新

本项目体现了从图书馆建设到图书馆服务的理念创新、技术创新、服务创新和机制创新。在思想上，梳理了从数字图书馆、复合图书馆、智能图书馆到融合图书馆的发展轨迹和发展逻辑。

2. 新模式的深刻变革

本项目从系统思维的高度，将图书馆的文献资源、人力资源、技术资源、空间资源、社会资源整合为一个互连、互通、开发共享的大系统和大平台。

3. 新体系的宽度拓展

本项目以区域智慧图书馆总分馆建设为目标，顺应了万物感知、互联、智能的发展新环境，将图书馆物理空间及所有资源融入没有边界的网络空间和社会空间，构架起智慧城市智慧资源，其体系内的“政府＋企业＋社会力量”共建共享示范，为公共图书馆文化服务发展提供了通道和平台。

4. 全域服务环境下的图书馆重新定位思考

本项目从体制内区级图书馆的发展定位视角，思考与探索未来公共文化全域服务环境下资源建设与服务方向，以"特色＋技术"的发展思路，确定特色文献自建与联盟共享的模式，供业界参考借鉴。

四、结语

智慧图书馆的建设并不是静止的，而是动态的。以互联网为核心的新一代科技革命的新技术层出不穷，日新月异，其中的物联网、大数据、云计算、移动互联网、智慧城市、人工智能、虚拟现实等新技术已经并将继续对智慧图书馆的创新发展不断注入新的活力，智慧图书馆的创新发展将始终在路上。

注：本文部分资料内容引自《深圳市盐田区智慧图书馆服务平台创建国家公共文化服务体系示范项目情况汇报》材料及2016年深圳图书情报研究课题成果《公共图书馆智慧服务的应用探索——以深圳市盐田区智慧图书馆创新应用为例》。

李星光，深圳市盐田区图书馆信息技术部主任

阅读组织研究

主题空间建设与主题阅读推广

——深圳职业技术学院图书馆的实践

杨东铭 王嘉

现代信息技术日新月异的飞速发展，极大地改变了人们的阅读行为、阅读习惯与阅读取向，也给图书馆带来了资源建设、管理模式和服务手段的改革。“碎片化”“功利性”“浅阅读”“移动阅读”等现象的出现，使图书馆传统服务受到挑战。近年来，图书馆在新的形势背景下，主动出击，以自身资源与平台优势为基础，广泛开展了阅读推广与创新服务。阅读推广已经成为图书馆的核心工作之一，通过阅读推广，吸引读者进馆，推介馆藏资源，培育良好阅读习惯，建设书香社会，意义深远。同时，图书馆也开展了广泛的空间改造，众多图书馆开展了系列主题空间建设，为阅读推广开拓了新的天地。如何结合主题空间建设开展丰富多彩、有针对性的主题阅读，深圳职业技术学院图书馆进行了一些创新实践，有一些经验与思考。

一、高职院校图书馆主题馆的构建

主题图书馆是通过特定领域（某一领域或数领域）专藏和服务来满足

人们对专类知识和信息需求的图书馆。主题馆模式在我国较早出现在公共图书馆领域，如 2003 年，北京西城区、东城区、崇文区、海淀区、朝阳区出现的以社会热点为主题的小型主题图书馆，随后，上海、深圳等地的主题图书馆也相继建设起来。近几年，主题馆的构建已经被纳入到了城市公共文化服务体系中。据初步统计，到 2017 年，全国公共图书馆体系共有特色鲜明的主题图书馆 71 个，而馆内的主题空间则几乎每馆皆有。

高校图书馆的主要服务对象是本校师生，主要为人才培养和科学研究服务。不同的高校类型也决定了自身图书馆的建设风格，在主题馆建设中也带有高校自身明显的特点。高职院校图书馆普遍历史不长，基础较差，但随着近十来年高职教育的大发展，图书馆也成为技能型人才培养的重要平台，是高职校园文化和社会文化建设的重要基地。在“互联网 +”的形势下，许多高职院校图书馆顺应时代潮流，对现有空间结构进行改造，转型升级，主题图书馆也应运而生，并结合高职教育特点逐步普及，屡有创新。

（一）高职院校图书馆主题空间的构建原则

技能型人才培养模式与学科型人才培养方式有所不同，对图书馆资源、服务与定位也稍有不同。一般来说，高职院校图书馆主题空间建设与发展应遵循一些基本原则：一是创新性，主题空间意味着一种学习知识、交流思想、创造产品的新途径，它鼓励用户集聚，发挥创意创想；二是实践性，动手能力强是高职教育培育人才的要求，实践教学占据较大比例，所以图书馆要对接教学平台，不能只提供静的图书，还要提供活的空间，让学生进馆开展一定的直观体验或课外实践；三是素养性，技能人才的职业素养能力培养很重要，图书馆既开展传统的图书素养、信息素养教育，也在主题空间中，大量普及主题新技术、新理念，培育传统文化、科技文化与创新文化素养，提升学生的综合能力；四是关联性，主题空间是图书馆服务的自然延伸和功能拓展，既要吸引更多的读者进馆学习，更要提供新平台让读者参与各类读书与文化活动，开展互动，馆读之间、读者之间在空间内进行良好的沟通和互动；五是开放性，主题空间的宗旨是服务于广大师生，满足师生读者对相关主题的认知和需求体验或实践，空间是开放的，特别注重与院系、与学生各类社团的合作与互动。

（二）高职院校主题图书馆的构建要素与路径

1. 特色化专业需求。高职院校图书馆中的主题馆应根据本校专业设置的特色，利用本馆现有信息资源（与这些专业相关的特色馆藏、实物模型等）和空间，将它们重新整合与协调、升级，为读者提供一系列专业性的主题服务。

2. 以人为本的服务理念。杜定友先生提出图书馆三要素是“书、人、法”。人，包括读者和馆员都是图书馆的重要构成要素，也是高校图书馆主题馆不可或缺的要素。馆员以读者的需求为己任，积极开展与读者之间的互动，建立良好的馆读和谐关系。

3. 合理先进的布局空间。高职院校图书馆主题空间的构建在布局上要注重主题馆的主题的文化氛围与功能相匹配，不仅有相应的专题文献，还应设置教学辅助、知识发现、学习支持、创客活动和文化传承等增值服务。主题空间的装饰与布局应符合主题风格，有主题特色，并与整个图书馆的发展方向保持协调一致。

4. 个性化和特色化服务。高职院校图书馆主题馆作为一个特色化的图书馆新空间，除了要配备相关特色资源以外，在服务上也应提供特色化服务。同时，应根据相关读者的专业背景、知识结构、阅读偏好及科研需求等提供个性化服务。

5. 切入一线主战场。主题馆或主题空间要主动围绕并服务于教学科研一线。有条件的高职院校，可以建立专业服务馆员制度，利用主题馆丰富的馆藏、个性的空间，嵌入相关专业的课程教学，在主题馆开展专题知识教育或专业辅助教学，作为课程教学的补充，或是课堂教学的延伸。另一方面，针对高职院校科技研发的特殊性，图书馆服务科研也要抓主题，抓实用，通过专业馆员，对学校相关科研课题项目申报进行跟踪，在项目研发中分主题有针对性地提供所需文献信息，提供专题资料搜集与科研查新服务等。

6. 积极开展创新活动。图书馆要利用主题空间引导读者开展各种类型的创新活动。高职院校图书馆主题空间可以设置各种不同的功能区，这些功能区，是一种学习知识、交流思想、开展创新活动的新途径，读者可以在这里聚集，发挥创意创想，开展小型创新活动。

二、高职院校图书馆开展主题阅读的必要性

主题阅读，是指围绕一个主题，在图书馆员的组织和指导下，在读者中开展的阅读活动。它不同于一般意义上的阅读指导，在阅读材料、阅读方式、阅读时间上比较随意。主题阅读则目的性明确，根据不同的主题来展开，是一种主动的有创造性的阅读形式。在设定阅读目标、选择阅读方式后，主题阅读可以将各类信息资源中的相关知识，重新组织，成为自己所需要的知识。要使这种活动产生最大的功能效应，既要充分利用图书馆

内的不同主题空间，也要利用不同的主题资源与服务创新，并让读者积极参与。

（一）主题阅读的步骤

莫提默·J.艾德勒及查尔斯·范多伦在《如何阅读一本书》里，就将阅读分为四个层次：基础阅读、检视阅读、分析阅读、主题阅读。主题阅读定为阅读的最高层次和终极目标。作者将主题阅读分为了五个步骤，即（1）找出相关章节。在主题阅读中，主题才是重点，而不是所阅读的书。（2）引导作者。由阅读者建立共识，带引你的作者们与你达成共识，而不是你跟着他们走。（3）厘清问题。用自己的语言消化不同作者的词汇，消除歧义，融会贯通。（4）界定议题。最好的方法是先列出一些可以把我们的主旨说得比较明白的问题，然后让那些作者来回答这些问题，不过我们不能把思想强加给作者。（5）分析讨论。身为主题阅读的读者，我们的责任不只是要自己回答这些问题，我们可以找到问题答案，与其说是立足任何一组答案不如说是立足顺序清楚的讨论本身。

（二）高职院校图书馆主题阅读的必要性

1. 可以充分提高各种馆藏资源的利用率。主题阅读首先要针对阅读过程中产生出来的问题搜集各种与主题有关的文献资料，这些资料不仅包括纸质文献，也包括各种数据库资源和网络资源。这个收集资料的过程，就极大提高了图书馆资源的利用率。

2. 改变学生的阅读习惯，将“浅阅读”变为“深阅读”“真阅读”。网络时代的快餐阅读，使得很多的阅读行为变成了碎片式的、浅尝辄止的阅读，这种阅读的弊端是在削弱大学生深层思考的能力。而主题阅读是一种围绕主题进行深入阅读的方式，能够引导大学生对阅读的主题进行资料收集、整理，对主题进行进一步探究、思考，逐步养成深阅读的习惯。

3. 有利于大学生开展研究性学习和创造性的学习活动。通过参与主题阅读，读者能够接触到与主题相关的各种信息资源及相关人士，并且在收集挖掘相关主题资料的时候，能够对现有资料进行融合、思考和创新，形成自己的观点。

4. 有利于书香校园环境的塑造。主题阅读活动形式多样，高职院校图书馆可以以主导性参与、指导性参与、辅助性参与的形式，开展各种主题阅读活动，在校园内形成浓厚的读书氛围，达到推广阅读，建设书香校园的目的。

5. 有利于加强学生社团和各个书院的横向联系。一个主题的阅读，可以吸引各个学生社团和书院组织的加入。基于阅读主题的讨论、探讨使学生社团和书院的横向联系加强，从而更进一步地促进大学生间的学习交流，形成良好的学习风气。

三、深圳职业技术学院图书馆主题空间建设与主题阅读实践

（一）深圳职业技术学院主题图书馆的建设

网络信息技术的发展、图书馆服务方式的转变及教育模式的变化，要求高职院校图书馆必须紧跟时代改革创新。基于主题图书馆的认识，也开始对传统馆舍进行升级改造，建设主题空间。深圳职业技术学院图书馆结合学校发展需求与图书馆变革趋势，早年间即开展了主题空间建设，主要

有特色书库、信息共享空间、学习共享空间、书画俱乐部、专题讨论室、书法空间等。2016年，学校提升了主题空间建设的品质与层次，特别规划建设了“汽车文化主题馆”与“国学馆”。在理工类专业聚集的西丽湖校区，选择汇合众多学科技术与文化的汽车为主题，利用图书馆一楼原书库空间，建设了汽车文化主题馆。在文科类院系集中的留仙洞校区，建设了国学馆。汽车文化主题馆在2017年6月建成开馆，国学馆将于2018年年中开馆。

两大主题馆的建成，形成了一东一西、一科技一人文、一现代一传统的校园互补的特殊主题馆格局。此外，深职院图书馆下一步还将计划改造信息共享空间、学习共享空间，建设新的创客空间、幸福馆，与学校几大书院合作建设新型的各具特色的书吧。主题空间形成系列，以全新主题空间服务于广大读者，为主题阅读推广提供了全新的平台。

汽车文化主题馆与国学馆有别于其他主题空间，这里重点介绍一下。汽车文化主题馆总投资近500万元，这是一个引入了全新概念与运作方式的图书馆“馆中馆”，既保留了图书馆的藏书与阅读功能，又是汽车学院及其他本校区学院教学平台与第二课堂的延伸，也是深职院在深化教育教学改革中强化文化育人、协同创新的一个教学改革新平台。汽车文化主题馆面积约400平方米，馆内设置了特色资源区、科技体验区、文化展示区、活动交流区、阅读休闲区等区域，布置了先进的模拟体验装置和虚拟汽车运动实景、汽车知识互动游戏，展示了大量与汽车相关的科技文化知识。特色资源区藏有以汽车科技与文化为主的图书、报刊以及数据库资源，保留了图书馆的藏书与阅读功能；休闲区设置了咖啡吧，提供咖啡等饮料，供读者阅读休闲；文化展示区布置了各类汽车模型和各大汽车厂商的车标；科技体验区设有电脑虚拟汽车运动实景，汽车知识互动游戏以

VR 游戏为主，让读者能切身体验到汽车乐趣与新科技。在主题馆内，师生既可以学习到汽车科技文化知识，又可以参观汽车模型展示，同时还能开展各种研讨、创新制作、项目培训等活动，并且整个场馆由学生参与管理，成为一个全新的教书育人新平台。图书馆在今后拟进一步丰富主题馆内涵，将汽车文化主题馆打造成区域权威的汽车文献资源与图书情报中心、重要的专业文化活动平台与重要的区域学生活动中心以及学生管理创新实验基地、工匠精神培育基地与新的校企合作基地。

国学馆总投资约 400 万元，面积 300 多平方米，馆内设置了国学典藏区、传统文化展示区、传统技艺体验区、国学教育与活动区、休闲交流区等，布置国学字画与器物，收藏经典国学著作及数据库，放置了传统乐器如古筝、扬琴、琵琶等，还有投影、音响、图片等，展示传统文化知识。整个馆也保留了图书馆藏书与阅读功能，分主题展示传统文化精华，供读者小范围进行国学体验，同时今后一些国学选修课计划在此上课，并开展国学研讨、交流、技艺创新制作、国学培训等活动，也设置了小茶室，供休闲阅读与传统茶艺体验。整个场馆也计划由学生参与管理，成为一个全新的以国学教育为重点的教书育人新平台。

（二）主题空间中的主题阅读活动

以主题馆为新平台创新组织多样化的主题阅读活动，是一种全新的尝试，这里我们以汽车文化主题馆为例简要阐述。近年来，我们依托汽车文化主题馆，组织了以主题为中心的多样化阅读活动，形成了主题阅读风景线。

1. 主题展示。汽车文化主题馆设计之初，就充分考虑到了汽车文化的展示问题。展示形式与方式有多种，有文字、图片、实物、模型、AR、

VR 等，有动态静态的，有线上线下的。突出汽车文化特性，又充分展现图书馆的学习、交流、人文气息。一进主题馆，中央摆放了奔驰一号的 1：1 汽车模型，迎面的墙上，是各个汽车厂商的车标，四面墙上用字画介绍了汽车史，触屏电脑存储大量汽车知识与游戏，书架与展示架上有汽车图书、期刊文献与汽车模型，阅览桌上的电脑可以查阅与汽车相关的数据库，创客区一角还展示有汽车学院学生自己制作的创客作品。此外设置了部分汽车科技的体验设备，模拟驾驶舱，VR 虚拟交通场景，可以真切开展主题体验，从书本知识到模拟体验，或从模拟体验到书本知识，加深阅读印象。通过密集的多样化展示，让读者感受到了浓郁的汽车科技文化主题气息，形成了鲜明的主题学习、阅读氛围。

2. 主题创客。近年来，世界各国的高等教育都越来越重视创新创业人才的培养。深职院在创新创业人才的培养上也渐渐形成了自己的特色，在科技竞赛、创新创业课程、发明创新等方面给予了专门的指导，也利用了图书馆的活动空间开展大量创客活动。在汽车文化主题馆，汽车学院及其他学院的部分创新创业课程都在这里开展，学生在创客活动与教学中解决问题，边学边做，积累知识，感受到特别的“工匠精神”。

3. 主题活动。图书馆、汽车学院充分利用汽车文化主题馆空间，开展了许多围绕汽车科技与文化的主题读者活动。

4. 真人图书馆：2017 年深职读书月期间，我们在汽车主题文化馆开展了一场“科学与美到底有关吗？”的真人图书馆活动。学校物理学公共课程主讲教师田红梅博士，在咖啡飘香的汽车馆一隅，开展了真人主题宣讲活动。田博士从影视作品中的科学情怀娓娓道来，由电影《阿凡达》哈利路亚山引入为大家解释了超导现象，又说到了古诗中的物理现象、汽车安全常识，特别提到了汽车进水如何开展自救。活动最后的 360° 幻影装置DIY环节，引起了大家浓厚的兴趣，对物理学有了新的认识。另一场真人图书馆的真人书是化生学院教授金刚博士，在空间轻松的氛围里，他首先分析了自己多年来专利申报的经历，以及如何获得创新的点子，如何证明这个点子是新的，如何获得不一样的技术思路，如何与专利代理人沟通，完善专利申请，答辩的建议等，并通过几个专利申报实例谈了创新意识对专利发明的重要意义，结合自己多年申报专利过程中的故事，对知识产权保护等方面知识进行深入浅出的讲解。作为阅读推广的重要渠道，在主题馆平台上举办的真人图书馆，使得读者与作者或大师面对面交流，主题鲜明，收到了很好的阅读推广与知识传播效果。

5. 主题学术沙龙。专利工作是学校科技创新的重要组成部分，是学校应用研究和科研水平非常重要的标志。我校师生的专利申请非常活跃，图书馆汽车馆主题沙龙中，选择了专利工作这个重要切入点。在汽车主题文化馆，发布了学校有史以来第一份专利研究报告，同时举办专利问题主题学术沙龙。沙龙吸引了校图工委员、科研处、创新创业学院、各学院发明团队、活跃专利发明人、学生代表50余人参加，围绕专利主题展开热烈讨论。

6. 主题讲座。各类数据库是图书馆重要的馆藏资源，但有些师生对一些新型数据库或数据库新功能的变化不甚了解。我们把各类相关专业的主题数据库讲座放在主题空间举办，充分利用主题馆轻松、专业与活跃的氛围，邀请数据库公司的专家，或专业馆员，通过讲座，介绍、推广数据库，更好地服务师生读者。2017年图书馆在汽车文化主题馆举办了“知识视界”“库克音乐数字图书馆”等专题数据库讲座。此类讲座在主题馆举行，氛围轻松愉快，参与的学生大多是相关专业的学生，讲座着重介绍了各数据库的特点、受众、创新处等，并现场演示讲解。主题馆中的数据库系列专题讲座，受到广大师生的欢迎。

7. 主题读书。在活动交流区，教师读书俱乐部与学生读者协会也会经常开展主题读书活动。每期一个主题，围绕一本书，或围绕一个阅读话题，每人一杯咖啡，围台而坐，分享读书感悟。读书主题活动每次人数不求太多，有时设定一个主持人，有时邀请一位图书作者或名家，有时是自由讨论。有时是图书经典，有时是图书馆购置读书月的最新十大好书，分发给会员阅读，然后确定一本书或一个主题进行交流、讨论。这类读书活动也会延伸到各书院的书吧，带动基层的读书行为，建设书香浓郁的校园。

（三）主题空间中主题阅读活动的成效

不同的主题空间基本明确了不同的主题，资源、环境与设施、展示与服务等，也深深烙印上鲜明的主题印记。在此类主题空间中开展的主题阅读活动，不管形式如何，成效比其他公共空间、大教室、报告厅更为显著，阅读的功能显现更突出。

1. 在同一个空间中将主题图书及各种主题模型、设备和创客作品集中展示出来，使得读者可以便捷地从阅读图书到研究实物，从研究实物再到图书中解决问题。此类阅读主题鲜明，有深度、有创意，引导了读者的阅读方向，并提高了这类图书的借阅率。

2. 真人图书馆与小型报告会、读书会等活动，通过分享亲身经历，面对面交谈，在讲述和回答读者提问中对自我有更清晰的认知。而对倾听者来说，在体验主题阅读的过程中，分析现在遇到的难题，通过借鉴找到解决的最佳方法。在阅读和被阅读的过程中，主讲者和读者都会有不同的收获。

3. 主题馆的设立是图书馆文化育人平台的延伸，而大量主题读者活动、创客活动与教学活动的开展，是专业课教学平台与第二课堂的延伸。主题馆成为一个集文化育人、协同创新、阅读推广、教学改革的重要平台，切入了技能型人才培养的主战场。

四、结语

伴随信息技术的快速发展，以及阅读习惯、行为等的变化，高职院校图书馆顺应时代的潮流，结合技能型人才成长的需求、图书馆自身变革的需要，有必要创新性地对传统馆舍进行改造升级，形成有自身特色或优势的主题馆或系列主题空间。图书馆必须充分利用新的主题空间，充分发挥各类形式的阅读推广功能，并继续创新阅读形式，改进阅读组织活动，深入挖掘图书馆主题空间的各项潜能，从多角度、多方面开展形式新颖、有效的阅读推广活动，进而打造书香校园，助力书香校园建设，全面服务于高技能型人才培育。

杨东铭，深圳职业技术学院图书馆副馆长

王嘉，深圳职业技术学院图书馆馆员

深圳“阅芽计划”
0—3岁阶段儿童亲子阅读教育干预的有效性研究

阅芽计划有效性研究课题组

一、研究背景

（一）亲子阅读与儿童的发展

早期阅读经验对儿童的发展有着重要的影响。越来越多的研究表明，在正式的学校教育开始之前，儿童阅读图画书，特别是与成人共同阅读图画书的学习经验，对儿童的口语能力、书写能力和整体的学业发展有着显著的影响。早期阅读经验丰富的儿童，有着更好的语音敏感性，能理解更多的词汇，口语表达更加丰富，明显体现出更强的读写能力。除此之外，早期阅读经验与儿童的认知、社会性等其他方面的发展进步也有密切的关系。长期看来，儿童早期阅读的数量和质量，明显影响着未来的学业发展。早期阅读与多项儿童发展重要内容之间的正相关及正向因果联系，已经得到了众多高质量研究的证实。

学前儿童的早期阅读，并不是简单地要求儿童“自主”阅读，而更强调成人与儿童在温暖的教育性环境中共同阅读。从教育的角度看，有成人，特别是家长参与的亲子共读，是儿童习得真实世界的知识、理解人类社会、建立与成人安全依恋关系的一种非常重要的途径。

对小龄儿童来说，阅读图画书能够建立良好的阅读习惯，熟悉书面文字，为未来正式的读写学习打好基础。而与成人的互动，则是儿童获得高质量的早期阅读经验的关键。成人和孩子一同阅读，通过朗读、解释、提问等途径，既加深了儿童对图画书内容的理解，也给孩子提供了丰富的口语表达机会，能够鼓励孩子深入地、批判性地思考问题，对儿童的语言能力、读写能力和认知发展有直接帮助。同时，成人选择有深度、高质量的图画书，与儿童探讨书中蕴含的道理，能推动儿童学习成人世界规则、发展社会性。亲子阅读并非成人与儿童间唯一高效的互动方式，但大量研究证实，亲子阅读能够提供家长与儿童交流讨论的素材、营造温暖健康的互动环境、帮助儿童实现多方面的发展，是高质量家庭教育非常重要的组成部分。不论是在经济发达地区，还是在发展中地区，无论是在较为富裕的家庭，还是在条件一般的家庭，亲子阅读都是提高家庭教育质量、促进儿童发展的最佳教育策略之一。

（二）亲子阅读干预的研究和实践

肯定了亲子阅读对儿童发展的重要性之后，很多国家和地区的教育研究者、实践者开始探索是否能够通过亲子阅读干预来促进儿童发展。干预手段主要包括为家庭提供图画书、提供阅读指导或提供其他亲子阅读相关活动以丰富家庭早期阅读环境，提高亲子阅读质量。一些高质量的实验室研究通过随机抽样控制的设计，发现了亲子阅读干预对儿童发展产生的正向因果影响。除了学术界的探索，也有很多政府、公益机构和基金会通过大型社会工作和实践，为目标家庭提供亲子阅读指导。英国的“Book Start”项目就是其中较为成功的案例，目前已经在很多国家和地区得到推广。

通过对已有研究和项目的梳理，我们发现，由研究人员、科研机构或实验组主导的早期阅读干预研究，具有较为严格的实验设计，能够得出有因果推论效应的研究结论，说明早期阅读的正面效果。但这类研究涉及的人群范围通常较小，其实验结果的可靠性和推广性也因此不足。而已有的由政府、公益机构主导的早期阅读项目虽然能够覆盖更广大的人群，但缺乏设计严密的有效性研究来追踪项目效果，难以获得信效度高的结论。

本项研究填补了已有研究的一个空白。据作者所知，目前还没有与本研究设计类似、规模相当，由研究人员和相关政府部门、公益机构共同参与的，在汉语儿童中开展的大型实证研究。

（三）“阅芽计划”0—3岁阶段

“阅芽计划”是由深圳市爱阅公益基金会和深圳市妇联、读书月组委会办公室、市卫计委、市教科院、市阅读联合会、图书情报学会等多家政府单位共同发起和主办的，为家庭提供早期亲子阅读支持的大型教育公益项目，主要为2013年1月1日起出生的、在深圳生活的儿童免费发放“阅芽包”，并建立儿童早期阅读志愿服务体系，打造儿童早期阅读推广服务信息平台，提供科学的早期阅读内容和服务。

2016年5月，“阅芽计划”首先推出了针对0—3岁阶段的家庭亲子阅读教育干预，所有符合条件的0—3岁儿童及其家庭均可免费获得早期阅读教育支持。主要包括：两本专家精选儿童图画书、两本亲子阅读理论专著等在内的“阅芽包”，承载亲子阅读多媒体内容的“阅芽计划”App，以及专家讲座、新书介绍、家长沙龙等丰富多彩的线下活动。

迄今，“阅芽计划”0—3岁阶段已经发放超过50000份“阅芽包”，帮助深圳地区超过50000个家庭和儿童获得了额外的高质量早期阅读教育支持。从受益人数上看，“阅芽计划”是目前全世界最大的汉语亲子阅读教育干预计划。随着覆盖人数的扩大，它的影响力还将在未来进一步扩大和深入。

“阅芽计划”不仅为深圳市的儿童和家庭提供了重要的亲子阅读支持，也为教育研究界提供了难得的开展大规模实证研究的窗口。一项覆盖广泛的高质量教育公益项目，是研究者了解、验证通过教育干预提高亲子阅读质量，进而提高儿童，特别是汉语儿童发展水平的研究假设是否成立的宝贵机会。对教育政策制定者来说，从“阅芽计划”这样的大型实证研究中获得具有因果推论效应的结论，了解“阅芽计划”是否有效、产生了多大的效果，对开展学前儿童的家庭教育，思考未来学前教育的公共政策具有很高的参考价值。

二、研究问题

本课题组在“阅芽计划”筹划实施初期，便开始针对其有效性进行追踪研究设计。在本研究中，我们希望从家长和儿童两个角度观察项目效果。因此，我们提出的研究问题是：1. 参与“阅芽计划”，是否对家长的早期亲子阅读观念产生了积极的影响？ 2. 参与“阅芽计划”，是否对儿童的早期词汇发展产生了积极的影响？

三、研究方法

（一）抽样

按照“阅芽计划”的设计，所有“出生在 2013 年 1 月 1 日之后，生活在深圳的儿童及其家庭”都可以免费领取“阅芽包”。我们据此在深圳市 6 个行政区选取了 42 所幼儿园和早教机构，累计招募了 1044 个符合要求的 0—3 岁儿童家庭自愿参与本次研究。

（二）研究过程

1. 前测

本研究在 2016 年“阅芽计划”向深圳市民全面发放“阅芽包”之前，完成了前测工作。我们与大量家长取得联系，发放家长前测调查问卷，共计回收来自 1044 个家庭的问卷。前测内容包括：家长知情同意书、家庭和儿童的基本信息、由家长报告的儿童汉语沟通发展量表。通过前测，我们掌握了样本儿童在参与“阅芽计划”前的基本信息，从而为之后的数据对比提供了基本依据。

2. 随机鼓励设计

开展公共政策评估的传统方法是随机抽样控制。这一方法要求研究人员从样本中随机抽取一半家庭发放“阅芽包”，对另外一半家庭不发放。然而，这一方式在实际操作中存在着显而易见的困难。有效性研究如果证实“阅芽包”对提升儿童发展水平具有正面促进作用，那么拒绝一半（有意愿领取“阅芽包”的）家庭参与“阅芽计划”，本身便违背了“阅芽计划”的公益性与普惠性。

根据这一特点，我们采用了同样具有因果推论效应，但不破坏“阅芽计划”原规则的随机鼓励设计。在随机鼓励设计中，将以电话和短信的方式提醒一半被抽中的家庭领取“阅芽包”。被提醒的家庭更可能领取“阅芽包”，为我们的因果推断提供了基本依据。从方法论上说，随机鼓励符合工具变量的适用条件，为研究的科学性提供了坚实依据。这一设计完全符合研究设计中的“无害”原则，兼顾了研究设计的科学性和道德性。

前测完成之后的2周内，我们从参与前测的1044个家庭中随机选择了一半家庭，通过电话和短信的方式向家长介绍“阅芽计划”的详细情况和“阅芽包”的领取规则，并提供方便家长领取“阅芽包”的短信消息。另外一半家长未接到电话或短信通知。收到随机鼓励的家长更有可能参与“阅芽计划”，领到“阅芽包”。相对地，未收到随机鼓励的家长参与“阅芽计划”的可能性更小（但并非不可能）。

在后测开始之前，我们对照爱阅公益基金会的后台数据，统计了本研究样本中所有实际领取了“阅芽包”的家长（包括收到随机鼓励的家长及未收到随机鼓励的家长）。

3. 后测

本研究的后测在2016年12月完成。我们给所有参与前测的家庭，发放了包括家庭背景信息、调查实验、家长报告的儿童词汇发展量表《儿童汉语沟通发展量表》三部分内容的手机问卷。

（1）调查实验。调查实验是近年来在社会科学研究中使用的调查人们观念、态度、想法的前沿方法，本研究第一次将在线调查实验应用于教育学干预研究。通过设计基于网络技术的新调查问卷，每个参与本研究后测的家长所接触的题目内容和选项都是按照研究的设计随机呈现的。

（2）家长报告儿童词汇发展。与前测一致，由家长报告儿童在前测半年后的语言发展状况作为对比，以此验证参与“阅芽计划”是否对儿童的词汇发展产生了因果性的影响。

四、评估内容

（一）结果变量

如前所述，本研究从家长和儿童两个角度评估“阅芽计划”产生的效果。

1. 家长观念。家长的亲子阅读教育观念是我们的评估研究关注的第一个结果变量。我们总结和综述了大量的文献，在本研究中，通过 7 个维度刻画家长的亲子阅读观念。高质量的亲子阅读观念包括：

（1）更多图画书资源：家长应该提供更多阅读材料，丰富儿童的语言学习环境；

（2）更高的教育效能感：亲子阅读中，父母是最重要的老师；

（3）充分的表达：家长主动给孩子更多口语表达的机会；

（4）口语是学习的重点：口语的发展大于识字认字；

（5）更多互动的时间：家长应该保证有充足的时间和孩子一起阅读；

（6）阅读的目标：喜爱阅读大于单纯的积累知识；

（7）父母自己的阅读习惯：父母自己也应该保持多阅读的好习惯。

我们通过调查实验的方法，从以上 7 个维度分别考察家长是否对高质量的亲子阅读观念认同程度更高。具体方法是，在手机问卷上随机呈现两位虚拟家长在以上 7 个维度的家庭亲子阅读实践情况，请被试者从中选出“做得更好”的一个，并按照 1—10 分为两位家长分别打分。每个参与调查的家长，需要对比 4 组不同的家庭亲子阅读实践并打分。这一实验被称为联合实验，被认为能够降低问题的敏感性，避免被访者按照社会期待而不是个人想法来回答问题。

2. 理解性词汇。儿童的理解性词汇是本研究关注的第二个结果变量。

理解性词汇是指儿童能够“听懂”的词汇。我们对《汉语沟通发展量表》进行了调整和修订，使用这一量表中的词汇表，请家长报告儿童的理解性词汇。

3. 表达性词汇。儿童的表达性词汇是本研究关注的第三个结果变量。表达性词汇是指儿童能够“说出”的词汇。我们基于标准化的《汉语沟通发展量表》，请家长报告了儿童的表达性词汇的发展。

（二）预测变量

“阅芽计划”（D）。是否参与“阅芽计划”是本研究的预测变量。“阅芽计划”是一个二元变量，D=1 表示家长领取了“阅芽包”，参与了“阅芽计划”；D=0 表示家长未领取“阅芽包”，没有参与“阅芽计划”。我们在后测之前确定了所有成功领取“阅芽包”的家长名单，统计显示，样本中 544 名家长领取了“阅芽包”，500 名家长没有领取“阅芽包”。

（三）工具变量

随机鼓励（Z）。是否收到了课题组的随机鼓励是本研究的工具变量。我们通过随机鼓励的设计，最大限度减小了由家长的自主选择带来的误差，提供了具有因果推论效应的研究结果。随机鼓励是一个二元变量，Z=1 表示家长接到了课题组的电话，并在电话之后获得了可以方便领取“阅芽包”的短信；Z=0 表示家长没有接到课题组的电话和短信。经统计，样本中 452 名家长收到了电话和短信；592 名家长没有收到电话和短信。综合领取“阅芽包”的情况，360 名家长接到了电话并领取了“阅芽包”（Z=1,D=1）；407 名家长没有接到电话也没有领取“阅芽包”（Z=0,D=0）；93 名家长接到了电话，但是没有领取“阅芽包”（Z=1，D=0）；184 名家长没有接到电话，但是领取了“阅芽包”（Z=0,D=1）。

（四）协变量

我们在研究中收集了儿童和家庭的相关信息作为协变量，在模型拟合中进行控制。主要包括儿童的年龄、家庭月收入、母亲教育水平。

五、数据分析计划

（一）效应的估计

使用随机鼓励的研究设计，减小家长自主选择造成的评估误差，对比前后测家长的观念和儿童的发展水平变化，我们可以得到“阅芽计划”产生的局部平均的效应的估计。

（二）调查实验的联合分析

结合我们在后测中使用的调查实验方法，我们采用联合分析的方法处理问卷收集到的数据，考察家长多维度的态度和观念。通过调查实验中随机呈现的类别和选项，联合分析可以考察每个类别对人们态度改变产生的因果影响。

（三）两阶段最小二乘法

对儿童词汇发展的前后测数据，我们采用两阶段最小二乘法（2SLS）进行处理。我们将家长按照是否收到随机鼓励（Z）和是否领取“阅芽包”（D）进行分类，分别拟合最小二乘法模型，以估计“阅芽计划”对儿童词汇发展产生的因果性影响。

简单来说，这一计算过程是将收到“鼓励”的家长的平均值减去没有收到“鼓励”的家长的平均值，再除以收到“鼓励”的家长领取“阅芽包”的概率和没有收到“鼓励”的家长领取“阅芽包”的概率的差。这一方法既能够排除其他不可观测变量可能对于结果的影响，从而估计出领到“阅芽包”对于儿童发展和家长观念的因果效应，又能够避免拒绝符合条件的家长领取“阅芽包”，从而保障科学实验不影响项目的公益性。

六、研究结果

我们首先对参与本研究的1044个家庭及其儿童的基本情况进行了统计。如下表1所示，样本儿童的平均年龄为32.06个月，家庭月收入平均约为3万元，在64%的家庭中，母亲的受教育水平为本科及以上。综合深圳市的人均收入，我们认为样本家庭的社会经济地位略高于深圳市平均水平。

据家长报告，样本家庭平均拥有47本汉语图画书和约11本英文图画书。考虑到样本为0—3岁儿童家庭，研究者认为这个数量并不低。尽管图画书存量较高，但是仅有不到25%的家长报告至少每周和孩子读一次图画书；每天都和孩子亲子阅读的家长人数仅为9%；不到40%的家长报告至少每周和孩子讲一次故事。这样的亲子阅读频率明显低于一些发达国家和地区，甚至低于美国低收入家庭同龄儿童的亲子阅读频率。同时，家长报告儿童平均每天看电视1.62小时，这一数字远远大于教育研究者建议的不超过半小时的学前儿童电视观看时间。

表1 儿童及家庭的基本情况

	单位	平均数	标准差	实验组对照组是否有显著性差异?
儿童年龄（前测）	月	32.06	9.21	无
家庭月收入	万元	3.09	5.0	无
家庭平均成人数	人	3.29	1.12	无
家庭平均儿童数	人	1.40	1.09	无
汉语图画书	本	47.3	56.47	无
英语图画书	本	10.9	28.36	无
儿童每天看电视	小时	1.62	0.43	无
前测理解性词汇	–	77.26	32.98	无
前测表达性词汇	–	56.54	41.97	无
后测理解性词汇	–	130.01	85.98	有
后测表达性词汇	–	142.73	79.24	有

从上述描述性统计分析可以看出，深圳0—3岁儿童家庭对于早期阅读有较大的物质投入，但是家长却很少花时间和精力与儿童互动，亲子阅读的时间非常有限。深圳家庭存在的问题很可能并非图书数量的不足，而是家长对于陪伴儿童进行阅读的时间或观念的缺失。“阅芽计划”正是希望提供科学、实用的亲子阅读观念和策略技巧，帮助家长改变观念，了解并进一步实践高质量的亲子阅读。

为了检验实验设计的有效性，我们先统计了在领取“阅芽包”之前，儿童本身的发展情况。根据表1的结果，受试儿童在前测中，理解性词汇和表达性词汇的平均得分分别为77.26和56.54，实验组和对照组在儿童和家庭的各项指标上没有显著性差异。接下来，我们将进一步回答本研究的两个研究问题：“阅芽计划”对家长的和儿童分别产生了什么样的影响？

1. 研究问题："阅芽计划"对家长教育观念产生的影响

通过调查实验的联合分析，加入工具变量去除误差，我们发现了"阅芽计划"对深圳家长亲子阅读观念产生的具有因果推论效应的影响。

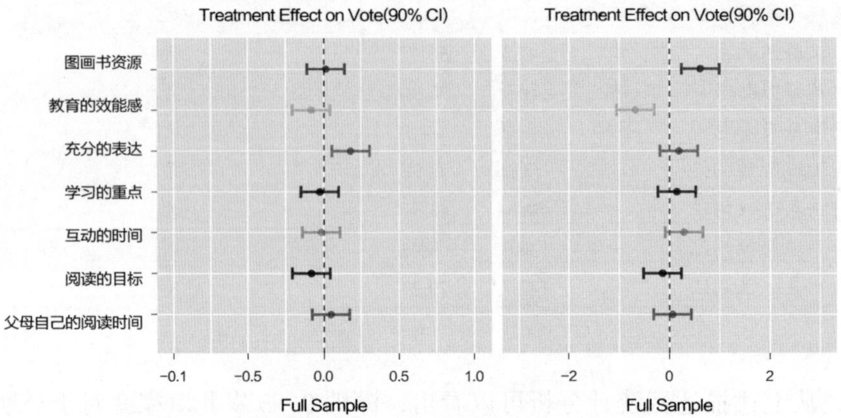

图1 "阅芽计划"对家长观念产生的影响

图1从高质量亲子阅读观念的7个维度，展示了"阅芽计划"对家长观念产生的影响。从整体看，参加"阅芽计划"的家长，更认同应该为儿童提供丰富的图画书资源；在早期的亲子阅读中有更高的教育效能感（和老师相比，家长在亲子阅读中发挥的作用更大）；更认同应该让儿童有充分的表达。

我们根据受教育程度和是否为全职母亲，对家长进行了分组，发现了"阅芽计划"对不同类型的家长，分别产生了不同的影响。

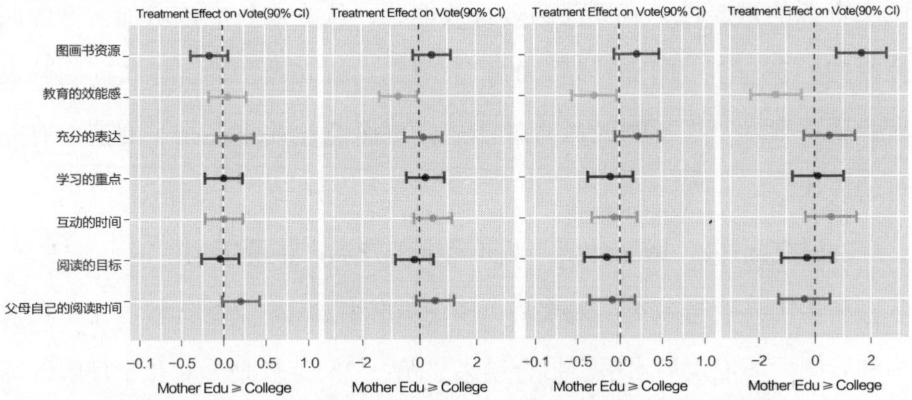

图 2 “阅芽计划”对不同教育水平的母亲产生的影响

如图 2 所示，按照不同教育水平进行区分，参加“阅芽计划”的教育水平为本科及以上的家长获得了更高的教育效能感；而参加“阅芽计划”的教育水平为本科以下的家长更加认同丰富的图画书资源对儿童的重要性，同时提高了教育效能感。

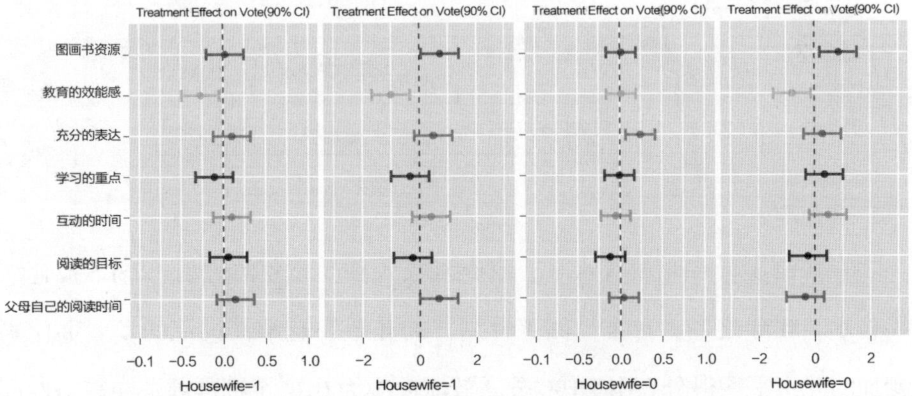

图 3 “阅芽计划”对全职妈妈和非全职妈妈产生的影响

如图 3 所示，参加了“阅芽计划”的全职妈妈较未参加的，更认同图画书资源的重要性，有更强的教育效能感，认为家长应该增加自己的阅读时间；参与了“阅芽计划”的非全职妈妈较未参加的，更认同图画书资源的重要性，有更强的教育效能感，更愿意让儿童在亲子阅读中有充分的表达。

2. 研究问题：“阅芽计划”对儿童词汇发展产生的影响

利用工具变量减小误差之后，本研究依托 2SLS 模型比较了儿童在前测和后测的词汇发展水平。拟合结果显示，“阅芽计划”对儿童理解性词汇和表达性词汇的发展都产生了具有因果推论效应的显著促进。

表 2 阅芽计划对儿童词汇发展产生的影响

	模型 1：理解性词汇			模型 2：表达性词汇		
	系数（β）	标准误差	效应大小	系数（β）	标准误差	效应大小
阅芽计划（实验组）	26.90***	5.60	0.22	17.64***	4.41	0.18
母亲教育水平	2.53	2.98		2.00	2.35	
家庭月收入	0.00001	0.000007		0.00006	0.00005	
儿童年龄	2.12	1.84		4.14	1.45	

在控制了母亲受教育水平、家庭月收入和儿童年龄之后，2SLS 拟合结果显示，半年之后，参加“阅芽计划”的儿童在理解性词汇的发展上比未参加的儿童平均得分高出 26.90 分，效应大小为 0.22 个标准差；在表达性词汇的发展上比未参加的儿童平均得分高出 17.64 分，效应大小为 0.18 个标准差。和同类型的大规模实证研究相比，“阅芽计划”产生的效应较为理想。

七、讨论

通过大样本的随机鼓励实验设计，本研究对“阅芽计划”的有效性进行了具有因果推论效应的估计。我们发现，参加“阅芽计划”对家长的早期阅读教育观念和儿童的词汇发展都产生了积极的影响：参与“阅芽计划”的家长更认同高质量的亲子阅读观念，参与“阅芽计划”的儿童在理解性词汇和表达性词汇上都显著高于未参与的儿童。

本研究是第一个汉语情境下大规模亲子阅读教育干预的实证研究，采用了具有因果推论效应的随机鼓励设计，通过工具变量与二阶段最小二乘法平衡了项目的公益性与科学性，减少了由家长自主选择带来的无法观测的内生性误差，以严谨可靠的实验设计回答了“阅芽计划”是否对家长和儿童产生效果，以及效果大小的问题。研究结果对于未来的学术探索、教育实践和教育政策的制定具有重要的参考价值。

与以往从较大年龄的儿童入手的阅读干预思路不同，“阅芽计划”0—3 岁阶段面对的是年龄小的学前儿童。有效性研究的结果证实，即使是面对 0—3 岁的儿童，亲子阅读干预也能获益。这提示未来的研究和教育实践，应该关注小年龄儿童群体，思考如何帮助家长从零岁起步，提高家庭亲子阅读互动的频率和质量，帮助儿童从小打好早期阅读的基础。

研究中我们发现，家长在参与“阅芽计划”半年之后，教育观念发生了显著变化。事实上，以往研究表明，改变家长的教育观念是比较困难的。“阅芽计划”在深圳营造了关注早期阅读、关注家庭亲子阅读的良好氛围，整个计划对家长来说不仅包括直接的教育指导（专家的专著、多媒体资源和线下活动），也有间接的环境激励。我们认为，“阅芽计划”这样一个全社会共同参与的公益项目，更像一个“开关”，对家长产生了一种信号作用，提醒、鼓励家长主动关注亲子阅读、实践亲子阅读，从而改变了家长的教育观念。

“阅芽计划”在2017年推出了面对较大儿童的3—6岁阶段“阅芽包”。本课题组也针对这一阶段“阅芽计划”的有效性开展了追踪研究。未来我们将提供更丰富的数据，全面、立体地说明针对不同年龄段的儿童和家长，“阅芽计划”产生的效果如何，并将通过更深入的分析、访谈，探索“阅芽计划”产生效果的机制所在。

陈思，美国哈佛大学博士后研究生

Catherine E. Snow，美国哈佛大学教授

刘诗尧，美国麻省理工学院博士后研究生

阅读空间研究

为何说书店是媒体

——关于实体书店媒介属性的断想

曹宇

这篇文章的题目乍看是一个设问，其实包含了一个“书店是媒体”的判断，而且这个题目还注定了本文天马行空的行文风格。也许，这种写法更便于灵动地带领读者对实体书店进行一番触摸和梳理，最终指向一个尚须进一步论证的学术命题：实体书店就是一种媒体。

让我们开始吧。

一、由头：为何拿书店说事?

2018 年北京图书订货会期间举办了两场关于实体书店的重量级活动，分别发布了 2017 年实体书店大数据分析报告，对不同城市实体书店数量、分布、渗透率、用户画像以及由书店这个端口得出的出版社、手机终端、文化名人、热门书籍和阅读行为等进行数据分析，刻画出一幅大数据下的实体书店群像，均显示实体书店数量增加、营收提升、人气凝聚，成为城市文化生活和出版产业链条中充满生机的业态。

确实，近几年实体书店回暖，是包括美国等国际书业在内的共同现象。在中国，不仅各地新开的实体书店数量大增，而且投资主体也多种多样，除新华书店外，出版社主动开办书店，非书业也积极介入，开书店成为一股热潮，与书店相关的概念、数据、人物、事件和话题成为网上热词，围绕书店的整个业态已经成为一门显学。

为何是书店，而不是出版社、印刷厂，或者别的什么成为热点？对于出版产业链来说，从内容的专业化加工生产，到以不同方式完成规模化的复制，形成具有物理形态的出版物产品，再通过各种有形渠道进行分发，出版物得以到达读者手中实现阅读。这是出版业的基本流程。我们发现，阅读在这一流程中既是作为起点的需求方，又是作为终点的消费方，因而是打通产业链的关键，更是出版业在城市文化生活中的最终呈现。因此，不仅出版业本身重视书店，社会其他相关行业也重视书店。拿书店说事，真的是直击出版业的核心。

书店还是城市文化生活的载体和中心，是一种聚合了物质和精神属性的文化消费场所，以营造的主题场景、提供的现场感等各种复合方式，打造了一种现代时尚的新的生活方式。这也是实体书店目前整体回暖的重要原因。

二、指向：为何说是媒体？

“书店是媒体”这个判断其实也有点意思，其前后所指在传统学界看来似乎是独立的两个领域，书店属于出版业，媒体则是新闻业。从逻辑上来看，两个概念各自独立，也不是种属上的关系，不能构成演绎推理或归纳推理，就像我们说“不想当将军的士兵不是好裁缝”一样，有些够不着或者不靠谱的感觉。

这个判断首先容易让人以为是一个“媒体话语霸权”的鼓吹者在生拉硬扯。的确，对于一个判断来说，说A是B，似乎隐含了B的重要性超过A这一价值倾向。媒体，是现代人须臾不能缺失也再熟悉不过的事物，传统的媒体，譬如报纸、期刊、书籍、电影、电视、户外招牌等，大多数与新闻出版、广播影视和广告娱乐等行业相关，其重要性毋庸置疑，甚至到了没有媒体参与便无所谓是事件的程度。尤其是报纸和电视，雄踞媒体产业链核心位置，掌握着重要的业态资源，对报道什么、怎么报道起着把控作用。但是，随着各类电子传播和阅读设备的出现，尤其是手机和移动互联网的迅猛发展，媒体产业呈现出内容碎片化、产品虚拟化、渠道扁平化、规模个体化、服务订制化等方面的变革，本身的分化越发明显。报纸期刊等纸质媒体早已体味到严冬，广播电视正在步入下滑。如此语境下，我们还说书店是媒体而不是别的什么，似乎有哪壶不开提哪壶的感觉。

其实，媒体本身是一个中性词，无所谓褒贬，其本质是对信息的传播。而今天已是一个伟大的信息时代，人们对包括新闻在内的各类信息的需求，已如同对于食物和水的需求一般。所以说书店是媒体并没有褒贬之意，因为我们并没有说书店是报纸，或者是广告灯箱。

三、辨析：何为媒体或者媒介？

媒体的共同特性不外乎是信息和内容传播的介质——这里好像转换了概念，从媒体说到了媒介。一般理解，媒体是我们对一种传播工具的正常称谓，而媒介似乎是上升到理论层面的对应概念，或者按美国学者雪莉·贝尔吉所言，媒介（medium）是媒体（media）的复数形式。这也符合西方人的学术习惯，他们爱用事物的复数形式进行抽象的思维。归纳推理是科学实证方法之一，说这个是媒体，那个是媒体，但若干个举例结束，似乎还是缺了临门一脚。要将一个抽象概念的媒介具象为报刊电视等若干事物，靠不断举例来充塞其内涵，显然不是一个可行的办法。实际上这将是一个无法穷尽的过程，还得靠抽象思维来高度概括事物的本质属性。

何为媒介或媒体？媒介就是大众传播过程中的一种传递装置，也即一种传播渠道，或者传播载体。那么何为传播，何为大众传播呢？从 20 世纪 60 年代西方传播学盛兴，对此的定义和解释可谓多矣，透过如拉施威尔等人的经典模式，我们可以触摸到这些概念的核心：信息通过一定渠道从传者到受者的过程，此为传播；组织化的机构将经过加工的信息或者内容通过特定的传播工具到达不确定的社会受众的过程，这叫大众传播，但只有建立了反馈通道使之构成闭环系统的大众传播，才是成熟的现代大众传播。

但既然扯到了媒介，就不得不提大名鼎鼎的麦克卢汉先生。麦克卢汉关于媒介的理论浓缩在他的《理解媒介：论人的延伸》一书中。顺便提一句，麦氏多喜欢新奇的立论而不擅长进行缜密的论证，这在崇尚科学逻辑的西方学术界不为人看重，甚至认为他是“信口开河”，其著作为一部天书。但麦克卢汉的观点今天越来越被重视，比如他提出未来因电子媒介的发展地球将成为一个“全球村”，导致有人视他为一个未来学家而非一位传播学者，甚至将其奉为互联网的理论鼻祖。

媒介即讯息（信息），这是麦氏广为人知的一个观点，但仍如麦氏一贯的语焉不详，以至于人们只好从其著作中以这句话来权且解释：“媒介的影响力之所以如此强大，就是因为随着媒介而来的内容（即信息）又是另外一种媒介。”人们说，麦氏无非想强调媒介的形式远比媒介的内容重要。听听，我们从这里似乎看到了媒体话语霸权者的印迹，他们的观点何其相似。

四、本质：为何说图书销售符合大众传播的经典定义？

现在我们沿着出版产业链条，对比着上面那些传播学大佬们的核心观点，从本质属性上来套一套书店。

首先说的是产业链的上游出版者，他们生产的内容产品其实就是信息本身。我们这样理解：图书是出版社（组织化的机构而非个人）经过策划选题和编辑加工（信息和内容经过有目的地生产而固化成产品），以印刷品的方式（特定的传播工具，大众传播走向细分化和精准化，这是现代大工业的基础），向社会大众（通过书店出售给读者，张三李四不知道，谓之不特定的受众）传播的标物，符合大众传播的经典要义，显然是一种大众传播媒介。

其次是产业链的中游复制者，纸媒时代也就是印刷厂，他们规模化地将内容物化为产品。但这些产品只是完成了在走向市场被人们消费之前的加工，并没有也不被允许直接向人们销售——请想象一下印刷厂把报社委托印刷的报纸直接卖给读者，或者私自加印一批再暗地里卖给报贩子，报社不跟你急？在这个环节，因为内容产品并没有最终到达消费者手中，没有完成其所运载的信息向社会广泛传播的行为，因此印刷厂不是媒体。

但是书店呢，书店是否为大众传播工具？抑或说是否属于媒介，或者说是否具有媒介的属性？这是一个十分有意思的问题。在人们的印象中，似乎书店不是媒体，或者其媒介的属性不强，因此从来都没有人明确说过书店是媒介，也没有从传播学角度去仔细考察卖书这一行为，至少没有人上升到成熟的理论高度来为此张目。然而当我们运用上述大众传播的核心要素来加以考察，发现事情并非如想象那般简单，尤其是从20世纪90年代大型书城在中国诞生，尤其是自21世纪以来一些新型书城综合体的出现，譬如深圳中心书城的横空出世，让事情变得值得琢磨。

中心书城作为中国领先的书城文化综合体，其发展经历了从“体验式书城”到“城市文化生活中心”的过程，越来越显示出对经典的大众传播要素的扣合。这里陈列销售的图书品种常年保持在30万种以上，海量的图书品种运载着丰富的内容信息，它们在书城通过销售和翻阅而向芸芸大众实现了传播。或许你要说这些图书并非书城出版的，也即书城不是这些内容信息的生产加工者，非也！现代社会讲究的是分工协作，内容生产者越来越通过专业渠道分发其产品，出版社和书店就是传者和渠道的关系，这只是社会分工走向精密化的体现。至于书城的读者，就是不特定的受众，是传播行为的接受者。如此，出版社这一传播机构，生产出的图书这一产品，经书城这一传播渠道，传达到了读者这一受众目标，书城还通过各类销售榜单、推荐书目等反馈回出版社，更重要的是通过书城销售向出版社回款，实现了资金的回流，如此就是一个闭环系统。这难道不是一个完整的、经典的大众传播行为？

五、衍生：为何说书店举行的活动也是一种大众传播？

如果仅限于此，对书城媒体属性的推演则是浅尝辄止，对非核心部分进行一番衍生考察也不失为一个办法——接下来，我们的目光瞄准的是在实体书店举办的各类文化活动。

中心书城作为一个现代文化建筑，从规划设计、建筑施工到实际营运，一开始就把大量文化活动纳入考量。尤其是开业三年后进行的“跨界”改造完成后，中心书城成为深圳各企事业单位举办各类书业营销、文化艺术和创意设计活动及展览展示的理想平台，成为深圳市民休闲会友享受生活的首选去处。中心书城全年此类活动总量已逼近1000场，在这里遇见文化名人，赶上文化节庆，参与事件互动，打发闲暇时光，涵养精神气质，不仅可能，而且必须。“这里不仅仅有书”成为中心书城的一个运营理念，因而获得了各方好评，连续几年蝉联全国文明单位，并被市民亲切地比喻为“城市文化大客厅”。

现在我们来进行一番传播学意义上的考察：其一，这些活动、展会及事件，均有各自明确的主题，同样运载着大量的内容信息；其二，云集在书城大平台上的所有读者、顾客和只是来此逛逛的市民，均是这些文化活动的潜在观众和参与者，加之为这些活动本身而来的人流，共同构成不特定的参与群体。如此，这些活动的举办者作为传播机构，通过体现了主题内容的各类活动，在书城这一渠道平台，向广大受众实现了有目的的传播；同时，现场参与者的互动、反应和评价，媒体对此的报道等等，构成对活动组织者的反馈。这样看来，在实体书店的物理空间发生的这些阅读文化活动符合大众传播模式，属于一种大众传播行为，似乎不为过。

这一点在互联网时代尤显重要。今天人们所说的O2O，也就是线上线下模式，实则是针对网络时代尤其是手机这一移动互联网大兴之后商业消费的新模式。相比于低成本高效率的网上书店，实体书店的优势就是场所感和体验性，在现场举办各类活动，是网上消费根本无法相比的核心竞争力。实体书店纷纷请高人出巨资装修，或者设计大师们自己开办书店，把书店设计建造成风格各异的美学空间、时尚天地、生活世界，其目的不仅是让读者有一个好的购书环境，更重要的是以此吸引人流，举办活动，让书店聚拢人气。

六、模式：为何说“二次销售”理论同样适用于书店？

话说到这里，似乎已可以得出结论：书店是媒体，或者说具有媒介的属性。但是且慢，让我们再从其营收模式上考察一下，因为对市场经济下的一种事物尤其是一种业态的考察，如果没有涉及其产业模式就不能算是一种科学论证，我们对“书店是媒体”这一判断，在进行了一番概念和逻辑的推演以及一些例子的实证以后，已经成为一个命题。如果没有这最后的一招，仍然有可能只是一个伪命题。

媒体，准确地说是传统媒体的赢利模式，主要适合于“二次销售”理论。这话题要拉回到20世纪90年代后期，《中国经营报》率先引入西方关于“二次销售”的类似理论，并结合中国飞速发展的报业经济，提出了报纸的“二次销售”理论，在报界引起强烈共鸣。这一理论认为，报纸属于二次销售产品，即第一次销售是将报纸的内容销售给读者，赚取的是发行量，或者说是凝聚在传阅率和影响力基础上的有效发行量；第二次销售是把发行量销售给广告主，赚取的是广告利润。报纸在第一次销售时基本上是赔本的，厚报时代报纸的发行收入甚至冲抵不了其直接的印刷成本，报纸只有通过第二次销售才能弥补成本并进而赢利。与报纸相比，广播、无线电视因其内容免费、全靠广告赚取利润，无疑更属于“一次销售”；

图书本身是供销售的商品，在图书上做广告基本不可能，因此图书就是一般意义上的市场产品，靠销售交换价值，赢取利润。

那么书店呢，尤其是大型书城呢？在大型书城或者中心书城这样的文化综合体，图书并非唯一在售的商品，而是围绕图书组合了很多别的商品。许多商家在大型书城这个平台上找到了共生的模式，因而对于大型书城来说，场地和物业出租是非常抢手的。这让我们隐约看到一种新的商业模式：在实体图书销售无法做大规模只能微利经营甚至处于亏损的当下，图书作为有内容的商品——也称人气商品，所吸引的读者为书城带来了人流，而且读者不同于一般商店的顾客，他们有精神追求和文化气质，有一定的消费能力，恰恰是书城平台上各种文化活动的理想观众和参与人群，是依托在书城平台上的众商家的目标顾客。所以，卖书基本赚不了钱，但却赚来了有价值的人流量，书城将其作为可售卖的资源出售给各类文化活动的举办机构和众多商家，如此这般通过场地租金和物业收入获取回报。这与报纸的“二次销售”如出一辙。

七、结论：为何要说书店是媒体？

所谓断想，其实也是一种逻辑思维，无非是去掉许多并不需要的文本而直奔内容核心。通过前面的行文，我们已经讲明了书店业目前已经回暖、实体书店可能是媒体、何为媒介、大众传播的经典模式等问题，指出了图书销售这一书店的本质属性完全符合大众传播的经典定义，而且其举办的活动和深层次的商业模式也与媒体高度扣合。结论就是本文的题目“书店是媒体”。且慢打住——说书店是媒体，与要说书店是媒体，意义又不一样。前者只是一种对事物的基本判断，而后者则蕴含了价值取向，即我们就是应当说书店是媒体，何也？

从产业实体、文化形态和资本市场等专业化角度来看，实体书店已经不是简单的渠道、单纯的媒介和资本的概念，业界对此的眼光角度不同，目标各异，各得其所，如视其为物理空间卖场、复合型零售业态、阅读文化场所、时尚休闲之地，以及商业文化地产、渠道型战略资源等等，以及近些年越来越重要的公共文化服务平台这一认知。对这些概念予以融会贯通，并结合党的十九大报告精神加以理解，即实体书店就是以人民为中心、满足人民对美好生活需要的一个载体。尤其是与网上书店甚至与电子书和数字阅读相比，实体书店的物理性质、现场感受、主题场景和体验式消费等方面优势明显，因而让人民群众分享文化繁荣和发展成果的获得感更为强烈。

得益于位居出版产业链的终端，得力于本身就是媒体或者说具有媒体的属性，实体书店在公共文化服务上发挥了巨大作用，具备了社会效益的显著特性。目前，国家正在大力推进实体书店发展，就是充分认识到实体书店在弘扬中华优秀传统文化、继承革命文化、发展社会主义先进文化，培育和践行社会主义核心价值观，进而推动社会主义文化繁荣兴盛的强大内在功能，我们相信，实体书店势必还将迎来更大、更快、更好的发展。

曹宇，深圳读书月组委会办公室副主任
深圳出版发行集团副总经理

深圳友谊书城品牌建设和运营发展报告

何玲

改革开放以来，深圳民营实体书店如雨后春笋一般拔地而起。这些书店大多由志同道合的朋友一起建立，几乎都选择了人文社科类的图书作为主要经营方向，形成一个个富有特色的小商圈。这些书店根据自己的经济条件、地理位置、社会资源和经营理念，办得各具特色，真可谓各出奇谋、千姿百态。物质生活书吧的讲座，旧天堂的音乐唱片，尚书吧的红酒，荒野书店的DIY，小津概念书房的电影，千寻书屋的借阅，Here书吧的桌游，逸书吧的沙龙，都是各怀绝招，各具特色。这些书店有的已经成为深圳的文化地标，有的也成了大浪淘沙中的牺牲品。如今，在经过了书店寒冬潮之后，书店是活着还是死去已经不是主流的话题了，行业聚焦更多的是书店如何活得更好，以及书店在当下与未来的模式转型与创新的话题。

一、深圳友谊书城27年发展历程

（一）友谊书城概况

深圳友谊书城是深圳民营书店的代表之一，1991年创立于宝安区石岩街道，创建之初门店面积仅十几平方米，经营至今旗下有20家门店，营业总面积超过50000平方米，覆盖面积近400平方公里，覆盖人口超1000万，旗下员工600多人，拥有近5000平方米现代化物流配送中心。在当地拥有广泛的群众基础和稳定的市场份额，拥有超30万的会员顾客群，经营图书20余万种，上架200余万册。近三十年来，友谊书城一直致力于品牌文化经营，以“以书医俗，以德树人”为企业使命，以“悦读悦成长”为品牌主张。注重企业管理，使友谊书城得以不断发展壮大。友谊书城实行连锁经营，统一VI形象、统一采购配送、统一服务规范、统一营销策划、统一质量保证、统一价格策略。品牌化、标准化、连锁化是友谊书城得以不断发展的基础与实力，也是区别于同行差异化优势的重要体现。

近10年以来，友谊书城坚持举办各种喜闻乐见、益智益德的阅读及文化活动。累计已举办活动超千场，投入活动资金超500万元，直接参与人数20万人。至今已形成当地市民喜闻乐见的“友谊公开课”自有文化活动品牌。其奉献的内容多样的文化活动，已成为当地居民日常生活的“家常菜”“门口戏”，极大地丰富了居民的文化业余生活。已获“中国最美书店”“全国文明店堂”“广东省十大民营书企”“深圳市重点文化企业”“深圳市文化创意产业百强单位”“深圳知名品牌”等荣誉称号，同时，2014—2016年连续三年获“广东省全民阅读示范书店”称号，拥有广泛的市场知名度和美誉度。

（二）友谊书城发展历程

友谊书城27年的发展经历了三个主要阶段。

第一个阶段，1991—1998年，是友谊书城的文体商场时代，那时的友谊单纯经营文具体育商品，未涉及图书，从形态和意义上来说，还不能称之为“书店”。1998年，友谊书城走出了模式创新的第一步，引进图书进入文具店，并且逐渐调整图书的营业面积，占到店面总面积的60%，以购买图书的人流量带动配套文具的销售，一站式购物初现端倪，实现了形态上的“书城”模式。这个阶段可称之为友谊书城1.0版本。

第二个阶段，2008—2014年，友谊书城真正实现了一站式文化购物中心的功能，并赋予其标准化、连锁化、多元化、品牌化。2008年，友谊书城旗舰店宝安店的开业，标志着友谊书城真正实现了一站式文化购物中心的功能，与此同时，友谊书城也进一步明确了自身的发展定位，即致力于构筑以图书为基础产品的大型连锁综合性文化消费体验平台，推崇阅读，传播文化，影响生活，引导家庭文化消费。随着对书城的不断建设和完善，以及管理水平的逐步提升，2012年友谊书城又连开三家新店，到2013年，友谊书城连锁门店已达到10家，经营面积近4万平方米，成为深圳市最大的民营书企。形成了品牌化、标准化、连锁化、多元化的经营模式。这个阶段称之为友谊书城的2.0版本。

第三个阶段，2014年至今。2014年，友谊书城为今后向购物中心发展，创建了全新子品牌覔书店。覔书店以“城市家庭大书房”为品牌定位，不论是在书店业态模式的创新上，还是在阅读美学空间的营造上，尤其是在全民阅读的推广方面，都非常出色地表现了深圳这座创新城市“敢为天下先”的精神。覔书店秉承“阅读文化体验空间与生活美学空间融为一体”的风格，坚持将家庭阅读、持久阅读、深度阅读的营造与体验传达给读者。

短短三年，覔品牌书店以其独特的颜值、丰富的哲学内涵、舒适的空间，获得市场和顾客的认可，已经成为国内知名连锁特色书店品牌，在深圳、东莞成功开设七家分店。三年一瞬，覔从 0 到 7，新生新长；从九方覔到壹方覔，由小到大，越开越美。

综上，我们看到了一个经过二十多年的发展的书企，一直在积极寻求差异化和多元化的发展，以明晰的消费者需求为市场差异化的切入点，满足消费者对新型书店的需求，从而形成了自己鲜明的品牌价值体系。其发展历程成为深圳民营书店连锁“一站式文化购物中心”发展模式的典型代表。它的发展经历了文体商场、初级一站式、一站式文化购物中心到美学特色书店发展等几个阶段，从单一化到“大而全”的“乡村”综合体，又在“大而全”的基础上逐步升级，成为适应目标消费者需求的城市版“精而美”，顺应了深圳原关外二十多年的发展，体现了这类民营书店在适应市场变化，顺应趋势发展方面的灵活性。除了这种顺应时代和商业不断变化发展的模式，友谊书城又是如何同步创建自己的品牌呢？

二、品牌创建之路

（一）品牌的创建：1991—2005 年

1991 年，友谊仅仅是一家经营文具用品的个体户，那时的友谊只是一家十几平方米的小文具店，离称为商场还有很长一段时间，离成为一个书城似乎更是遥远。之后用了六年时间磨一剑，友谊文具店变成了友谊文体商场，并且开出了三家。1998 年，图书作为辅助品类正式引入当时三家门店中的龙华店和石岩店，友谊文具店也更名为友谊文体商场。从文具店到文体商场到引进图书，当时的友谊文体商场实现了不断转型的混合型经营模式。

2001年，借助于龙华店的二次扩业，正式把图书作为了主营项目。开始全力跟出版社接触合作，引入电脑管理系统，成立配送中心，正式更名为“友谊书城”。此为友谊书城品牌创建之路的启程。

2005年，友谊书城进行了体制的重大变革。这一年，将4家个体友谊书城单店进行整合，正式注资成立了深圳市友谊书城有限公司，完成了由个体到公司，由单店到连锁，由以书为副到以书为主的重大转变。转变后的友谊书城，大步开启了属于自己的黄金时代。

（二）品牌的成熟与创新：2005—2015年

2007年，友谊书城的品牌化之路扬帆起航，公司不惜重金请国内顶尖的设计公司重新设计了整套VI系统。全部门店的外观、店招、服务台、货架、指示系统等数日之间完成全方位品牌形象改造。友谊书城第一次以全新的、统一的、清晰的鲜明品牌形象呈现在市民眼前。2008年，首个以全新VI系统亮相的旗舰店宝安店盛情开业。

2012年，当全国都在弥漫着浓浓的书店倒闭潮气息时，友谊书城却逆流而上，这一年，三家新店相继开张，分别是坪山店、平湖店和香蜜湖店。至2013年松岗店开业，友谊书城旗下直营连锁门店达到10家，经营总面积超过40000平方米。

2014年，友谊书城旗下全新子品牌——覔书店新颜亮相。覔书店是友谊书城经营20多年后推出的又一个新品牌，是为友谊书城进入购物中心开店打造的新模式。“覔”通“觅”，有着“觅无形，知不见”之意。将书店命名为“覔”，是要传达一种“不见的后现代书店精神，提醒人们仔细寻找智慧，是一种向前的力量。

覔书店自创建起不到四年，就已经成为国内知名连锁特色书店品牌，已在深圳、东莞成功开设七家分店。其中位于深圳最大的单体购物中心壹方城内的覔书店，经营面积2000多平方米，上架图书5万多种，累计20万册，以文学、社科、少儿为主要类别，经管艺术生活为辅助类别，外版图书和专题图书等为特色类别的选书策略，能满足城市家庭每个成员的阅读需求。此外，考虑到深圳是个年轻的城市，壹方城覔书店专门设置了300平方米的少儿阅读区，每一个货架都是按照孩子们的身高订制，书店还贴心地准备了蒲团，家长们可以带着孩子席地阅读。该书店开业两个月来，共接待读者20多万人次，举办各种公益文化活动16场次，接待同行、媒体、政府主管部门等单位多次。开业期间，因其超高的颜值、丰富的品种、火爆的人气获得《深圳晶报》《深圳特区报》《深圳晚报》《宝安日报》《深圳新闻网》等各大主流媒体争相报道，获物业方颁发“最具人文艺术品牌”，为36万平方米的购物中心注入了浓厚的人文艺术气息，对提升商业档次，创新商业业态起到了很好的互补作用。2018年1月11日，该书店在中国书刊发行业协会主办的“新时代杯——2017中国书店年度致敬”活动中，从全国近百家参选书店中脱颖而出，成为深圳唯一一家获得“年度最美书店”的得主。

壹方城覔书店最美书店以其沉浸式的体验，城市家庭大书房的美学定位，以尊重读者，让读者不是被动阅读，而是愿意主动阅读、享受阅读的设计初心，颠覆了传统实体书店的形象和定位，为这个行业，为自身的发展走出了一条可持续的道路，也是最美覔书店为承载市民更美好的生活和营造书香社会做出的努力。不只在壹方城覔书店，每一家覔书店都以“阅读文化体验空间和生活美学空间融为一体”为一贯风格，将家庭阅读、持久阅读、深度阅读的营造与体验传达给顾客。

2015年，友谊书城再一次进行了品牌创新。为实现多元化、多业态、多品牌共同发展的规划，又一全新子品牌应运而生——书啡生活。首家书啡生活以600平方米的立体空间，对书籍、餐饮、咖啡、艺术展演进行跨界组合。空间设计近乎极致，每一个角落都呈现着对美的追求。它不仅仅是一家书店，更是一个以书为媒的多元美学生活空间。

至此，这10年的友谊书城，完成了由品牌创建到品牌成熟再到品牌创新的升级。

（三）品牌的影响：2015—2025年

27年，一座书城，一座城。27年，三个品牌，三条路。

下一个10年，这三个品牌将会带领友谊书城沿着三条路走向更远、更广……

无论是经济活跃、人口聚集的县区街道，还是和睦紧凑的邻里社区，抑或是人流集中、环境优雅的购物中心，这三个品牌均有着与之契合的形象气质和商业模式，将书、文化带入每个不同的商圈，为当地注入浓厚的人文气息，为营造书香社会、推广全民阅读发出自己的光和热，为一座城点亮一座灯塔。实现友谊书城立足珠三角、领军行业、影响全国的品牌梦想。

（四）品牌是怎样养成的？

数年来，上百场的书友会，无数场的主题讲座，定期呈现的少儿绘本阅读……年复一年，友谊书城一直在坚持，坚持将丰富的、有益的文化活动奉献给市民，为社区，为社会，举行千百次活动。

随着自创大型公益文化活动品牌“友谊公开课”的推出，友谊书城的公益文化活动形成了“有策划、有计划、常态化”的运营。让大众参与，让大众受益，让大众享受阅读的权利和福利是我们创建的初心。真正做到“全民阅读”从我们身边、从友谊书城得到更好的推广。

书店的意义不仅在于卖书、休闲，某种程度上，书店决定了一个城市的文化品位，更是爱书人在城市中的精神家园。把书店做好是一个书业经营者最质朴的初衷，从友谊书城到覔书店、书啡生活，每一次的设计、每一次的绽放都在提升。因为提升书店的品位是对读者最大的尊重。

三、友谊书城经营特色

（一）以国家政策和战略目标为指引，打造特色实体书店，助力全民阅读开展，实现品牌传播

以一站式综合性文化体验空间为载体，以“悦读悦成长”为品牌理念，以沉浸式体验的城市家庭大书房为特色，打造满足不同商圈和社区的阅读空间。书店内不仅为市民提供购书、看书的便利，更将多种文化体验活动常态化地融入书店经营行为上，成为市民文化消费的标志性场所，为推进新闻出版公共服务均衡发展，助力推广全民阅读，让城市和社区更具人文气息，为营造书香社会做好“最后一公里”发挥了积极的作用和意义。

（二）崇尚阅读、丰富文化氛围，成为当地市民的消费动力与趋势

友谊书城以经营图书为基础产品，所经营图书达10余万品种，基本能满足各阶层各年龄段群众的阅读需求。一直以来，友谊书城不仅贩卖书

籍，更倡导一种文化生活方式。2011年成为深圳第26届世界大学生运动会赛事门票指定代理商，现涉足演唱会、体育赛事等多项票务代理业务。近年来，将阅读、购物、体验、票务、活动等多元化进行组合，致力于构筑以图书为基础产品的大型连锁综合性文化消费体验平台，推崇阅读，传播文化，影响生活，引领家庭文化消费。

（三）聚焦市场差异化的需求，打造实体书店新业态

在业态组合上，通过主题艺术、主题体验、主题活动、文化休闲、特色教育等多元化产品组合，增加多层次的服务与功能，改变书店单一的图书销售模式，强调文化消费的多维体验，走全方位、多业态商业之路。以新一代成长主题书城为品牌定位，以家庭为消费核心，以文化消费为主题核心，以成长文化消费为出发点，以悦读悦成长为品牌主张，将书店的销售行为上升为一种生活方式的倡导，拉近与消费者的距离。以创新的经营理念，打造品牌实体书店体验中心，引领新的文化消费方式，用文化创造价值，增加文化的深度与广度，满足人们体验卓越文化和日益增长的文化生活需求，实现“以书医俗，以德树人”的企业使命。

（四）秉承文化立企的理念，面向社会长期开办公益文化活动

随着技术的进步和消费习惯的改变，在目前市场背景下，实体书店靠单纯的图书及关联文化用品售卖已不能满足读者的文化需求，光顾书店的顾客渴望心灵的对话，渴望在一个充满人文与书香的氛围里体验到有内涵的、有益成长的各种文化活动，这也正是我们努力和突破的方向。

友谊书城文化品牌总品牌“友谊公开课”，主要由“悦读家”“淘学堂”“友谊公开课”同名子系列等几个子品牌构成。其内容体现于“悦读

家”之主题讲座、主题分享会与读者见面会，“淘学堂”之绘本阅读、名著之旅、经典朗读、亲子手工、英语角等，“友谊公开课”之情感、励志、职场、健康等主题青工公益大讲堂。透过以上几个子品牌及其相关主题项目实施，近三年来本店已累计举办各种公益文化活动达510多场次。这些公益文化活动极大地丰富了市民的文化生活需求，成为当地市民的“门口戏”和“家常菜”。

（五）结合深圳读书月发展以及市区文化宣传要求，适时承担相关主题活动

深圳是一座因阅读而受人尊敬的城市。在文化基础设施相对较落后的原关外地区，友谊书城各门店为广大市民的阅读提供了一个优秀的平台，在各种文化主题活动的参与中，友谊书城成为架构政府政策与市民权利的一座桥梁，成为实现广大市民文化权利的一个载体，随着读书活动的繁荣发展，友谊书城将一直与政府同呼吸，积极响应区文化宣传要求，利用自身资源，适时承担相关主题活动。

四、新时代下服务读者情况

多年来，友谊书城坚持将公益文化活动作为特色品牌服务读者。书店内规划建设有专门的、设施设备齐全的公共阅读区“悦读湾”。其自创的公益文化活动品牌“友谊公开课”以“公益、公开、有趣、分享”为理念，秉承“推广阅读、享受阅读、分享阅读”的宗旨，有计划、有策划、常态化地在书店进行开展。“友谊公开课”下设三个活动子品牌：悦

读家、淘学堂和友谊公开课。各个子品牌有相对独立的受众群体和内容属性，涵盖亲子阅读、儿童职业体验、读书分享、名家讲座等多种类型，以期满足不同顾客群体日益增长的文化生活需求。每月各类免费活动不少于4场，形成每周都有读者见面会、读书分享会、专题讲座、亲子阅读、绘本手工、儿童剧场展演、青少年才艺展示等吸引城市家庭的益智益德的活动。通过活动的开展，已形成固有的友谊书城文化特色。活动结合微博、微信、官网等互联网工具，推广活动及招募会员，打通线上线下渠道，逐渐形成定时、定点、定主题的文化活动模块化呈现，切实做到让大众参与，让大众受益，让大众享受，成为切实推广全民阅读的有力推手。

五、未来发展方向

实体书店是重要的文化设施和文明载体，是促进全民阅读、提供社会公共文化服务的重要平台，在促进城乡文化产业发展和文化市场繁荣、巩固先进文化传播阵地、推动全民阅读、建设书香社会、提高全民族素质等方面具有重要作用。根据国家《关于支持实体书店发展的指导意见》中推进实体书店均衡协调发展的指导精神，加强包括“特色书店”在内的城乡实体书店网点建设的主要任务，鼓励大型商贸开展出版物经营业务，友谊书城在未来三年内，以“1+N”品牌特色连锁书店建设为发展规划，推动友谊书城旗下子品牌书店大力发展。旨在通过建设品牌效应突出、有特色的连锁书店，突出文化创意和品牌效应，营造优质阅读空间，打造城市家庭大书房，为城市家庭提供全方位便捷性服务，以解决目前文化消费渠道网络体系不均衡协调发展的服务难题，以满足人民群众对文化消费多样化多层次以及便捷性的需求，让最美书店去到更多读者的身边，走进更多阅读的家庭，让好书店带着好的内容和影响，承载更多人美好的生活，做更多城市“家庭大书房”。这将对促进国内民营书店做优做强，推动新闻出版公共文化服务均衡发展，促进实体书店均衡协调发展，助力全民阅读推广，有着重要的现实作用和意义。

何玲，深圳市友谊书城有限公司副总经理

附 录

2017年深圳全民阅读大事记

深圳市全民阅读研究与推广中心

1月

1月1日，观澜街道与深圳市书城文化投资控股有限公司合作建设的观澜街道公共阅读中心（简阅书吧）正式投入使用，面积近600平方米，是集阅读、休闲、展览展示、文化教育于一体的公共文化平台。该中心公共借阅区图书达12000册，实现全市“通借通还”；展示区图书达50000册，文创精品达100种以上。

1月12日，海天出版社在北京·中国国际展览中心广东展团活动区举办“‘我们眼中的黄宗英’——《黄宗英文集》新书发布暨作家作品分享会”，重磅推出著名影视演员、知名作家、艺术家黄宗英四卷本文集。作品《小木屋》主人公徐凤翔教授、《人民文学》杂志原副主编周明、《北京日报》副总编辑初小玲、《人民日报》文艺副刊原高级编辑李辉、黄宗江女儿阮丹青亲临现场为大家讲述“他们眼中的黄宗英”。

1月13日，由深圳市爱阅公益基金会组建专家团队研发的《小学图书馆基本配备书目》在国家图书馆正式发布。书目包含“学生书目”3600种、“班级书目”600种、“教师书目”200种三个部分，以网站在线查验和电子版下载的形式共同推出。发布会上，中国海洋大学儿童文学研究所所长朱自强教授被聘为“小学图书馆年度童书100”第一届评审委员会主席。

2月

2 月 14 日，由深圳出版发行集团旗下的大道行思出品的北京女作家文昕《生死十二年》新书发布会暨作品捐赠仪式在中国医学科学院肿瘤医院举行。

2 月 17 日，深圳市阅读联合会一届四次会长办公会和一届五次理事会在市社会科学院召开。会议审议通过了 2016 年阅读联合会工作总结、财务收支情况报告及 2017 年工作计划。会议表决通过了阅读联合会副会长和监事的变更，新增了深圳邻家文化科技有限公司、启予国学、深圳市书店行业协会等三家会员单位。与会领导为荣获“2016 年全民阅读推广活动优秀项目奖、优秀组织奖”的 20 家获奖单位颁发了奖牌。

3月

3 月 11 日，第 19 届国际植物学大会推荐科普读物，历经三年编辑出版的《草木深圳》新书首发式在中心书城举行，深圳市委外宣办主任韩望喜等领导出席了首发式。该书不仅是深圳献给第 19 届国际植物学大会的特殊礼物，而且填补了科普读物在教导公众系统认知深圳常见植物方面的空白。

3 月 21 日，深圳读书会与洛客在南山文体中心成功举行了公益书屋认领活动，顺丰公益基金会、万科云城房地产、富士康集团、康佳集团、保利剧院、深圳合伙人互联网金融、深圳椰林人家等企业代表领取证书。此次活动是设计师和市民设计的大融合。60 个免费公益书屋，点亮了深圳的阅读地图，是深圳阅读共享的一次创意尝试。

3月24日，深圳图书馆和中国图书馆学会阅读推广委员会联合召开《2017南书房家庭经典阅读书目》专家评审会。与会专家审议并形成了《2017南书房家庭经典阅读书目》，包含《山海经全译》《三国志》《牡丹亭》《生死场》《十日谈》《最初三分钟》等30种古今中外经典著作，后于“4·23世界读书日”正式发布。围绕该书目，邀请专家学者开展了主题讲座，并举办了书目展、图书版本展、征文比赛、经典诵读等系列活动，为读者打造全方位、立体化的阅读体验。

3月24日，由深圳图书馆主办，深圳实验教育集团、深圳市学生文联协办的南书房经典阅读特别策划活动“文化学者高端对话：为什么读经典”在深圳实验学校举行。与会专家围绕此话题，与500多名高中师生展开对话交流。这是南书房经典阅读活动首次在馆外开展并在微博平台全程直播。

3月28日，深圳青少年报社承办的第八届“深圳校园十佳文学少年”评比活动正式启动。本届大赛是第二届面向小学生的“十佳”评比，共有160多所学校，11000多名小学生参与初赛，报名人数及学校覆盖率均创下“十佳”评比活动举办以来的新纪录。第八届“深圳校园十佳文学少年”评比活动表彰会在读书月期间举办，共评出10名“十佳文学少年”、20名“最具想象力文学少年”和20名“优秀文学少年”。

4月

4月，由坪山区图书馆与坪山区教科研中心共同举办的第五届“赏经典·讲名著”坪山区小学生讲故事大赛在坑梓中心小学、华明星学校进行，比赛共有来自公办学校的11名、民办学校的15名选手参加。最终，坑梓中心小学的李一飞、华明星学校的易子腾获得“故事大王”桂冠。

4月5日，深圳市阅读联合会组织深圳市阅读指导专家、会员代表前往合肥开展为期两天的城际阅读交流活动，举办了“合肥·深圳全民阅读经验交流会”。会后，合肥市市长凌云接见了与会代表团，双方一致同意今后加强协同策划，定期开展经验交流，并探讨深圳和合肥两市在专家资源、出版资源和宣传资源等方面的共享与合作。

4月13日，深圳捐赠换书中心集悦城分中心正式开放，该分中心位于南山区集悦城社区，占地300多平方米，与深圳捐赠换书中心共享图书资源及读者积分，是第一个联网运营的社区分中心。

4月14日，由国家新闻出版广电总局等单位指导，中国音像与数字出版协会等单位主办的2017中国数字阅读大会在杭州召开。大会评选揭晓了“2016年度十大数字阅读城市”名单，深圳连续两年获此殊荣。受市委常委、宣传部部长李小甘的委托，深圳出版发行集团党委书记、总经理尹昌龙代表深圳领奖并介绍经验。

4月15日，中央电视台《朗读者》栏目的户外流动录音棚“朗读亭”进驻深圳图书馆东侧水幕广场，共673名市民参与活动走进朗读亭，各类媒体报道近30篇次，深圳图书馆微博微信相关图文阅读量达到50万人次。

4月20日，“2017年阅读推广人下基层”活动正式启动。4月至11月，28位公益阅读推广人在深圳18家社区图书馆、13家社区书吧及4家社区服务中心共开展了250场公益阅读推广活动，活动形式包括亲子阅读、文学讲座、经典导读、中华传统礼仪分享等。平均每场活动参与人数近百人，参与家庭约40户，全年总参与人次近2万名。

4月20日，深圳图书馆、深圳市阅读联合会在红岭中学高中部举办“阅读·深圳”经典诗文朗诵会，特邀深圳广电集团主持人、深圳市朗诵艺术家协会会长吴庆捷和著名朗诵艺术家蔡印时等以“青春之歌”为主题朗诵了17篇经典名作。这是深圳图书馆“深图艺苑”品牌活动首次走进中学校园。

4月21日，《深圳阅读蓝皮书（2017）》首发暨“4·23世界读书日”深圳全民阅读座谈会在中心书城举行。座谈会吸引了来自深圳市宣传文化系统、教育系统、企业、民间阅读组织、媒体的专家学者、小读者代表共30多人。深圳市委常委、宣传部部长李小甘出席座谈会，并向未成年人代表和深圳图书馆等单位赠送书籍。2017年深圳阅读蓝皮书由深圳市全民阅读研究与推广中心组织编辑、海天出版社出版，由特稿、总报告、分报告、大事记、后记等专题内容组成，总字数30万字，共有22篇文章，内容涵盖阅读综合研究、深圳读书月研究、数字阅读研究、阅读推广研究、阅读组织研究、阅读空间研究等6个专题。

4月21日，由坪山区图书馆与坪山区教育科学研究管理中心联合举办的第二届“我们的节日”坪山区小学生经典诗文朗诵比赛，在坪山实验学校艺体中心隆重举行。来自坪山区11所公办学校的参赛队伍齐聚一堂，展开了激烈的角逐。最终，坪山第二小学的参赛队伍凭借出色的表现获得本次比赛的特等奖。

4月22日，“深圳文献港3.0”发布会在深圳大学城图书馆举行。“深圳文献港3.0”全面集成和展示了深圳图书馆等6家图书馆馆藏，包括1186万册（件）中外文纸本馆藏和400多种数据库，并延伸开发出资源统一发现、用户统一认证、跨馆文献互借、原文远程获取、视频资源与大学课程在线观看、深圳学者科研成果在线展示等六大服务模块。

4月22日，龙华街道文化体育中心举办了以“书香润童年·悦读悦成长”为主题的读书活动，通过猜成语、百科知识竞答、游戏互动、诵读古诗、阅读经验分享五个环节，为辖区群众送上丰富的知识大餐，以鼓励更多人加入阅读行列，尽享阅读的快乐。

4月23日，第六届中华优秀出版物奖颁奖典礼在中国传媒大学举行，海天出版社获国家出版基金资助的两个项目获奖:《中国花文化史》获图书奖、《中国玉器通史》获图书奖提名奖，这表明海天在精品图书出版方面又迈出了可喜的一步。

4月23日，深圳出版发行集团主办的“书香中国·全民阅读推广丛书”首发式暨高端对话在深圳图书馆南书房举行。丛书主编、国务院参事、深圳读书月组委会总顾问王京生与深圳出版发行集团党委书记、总经理尹昌龙畅谈深圳与阅读的过去、现在及未来。众多深圳阅读生活的倡导者、推动者、见证者和参与者集聚一堂，为促进全民阅读、建设书香社会献计献策。

4月23日，第二届“品味书香，享阅读之乐——共读半小时”全城阅读活动举行。本年度主题为“阅读在社区”，全市共设置了104个共读点，包括图书馆、社区、学校、商场、公园、医院、军营、工业区、咖啡厅、文化景点、游艇会等多种阅读场所，近万名市民参与了线下共读活动；同时还开展了线上接力活动，近1.5万名市民通过微信转发H5页面，亮出了自己的阅读态度。

4月23日，由深圳市文体旅游局主办，深圳市华文国际传媒有限公司承办的“阅读·同行——4·23世界读书日暨深圳未成年人读书日地铁数字阅读公益活动”举行。市民可在地铁、书城、地下商业街等公共场所通过扫描公益广告二维码参与“流动的诗词大会”国学知识竞猜，并通过“全民阅读App”免费体验“国学经典大家读”“国学头条早知道”等阅读专区，受众覆盖面日均超过200万人次。

4月23日，光明新区图书馆举办了“书香光明·爱上阅读”活动，从

“光明新区图书馆服务全面展示”和“早期阅读推广舞台 show”两方面进行，同时举办了绘本剧表演、大眼睛阅读绘——绘本分享、光明故事宝盒——绘本分享、共读半小时、音乐游戏等在内的一系列趣味性活动。

4 月 23 日，深圳图书馆、港铁（深圳）轨道交通公司联合推出的“M 地铁 · 图书馆”项目在少年宫地铁站举行启动仪式。该项目在地铁 4 号线通过二维码推送电子图书，市民用手机或平板电脑等扫一扫，即可免费在线阅览电子图书全文。此外，还可在深圳图书馆和港铁（深圳）的微信公众号“M 地铁 · 图书馆”专栏在线阅读，或在“深圳文献港 App”下载阅读。“M 地铁 · 图书馆”首期以“最初的梦想”为主题选取了 10 本电子图书，并在今后每季度都重点推荐 10 本。

4 月 23 日，由市文体旅游局主办、深圳市图书馆情报学会阅读推广委员会总承办、全市公共图书馆联合承办的“童读接力百团计划”启动，面向全市招募 100 名 8—12 岁的童读接力领读人，以他们为核心带动培育 100 个阅读小组。

4 月 23 日，南山书城举办了学童书苑主题活动“家庭 · 读剧场”阅读分享会、“阅读重塑人生——书香进狱园”林苒《我们的自信》文化讲座以及“书香进狱园”图书展览等活动。“书香进狱园”系列活动将“书城”搬进监狱，让服刑人员“有书读、读好书”，重唤他们的读书兴趣，给予他们正能量，引导他们反思人生，让他们从书籍中体味中华文化精髓、知晓做人的基本道理，并丰富服刑人员的精神文化生活。

4 月 23 日，“深圳 · 上海儿童阅读交流研讨会”在中心书城举行，深圳市文体旅游局和上海市新闻出版局领导出席。研讨会期间，上海、台湾、深圳儿童阅读机构负责人分别分享了自己的先进经验和成效，并针对儿童阅读图书的评选展开专题讨论。会议还邀请了儿童文学作家郁雨君、萧萍、陈诗哥、林文宝等参加，从儿童文学创作的角度发表各自的见解。

4月23日，福田区举办“4·23世界读书日”阅读推广活动，联动辖区一百余个公共空间开展福田“社区共读”活动。辖区百余家街道、社区、主题图书馆当天下午3点共吸引近3000人参与共读半小时活动。同时，在西北广场举办了“阅享悦读”换书集市活动，市民冒雨前来换书，参与人次达到500余人次，换书册次达到2000册。

5月

5月，文博会期间，全民阅读数字出版分众平台项目在会展中心新闻出版馆展出，并在展台现场搭建直播设备举办《山川上的中国》系列文学讲座特别直播版，邀请哈佛大学访问学者杨鹏，以《传统的回归与超越》为主题，为线上线下的观众带来了一场别开生面的文化直播活动，并由“全民阅读App”的主推视频栏目《华文讲书》全景呈现。

5月12日，由深圳市书城文化投资控股有限公司承办的第三届大书城精英荟在中投国际商务大厦中厅隆重举行。本届大书城精英荟以“知行合一，产文共生”为主题，聚焦特色文化IP对文化贸易新格局的重构、“文化+”产业融合发展创新之路及特色小镇的文化内涵与外延等热点问题，旨在探讨如何在不断变化的文化发展形势下推动实体书店通过新技术、新媒体与新体验方式来解决发展中面临的问题，突破当前发展局限。

5月13日，海天出版社出版的《小牛顿魔法科普馆》在中心书城举办新书发布会。深圳出版发行集团总编辑陈新亮，副总经理、海天出版社社长聂雄前，小牛顿公司社长高源清，小牛顿科学教育有限公司总经理李昭如等出席发布会活动。

5月14日，龙岗区图书馆主办，龙岗读书会（品书会）承办的“书香工业园”系列活动之“阅读使我进步”在琮翰塑胶厂广场举办。此次活动邀请了高级劳动关系协调师、深圳市劳模协会理事杨诗勇围绕“阅读使我进步”，分享了自己从小对读书的热爱，以及阅读对他在深圳打工成长经历所产生的积极作用。

5 月 23 日，深圳图书馆集中推出“快递到家”“文献转借”“二维码读者证和扫码登录”“深圳图书馆微信服务号”等一系列新的服务项目，为市民阅读提供更多的选择和便利。

6 月

6 月 1 日，深圳图书馆发布“少儿智慧银行”年度阅读数据。2016 年 5 月至 2017 年 4 月，“图书馆之城”统一服务平台新增少儿读者 15618 人，同比增长 15.63%；少儿读者外借量达 1248396 册次，同比增长 23.26%；9—13 岁是少儿阅读的主力年龄段，3—6 岁读者持证量增长显著，同比增长 44.67%；少儿读者人均外借 23.76 册次，是成人读者的 1.6 倍；杨红樱、伍美珍、沈石溪、曹文轩、郑渊洁等作家的作品是小朋友们的最爱，文学、漫画、百科类图书最受孩子们欢迎。

6 月 17 日，第三届“晨星杯”全国科幻大赛暨科幻作品读书会——“科幻作品中的文化壁垒”活动正式拉开帷幕。晨星科幻大赛是中国首个以原创科幻内容为核心，公益资助科幻创作模式的大赛品牌。本届大赛以“期待经典”为主题，旨在搭建贯穿从内容创作者到科幻爱好者的交流渠道和沟通平台，促进科幻产业发展，建立国内最具影响力的科幻平台，打造国内知名的科幻产业 IP。本届大赛共设奖金 35 万元，用于奖励和资助各类原创科幻作品。

6 月 22 日，深圳市阅读联合会组织理事单位代表前往大理白族自治州图书馆开展城际阅读交流活动。双方就发展城市阅读文化事业的经验进行了探讨，对今后加强合作，促进资源共享达成共识。

6月23日，澳门特别行政区文化局公共图书馆领导一行到访深圳市文体旅游局，就深澳两地文化交流、阅读推广合作事宜进行座谈。双方就“共读半小时”、“深圳记忆文化之旅”、阅读推广人交流计划、馆员交流计划等多个项目达成合作意向。

6月24日，海天出版社在中心书城举办《风雨赋潇湘》新书发布暨王鲁湘读者见面会。该书作者、著名文化学者王鲁湘亲临现场，畅谈故乡的文化滋养等话题，精彩的论述吸引了大批观众驻足聆听。

7月

7月，坪山区图书馆在5—7月举办了第四届“外来劳务工子女深圳文化之旅”活动。通过“艺术设计体验之旅”“油画文化体验之旅”“创客文化体验之旅”“机场文化体验之旅”“民俗文化体验之旅”等不同主题的活动，让外来务工子女多角度、多方式地感受不同风格、不同领域的深圳文化，让他们得到更多关爱、帮助和锻炼，共计215名外来务工子女受惠。

7月，海天出版社跨界联合湖南芒果娱乐，历时两年筹备，推出了IP现象级图书《我们的少年时代》，以一周10万册发货量、498万元码洋创海天2017年发货新高。

7月4日，以“书香飘溢，滋润童心”为主题的2017深圳图书馆“暑期缤纷季”少儿系列活动全面展开，举办了暑期公益培训、益智趣味游戏、小小图书管理员、小读者开放日、青少年文字艺术体验等百余场活动。

7月29日，深圳“寻找全民写作英雄”文学沙龙活动暨“最深圳原创文学榜”启动仪式举行。该活动由深圳全民写作计划联合《深圳青年》《特区文学》等十多家杂志共同推出，致力于构造深圳文学生态、专注深圳文学成长，从2013年开始，以社区文学大赛的形式落地，设立“睦邻文学奖”，聚集了17000多名优秀作者，孵化了近140000篇深圳题材的原创文学作品和评论，可量化的阅读记录达1.4亿人次，促成了近1000万元的知识产权交易。

7月31日，南国书香节暨羊城书展期间，海天出版社《阅读看见未来》获第二届广东书籍设计艺术双年展“最美图书奖”，《红马》《深圳画院建院三十周年作品集》获优秀作品奖。

8月

8月，市妇联开展了以“阅读的力量”为主题的读书月系列活动。活动覆盖了全市一百多名局级以上女领导干部，通过读书、荐书、品书，营造女领导干部读书氛围，并通过微信群分享好书，吸引近50名女领导干部在群中分享读书心得、分享好书。

8月5日，罗湖书城被广东省委宣传部授予“2017年全民阅读示范书店”荣誉称号。

8月15日，海天出版社《青少年法治教育读本》上市发行，并纳入2017年度地方教材目录。本套教材的开发，使深圳教育系统贯彻落实中央关于在全国开展青少年普法教育，走在了前列，社会效益显著。

8月16日，海天出版社《中国反贪史料长编》《深圳质量创新模式丛书》两个项目入选“十三五”国家重点图书出版规划项目。《书香传家：家庭阅读指南》入选第七届书香中国·北京阅读季社长、总编辑推荐书

（第一季）好书。

8 月 16 日，由深圳市彩虹花公益小书房牵头发起的“公益小书房联合阅读”项目启动公众筹款，标志着彩虹花公益小书房从落地深圳的本土亲子家庭服务开始走向探索全国性儿童阅读推广之路。公益小书房致力于在全国培养志愿者，促进广州、东莞、武汉、长沙等 13 个城市和地区的小书房组织，让全国更多家庭从中受益。

8 月 18 日下午，深圳市阅读联合会一届五次会长办公会和一届六次理事会在中心书城顺利召开。阅读联合会会长、副会长及理事单位代表共 30 余人出席会议。会议表决通过了阅读联合会副会长、理事的变更；增补南山图书馆、深圳市爱阅公益基金会 2 家单位为理事单位；新增深圳童艺趣文化科技有限公司、深圳市几米家绘本屋教育咨询有限公司、博雅优创（深圳）有限公司 3 家单位为会员单位。

8 月 21 日至 22 日，深圳市全民阅读研究与推广中心受市文体旅游局指导委托，组织带领深圳优秀社会阅读推广组织代表及知名作家、文化学者走进 2017“上海书展”及首届“浦东阅读节”，策划开展了“社会阅读推广组织阅读座谈会”“沪深两地作家和文化学者创作阅读分享会暨读者见面签赠会”“2017 上海浦东 · 深圳阅读推广交流活动”等城际阅读交流活动，得到上海市新闻出版局、深圳市文体旅游局以及上海浦东新区宣传部、文广影视局的高度重视，为沪深今后营造资源共享、经验共鉴、信息互通、优势互补的阅读生态及开展广泛、专业、深入的阅读合作奠定了良好的基础。

8 月 28 日，罗湖区“菁英悦书堂”在罗湖区图书馆报告厅正式揭牌，45 位人才获颁首批“菁英人才卡”。罗湖区领导范德繁、李小宁、邓宇等出席了揭牌仪式并为人才颁卡。“菁英悦书堂”以罗湖“悠”图书馆平台为基础，为罗湖区人才提供学习、研修、交流、公益活动的场所，创造更有价值的“菁英人才”品质生活体验。

9月

9月9日，深圳市阅美文化传播有限公司承办的“美哉书籍”2016年度“中国最美的书”——《虫子书》与《虫子旁》分享沙龙活动分别在宝安书城和中心书城举办。活动特邀书籍设计师、图书策划人朱赢椿，深圳出版发行集团党委书记、总经理，深圳市阅读联合会会长尹昌龙担任分享嘉宾。现场向读者解读蚯蚓等虫子们的“创作”过程，小读者们朗诵《虫子旁》中的内容，500多名观众参加了活动。

9月14日，第十八届深圳读书月组委会举行全体委员会议，听取筹备情况汇报，审议总体方案和重点专项方案，并对做好本届读书月工作进行动员和部署。市委常委、宣传部部长、读书月组委会主任李小甘表示，本届读书月要将学习宣传贯彻党的十九大精神作为主线和首要任务，办出精彩、办出影响，推动深圳全民阅读工作再上新的台阶。副市长吴以环出席会议。本届读书月各部门和相关企业、阅读组织共提交一般主题活动898项，重点主题活动56项，共分“特别策划”“弘扬传统”“温暖阅读”“互联网+”“书香深圳”“阅读导航”“分享交流”“快乐成长”“青春飞扬”等九大板块。重点主题活动中新增项目有21项，占比38%。

9月14日，2017年深圳读书月“年度十大童书”评选新闻发布会暨“深圳书城亲子阅读中心”共建单位授牌仪式，在中心书城南区大台阶举行。2017“年度十大童书”评选按照成立评选委员会、童书推荐（产生参评书目）、初评（产生100本入围书目）、评选启动新闻发布会（发布100本待选书目）、复评（产生30本入围书目）、终评（产生“年度十大童书”)、“年度十大童书”颁奖、宣传推广等八个阶段开展，旨在精选华文世界一年好书，打造权威华文童书评选品牌。

9 月 20 日，罗湖书城被中国出版传媒商报社、新华网悦读频道、书香中国·全民阅读官网授予“新华书店 80 周年百佳文化地标”称号。

9 月 26 日，“2017 年第四批深圳市全民阅读示范单位、示范项目、优秀推广人评选”复评会在中心书城南区多功能厅举行。本次评选共评出 10 个“全民阅读示范单位”、10 个“全民阅读示范项目”、10 名“全民阅读优秀推广人”，后于本届读书月启动仪式颁奖。

9 月 28 日，深圳书城龙华城建设开工。龙华书城是继深圳书城罗湖城、南山城、中心城、宝安城及龙岗城之后，深圳出版发行集团全力打造的第六座书城，将成为 6.0 版的新一代文化万象城，预计于 2019 年 11 月正式开业。

10月

10 月，市妇联举行女领导干部朗读和演讲培训活动，通过朗读和演讲的培训，激励女领导干部养成“多读书、读好书”的习惯，倡导女领导干部责任担当、模范引领的时代风采，进一步发挥市女领导干部联谊会凝聚力量、服务社会的组织优势。

10 月，罗湖区图书馆被中国图书馆学会授予“全民阅读示范基地”称号。

10 月 10 日，深圳图书馆被中国图书馆学会授予“全民阅读示范基地”称号；“‘南书房家庭经典阅读书目’推荐及推广”“品味书香·享阅读之乐——共读半小时全城阅读活动”荣获“2016 年阅读推广优秀项目”。

10 月 17 日，海天出版社图书“本色文丛”第三辑（8 种）荣获第三十届全国城市出版社优秀图书一等奖，《为创新而生：一个新型科研机构的成长 DNA 解密》《自由呼吸》《深圳风物志第一辑》《冬天的破手套》获二等奖。

10 月 24 日，市妇联“阳光童年”知识关爱留守流动儿童项目在龙华大浪街道举办。项目先后在河源和平、深圳龙华针对留守流动儿童开展阅读成长、个人能力成长、亲子关系提升等活动 48 场次，捐赠新鞋、文具各一批，共计服务 4900 多人次。该项目参与“厉害了我的读书月”H5 设计大赛并获优秀奖。

10 月 26 日，“2017 最美小书店”进入专家评审环节，由“走读小书店”和“专家评审会议”两大部分组成。深圳市阅读联合会会长尹昌龙、副会长曹宇，深圳报业集团副总编辑丁时照，专家学者韩湛宁、胡野秋、梁二平、南翔组成的评审组走读了参选小书店博物馆覔书店、简阅书吧四点半学校、龙华九方覔书店，并评出了年度阅力事件、阅见人物、阅享空间、最美小书店四大奖项入围及获奖单位和个人。

10 月 27 日，第十八届深圳读书月组委会在市民中心召开新闻发布会，宣布于 11 月 1 日（周三）上午 9 点在中心书城南区台阶正式启动第十八届深圳读书月，2012 年诺贝尔文学奖获得者莫言将出席本届读书论坛。深圳读书月组委会常务副秘书长、市文体旅游局副局长陈绍华，深圳读书月组委会办公室副主任、深圳出版发行集团副总经理曹宇等出席发布会并答记者问。

10 月 28 日，福田区第十八届“深圳读书月”启动仪式在深圳书城中心城举行，围绕“阅读无间”主题策划开展 99 项精彩的阅读活动。启动仪式上，福田区委书记肖亚非向市民推荐了《习近平的七年知青岁月》《智能时代》《中国共产党第十九次全国代表大会文件汇编》三本书，并将其赠予了十位来自社会各界的总工会代表。

10 月 29 日，2017“我最喜爱的童书”阅读推广活动进入终评结果发布环节，全国 27 个省区市 90 多万选票决出了 9 本孩子“最爱童书”。

10 月 29 日，由深圳图书情报学会和深圳图书馆主办，深圳各区图书馆以及深圳职业技术学院图书馆共同承办的“阅在深秋”公共读书活动在深圳图书馆水幕广场举行。活动设置 13 个区域，以“阅读是一种生活方式”为主题，以文献展示、现场阅读、数字资源推介、自由交流等方式，推荐丰富资源，展示图书馆多元文化功能，彰显阅读之美。这是首次以多馆联动的形式集中开展阅读体验活动，现场共接待读者 2 万多人次，微博微信阅读量近 7 万人次，媒体报道 20 余篇次。

10 月 29 日，深圳图书馆荣获广东省社会科学界联合会颁发的“广东省人文社会科学普及基地”称号。

11月

11 月，市妇联积极联系和协调有关社会组织和基层妇联组织参与深圳读书月相关活动，切实发动各区妇联、新区妇工委、各工委等单位和妇女组织积极组织或参与读书月各项活动，推动读书月各类活动达 73 场。其间，积极推进“书香家庭”建设，倡导藏书、爱书、读书的家庭氛围和喜好，其中推荐的王婷家庭获评广东省“十大优秀书香之家”荣誉称号。

11 月，读书月期间，深圳职业技术学院计算机工程学院承接了 2017 年第十八届“深圳读书月”的阅读志愿服务，包括中心书城、罗湖书城、地铁阅读季以及儿童医院 · Vcare 关爱空间的阅读项目。在为期一个月的时间里，计算机工程学院共提供志愿者 295 人次，累计开展义工时长达 1210 小时。志愿者们工作认真负责、服务热情周到，展现了深职义工的优秀风采。

11月，本届读书月，南山区围绕读书月主题精心策划75项主题活动，于整个11月期间相继推出，为热爱阅读的市民们奉献了一场读书盛宴，传播积极的文化正能量。活动涵盖朗诵比赛、阅读论坛、文化沙龙、微信书评等各种形式内容，满足不同人群的阅读爱好及需求。

11月，罗湖区图书馆共推出92项深圳读书月主题活动，其中重点主题活动8项，覆盖全区各公共图书馆、妇联、区直机关、街道和社区。

11月，观澜街道以公共阅读中心（简阅书吧）为核心阵地，以“阅读以开智，立德以文明”为主题，开展全民阅读推广系列活动50场，以活动为载体，吸引市民走进图书馆（室），大力倡导勤读书、读好书、善读书，启迪民智，淳化民风。

11月，光明新区围绕“新时代　新阅读”年度主题，推出了一系列内容丰富、形式新颖的阅读文化盛宴。共举办丰富多彩、形式多样的活动18项、98场次，辖区参与市民群众达5万多人，主要包括光明阅读起跑线1项重点主题活动，第二届“相聚光明”全国文学创作笔会、光明大讲堂、光明读书会等17项一般主题活动。

11月，罗湖书城成为2017—2021年深圳市科普基地之一。罗湖书城通过举办各类科普讲座、科普图书主题展、科普户外活动等活动，积极推动全市科学普及工作的开展及发展，为进一步推进和规范深圳市科普教育基地建设做出了贡献。

11月，深圳市爱阅公益基金会“阅芽计划”3—6岁“阅芽包”正式开放预约，截至12月底，覆盖全市的23个领取点共计发放“阅芽包”（每个包内含两本适龄图画书，一本60种图画书的导读，一本分阶段的早期阅读指导手册）44260个。

11月，2017年深圳读书论坛以“新时代　新阅读”为主题，邀请了诺贝尔文学奖得主莫言、台湾作家刘大任、中国作家协会副主席李敬泽、茅盾文学奖得主毕飞宇、国务院参事王京生、张抗抗、樊希安等嘉宾。本届读书论坛吸引约1.2万人次现场直接参与，通过新媒体报道引发的读者关注阅读量达上万次。其中，莫言专场活动荣获“第十八届深圳读书月最具人气项目”，深圳市领导吴以环为其颁发奖项。

11月1日，深圳市学习宣传贯彻十九大精神主题书展暨第十八届深圳读书月启动仪式在中心书城启动。深圳市委副书记、市长陈如桂，市委常委、宣传部部长李小甘出席活动。组委会还邀请读书月总顾问李灏、厉有为、李海东、王京生出席并共同为活动揭幕。本届读书月以“新时代　新阅读”为年度主题，策划举办一般主题活动777项，重点主题活动58项。主题书展涵盖时政、党史、社会主义理论、红色经典等类别600多个品种，除在中心书城二楼中厅举行外，还在深圳四大书城举办。活动当天，现场领导为第四批全民阅读示范单位、示范项目、优秀推广人颁发荣誉证书。

11月1日，深圳读书月首届主宾出版社中华书局系列活动启动仪式在中心书城举行。中国出版集团公司党组成员、中国出版传媒股份有限公司副总经理李岩，中华书局总经理徐俊，党委书记、副总经理周清华，市委宣传部副部长吴忠，市文体旅游局副局长陈绍华，深圳出版发行集团党委书记、总经理尹昌龙等领导出席了启动仪式。本届读书月首次探索主宾出版社举措，邀请中华书局作为首届主宾社，为广大读者朋友开展中华优秀传统文化经典图书及中华书局局史展销，在深圳书城举办开展“中华书局与传统文化”“中华优秀传统文化百部经典读本”等专题讲座，此外，还举办“致敬百岁选堂——饶宗颐雕版笺谱首发式”等丰富多彩的系列活动。

11 月 1 日，深圳图书馆求贤阁分馆正式开放，广东省委常委、深圳市委书记王伟中等市领导来到现场，翻阅图书，了解情况。求贤阁分馆位于南山区的深圳人才公园内，配有各类图书 3000 余册。读者在该分馆可办理统一服务读者证、查询各馆文献、通借通还、借阅电子图书等。

11 月 1 日，由深圳市地铁集团公司运营总部、罗湖书城、深圳都市报社、深圳市阅读联合会、美深画室承办的第 18 届深圳读书月 · 地铁阅读季启动仪式在深圳地铁车公庙站站厅隆重举行。“地铁阅读季”以“建书香地铁 · 促同城共读”为主题，在读书月期间通过开展书香专列、图书漂流 + 置换、地铁阅读达人、数字扫码阅读等活动，吸引参与人数逾百万人次。

11 月 3 日，第十八届深圳读书月盐田区活动在盐田区行政文化中心广场正式拉开序幕。本届读书月盐田区活动以学习宣传贯彻党的十九大精神为首要任务，围绕“阅读 · 进步 · 圆梦”和“新时代　新阅读”的主题，重磅推出 39 项精彩阅读活动，开启全民阅读新篇章。盐田区委书记杜玲、区委副书记、区长吴德林等领导及来深建设者及学生 500 多人参加了此次的启动仪式。

11 月 3 日，由深圳市妇女儿童发展基金会主办，深圳市彩虹花公益小书房和清华大学深圳研究生院社会工作与心理健康研究中心联合承办的“‘妈妈给我讲个故事吧’暨深圳市流动儿童家庭亲子阅读状况调研”总报告在南山科技园发布。该报告共收集了深圳市 16524 份家庭数据，其中流动儿童家庭数据 13573 份，调研数据显示我市流动儿童家庭在阅读上的最大需求仍为书籍，对书籍的需求占比达 60% 以上。

11 月 4 日，龙华区第十八届“深圳读书月”启动仪式在龙华会堂举行，拉开了龙华区本届“深圳读书月”的序幕。围绕“阅读·明礼·成长”活动主题，42 项精彩的阅读活动在 11 月期间陆续开展，为市民带来一场阅读文化盛宴。

11 月 4 日，第十八届深圳（宝安）“新时代　新阅读”读书月活动在宝安图书馆正式启动。宝安读书月期间举办 115 项主题活动。“快闪”千人诵读、书香游园会、领读者大奖、劳动者文学推介会、作家读者交流座谈、行业精英主题讲座、名家专题讲座、征文比赛、读书成才职工评选、阅读妈妈展示、诗文品读大赛等一系列活动给市民们带来了多种阅读体验，让市民从不同角度享受读书的乐趣。

11 月 5 日，第十八届深圳读书月龙岗区启动仪式暨广东省有为文学奖第一届“平湖杯”儿童文学奖颁奖活动在平湖凤凰山国家矿山公园博物馆举行。广东省作协专职副主席范英妍，广东省作协原副巡视员、儿童文学创作委员会主任李国伟，广东省作协副主席、广东省文学院院长熊育群，龙岗区副区长黄惠波等参加活动。深圳“80 后”儿童文学作家陈诗哥的作品《童话之书》荣获金奖。杜梅的《男孩阿布》、袁博的《狮子的心》、一苇的《绿色素描》等 10 部作品获得优秀奖。读书月期间，龙岗区委宣传部、区图书馆、各街道、各社区以及辖区各阅读推广组织积极组织爱书集市、亲子绘本故事会、文化沙龙、“培育和践行社会主义核心价值观，阅读在行动”图书展等 97 项形式多样的主题活动。

11 月 5 日，坪山区举办了“朗读者”大赛，坪山区生物医药、新能源、新兴信息科技等领域的六大龙头企业参与。大赛赛程分为 6 场预选赛及 1 场决赛，设置“访谈”和“朗读”两个环节，参赛选手选取与大赛主题相关的文学经典片段进行朗读，并通过赛前采访的形式，分享与朗读作品相关的个人故事与经历。最终比亚迪公司蔡孟奇选手以一篇《绽放深圳梦——开启新能源扬帆起航》斩获桂冠。

11月10日，海天出版社《创客志：中国创客经典案例研究》《华为三十年：解密华为成功基因丛书》被广东省委宣传部列为纪念改革开放40年重点图书选题。

11月12日，新加坡著名作家尤今携海天出版社最新推出的“尤今小语系列”图书——《聆听文字的声音：尤今的生活哲学》《花瓣的甜味：尤今的蝴蝶人生》《被人遗忘的天堂：尤今眼中的世界》亮相深圳书城。

11月12日，非遗项目展演暨“文以载道”诗文朗诵活动在龙华文化艺术中心举行。本活动将诗文朗诵及非遗项目现场展演相结合，用形式多样的表演，为市民群众带来了一场诗意芬芳的文化盛宴。活动邀请了专业朗诵者为群众演绎了十篇经典诗文和龙华区本土原创作品。随后，8位非遗项目艺人通过剪纸、鱼皮画、绳编、面塑、景泰蓝、纸艺花、棉塑、麦秆画等八个非遗项目的展示，让广大龙华市民近距离接触到精品非遗文化。

11月13日，深圳图书馆和深圳市标准技术研究院共同研究、编制的《公共图书馆统一服务书目质量控制规范》（编号：SZDB/Z 275—2017），由深圳市市场监督管理局正式发布，于2017年12月1日起实施。

11月15日，深圳市委常委、宣传部部长、读书月组委会主任李小甘和多个单位、企业的“一把手”热情地向市民推荐好书，推荐了一系列兼具思想性艺术性，又具有鲜明时代特色的好书，并分享了这些书的思想精华和自己的阅读心得，鼓励市民多读书、读好书，在共读好书中享受阅读的乐趣，汲取智慧和力量。小甘部长为市民推荐人民出版社出版的《习近平讲故事》和中信出版社出版的《智能时代》。

11月16日，“看见城市的光——2017最美小书店”颁奖礼在胡桃里举行。深圳市文体旅游局副局长、深圳读书月组委会常务副秘书长陈绍华，深圳出版发行集团党委书记、总经理，深圳市阅读联合会会长尹昌龙，文化学者韩湛宁、南翔、胡野秋等嘉宾出席活动。历经长达3个月的评选，最终，尚书吧、书啡生活、张俊皞（简阅书吧）、飞地之声，分别获得“最美小书店”“阅享空间”“阅见人物”“阅力事件”四大奖项。

11月16日，2017深港澳中学生随笔大赛在香港举行。本届大赛以“经典阅读+香港回归祖国20周年”为年度主题，自9月份启动以来收到深港澳三地投稿文章3900篇。大赛最终评审出初中组和高中组一等奖7篇，二等奖各14篇，三等奖各21篇，优秀奖初中组和高中组共153名。

11月17日，中心书城、深圳图书馆获评第五届全国文明单位。

11月18日，由深圳读书月组委会办公室主办，深圳书城南山城承办的首届“文明阅读小义工成果汇报暨颁奖典礼”在南山书城三楼主题活动区举行。共有16名小义工获表彰，分别为优秀奖10名、最佳陈列奖2名、最具服务意识奖1名、最佳出勤奖1名、最美笑容奖1名、最佳文明劝导奖1名及杰出表现奖1名。

11月19日，由光明新区文明办、文体教育局主办，光明新区图书馆承办的2017光明阅读嘉年华——光明“阅读起跑线”年度阅读大Party在光明新区图书馆户外中庭广场启动。现场设置了朗读表演、创意书展、图书交换等各种类型的阅读推广活动，旨在通过多样化、趣味化的阅读活动吸引新区市民爱上阅读、享受阅读，并传播“阅读是一种生活方式”的阅读理念。

11月19日，近百名小朋友与家长共同参与了龙华街道文化体育中心主办的“阅读点亮童心·经典浸润未来”少儿国学读书汇活动。通过亲子诵读、快板《大易诗》、集体诵读、竹笛独奏《大鱼》、舞蹈《国风雅颂》、国学小课堂、经典大串烧等环节，孩子们在学习阅读国学经典的同时增进了与父母之间的感情交流。

11月20日，市妇联、爱阅公益基金会举办了首届全国儿童早期阅读发展与教育峰会，发布了中国首份0—3岁亲子阅读教育干预的有效性研究结果，以及儿童早期阅读倡议书和“阅芽计划”3—6岁阶段“阅芽包”，并围绕儿童早期阅读教育与儿童发展的主题进行交流和讨论。全市共有24个“阅芽包”领取点，实现全市全覆盖，共有4.4万多个“阅芽包”进入深圳0—6岁儿童家庭，“阅芽计划”微信公众号和App用户总数近20万人。

11月22日，由深圳市文体旅游局主办，深圳市阅读联合会承办的“未成年人阅读：问题与策略”座谈会在宝安区图书馆举行。会议邀请市内外从事未成年人阅读工作的专业人士30人，针对我市未成年人阅读现状进行探讨，并就制定未成年人阅读书目、开设阅读课程、开展阅读能力测试等方面提出了相关意见和建议，为政府相关部门开展下一步工作提供了参考。

11月25日，书香福田——“深圳读书月”第四届广场换书大会暨“邻里书香情”图书交流活动在深圳图书馆东广场举行。活动当天约有万人参与换书，共交换图书达10000册，共募集市民捐书300册，捐献图书将运往对点扶贫地区的学校图书馆。

11月26日，第三届“思维之星”——深圳大学生思辨大赛的半决赛和总决赛在深圳图书馆举行。经过激烈思辨，深圳职业技术学院代表队夺得冠军，深圳大学代表队、南方科技大学代表队分获亚军与季军。

11月26日，“第八届名著新编短剧大赛”决赛和颁奖典礼在深圳市少儿图书馆举行。比赛于8月启动，历时4个月，最终决出各组别特等奖、最佳编剧奖、最佳导演奖、最佳表演奖、最佳群体演员奖等个人单项奖。

11月26日，深圳读书月"年度十大童书"评选结果揭晓礼在中心书城南区台阶隆重举行，各界代表等600余人参加了揭晓礼。儿童文学类的《梦的门》《阿米拉的红铅笔》《叼狼·疾风》《水妖喀喀莎》，知识性读物类的《我的情绪小怪兽》《地球通史》《给孩子讲量子力学》以及图画书类的《狐狸与星》《路边花》《今天，我可以不上学吗？》共10本童书获得2017深圳读书月"年度十大童书"荣誉称号，沈石溪获得"年度致敬作者"，彭懿获得"年度致敬译者"，中国少年儿童新闻出版总社获得"年度致敬出版机构"。

11月26日，"青春书做伴·真我秀风采"南山书城第五届深圳大学生文化节闭幕式——阅读之星新星之声朗诵大赛颁奖典礼在南山书城三楼主题活动区举办。该活动历时一个月，内容涵盖大学生"阅读之星——新星之声"朗诵大赛、舞蹈展演、戏剧街舞展演等活动。深圳出版发行集团党委书记、总经理尹昌龙在颁奖典礼发出倡议："在最美好的年华遇上最美好的书，希望大家可以常来南山书城，与书相遇。愿每一个深圳人都可以在阅读中遇上最美的自己。"

11月27日，由读书月组委会办公室、深圳市文学艺术界联合会、宝安区委宣传部、深圳出版发行集团主办的深圳劳动者文学推介会在深圳书城宝安城举行。活动邀请了粤港澳大湾区的城市文学代表，一同为粤港澳大湾区劳动者文学创作基地揭牌。50多名国内著名作家与深圳本土作家出席了推介会，共同交流探讨劳动者文学现状与发展。同时举办了第三届深圳劳动者诗歌手迹展、劳动者文学成果展，展示这个庞大作家群体的靓丽风姿，以文学的名义向劳动致敬。

11月27日，深圳图书馆打造的线上荐购与预借服务一体化平台——

“新书直通车”项目正式上线。市民可通过网站、微信服务号、支付宝城市服务—图书馆服务等平台的“新书直通车”栏目中的新书目录挑选图书，并选择“预借自取”或“快递到家”方式获取。

11 月 28 日，第十八届深圳读书月“温暖阅读”板块的重点主题活动“赠书献爱心”在深圳出版发行集团 8 楼会议室举行赠书仪式，55 家来自全国各地的优秀出版单位向军营、监狱、图书馆、青工书屋、中小学校等 28 家单位捐赠了 5.2 万余册、近 160 万码洋的爱心图书。深圳市委宣传部、深圳市文体旅游局、深圳出版发行集团等主承办单位领导嘉宾出席了赠书仪式，向热心捐赠单位代表颁发荣誉证书，并向“读书月联系单位”“青工书屋”等受赠方代表赠书授牌。

11 月 28 日，海天出版社在中心书城举办《蜜蜂与哲人》新书首发式暨学界交流会活动。围绕“蜜蜂与哲学”这一主题，该书两位作者：法国巴黎索邦大学哲学系教授、法国哲学学会会长皮埃尔－亨利·达瓦佑和职业养蜂人弗朗索瓦·达瓦佑，以及本书的译者蒙田、北京大学法语系主任董强、浙江大学世界文学与比较文学研究所教授张德明等人，一同畅谈、解读了蜜蜂背后的秘密。

11 月 30 日，《2016—2017 年度深圳数字阅读报告》发布会在中心书城举行，并颁发“2017 年度深圳数字阅读奖”。市委常委、宣传部部长李小甘出席活动。《2016—2017 年度深圳数字阅读报告》是全国第一份基于用户细分的全民数字阅读报告城市样本。报告通过对深圳十个区（新区）数字阅读用户行为进行深度挖掘，对数字阅读用户规模、用户画像、用户偏好以及未来走向进行精准分析，从而为各区（新区）制订有关数字阅读政策提供科学指引，增强各区（新区）公共文化服务的针对性、有效性和平等性，促进深圳数字阅读产业发展。

11月30日，“领读者·分享喜阅”第三届领读者大奖颁奖典礼在宝安区海雅大剧院举行，七个奖项当晚揭晓。悠贝领读者获得阅读项目奖，惠人书友会获得领读者·阅读组织奖，沈阳师范大学图书馆获得领读者·阅读空间奖（图书馆），言几又·凯德店获得领读者·阅读空间奖（书店书吧），得到App获得领读者·数字阅读奖，合肥文化广播电视新闻出版局（全民阅读办公室）获得领读者·阅读支持奖，陈定方获得年度领读者大奖，“亲近母语”获得领读者·年度致敬大奖。

11月30日，“深圳·合肥——2017阅读双城记”圆桌会议在深大简阅书吧圆满闭幕。会上，深圳市文体旅游局副局长陈绍华，合肥市文广新局党组副书记、副局长陈江丽作为深肥两地代表签署了“深圳·合肥2017—2018年全民阅读双城合作协议”；双方代表围绕《深肥两地在阅读与城市发展方面的理念与经验》与《“深圳读书月”和“大湖名城、悦读合肥”等全民性读书节庆在两地深化全民阅读进程中的定位、角色与模式》两个议题共同探讨了两地在全民阅读方面的推广经验，交流了阅读对两个城市进步的推动作用。

12月

12月，“深圳讲书会”全年共举办了12场活动，邀请了中国工信出版集团董事长季仲华，著名出版家、作家、韬奋基金会理事长聂震宁，著名历史学家阎崇年，中华书局总经理徐俊等12位来自出版社和文化传媒领域的优秀出版人、知名媒体人作为主讲嘉宾与广大读者进行面对面零距离的对话、互动和交流。今年“深圳讲书会”荣获了深圳读书月组委会、深圳市文体旅游局颁发的“第四批深圳市全民阅读示范项目”称号。

12月，“品读龙华”文化讲堂公益讲座邀请了多位专家学者在龙华文化艺术中心报告厅举办讲座，全年共办 20 场，涉及礼仪知识、说话的艺术、如何高效学习、医疗保健等多个内容，深受市民喜爱。

12 月，罗湖书城 2017 年共举办了 38 场“小橘灯童书会”，每场活动参加人数达 200 人，全年共计万余人。活动邀请了多位专业儿童绘本讲师与广大的家长及小朋友共享阅读的乐趣，分享亲子阅读的经验技巧等。活动以“专家引导、亲子共读、互动交流、快乐成长”为宗旨，通过“阅读 + 音乐、阅读 + 游戏、阅读 + 绘画”等多元化活动形式，营造生动、有趣的阅读氛围。

12 月，坪山区图书馆 2017 年共举办了 199 场少儿阅读活动，包括“周末故事会”、“我们的节日”系列故事会、“小翰林”成语时间、“小鲁班”手工时间、“周末剧场”等，活动形式丰富多彩，涵盖少儿手工、绘本阅读、成语知识、百科知识等领域内容。

12 月，坪山区图书馆全年共举办 53 场阅读活动，开展 12 场坪图读者沙龙活动，该活动以各行业专家、达人与读者进行互动、分享为主要形式，内容涵盖传统手工、旅游、布艺手工、汽车维修与保养、英语、文学等领域内容。

12 月，深圳读书会 2017 年联合深圳图书馆南书房、罗湖图书馆、深圳书城中心城、南山书城、宝安图书馆等场馆共举办了 126 场公益阅读分享，主题涵盖文学、哲学、国学、史学、管理、经济、教育、职场、旅行、生活等等，为广大书友和市民朋友提供了内容丰富、形式多样的文化活动，深受大家的喜爱。

12 月，深圳市大爱阳光儿童剧团承办的第四届深圳少儿国学文化艺术节在深港影视创意园和深圳少年儿童图书馆举行。活动邀请了国家一级演员、深圳朗诵家协会专家评委等 5 人，吸引了全市七个区的青少年儿童

5000人的关注及参与。活动以国学朗诵为重点参赛项目，加强全国少年儿童的思想道德建设，普及少儿国学知识，营造良好的读书环境，提升少儿国学艺术创作水平，促进国学的吸收、传承、发扬，让国学在新时代的少年儿童中蓬勃发展。

12月1日，“美好新时代”——第十八届深圳读书月经典诗文朗诵会在深圳广电集团举行。姚锡娟、温玉娟、吴庆捷、苏洋等知名朗诵艺术家对新时代从心至声全情表达，这也是深圳文艺界对祖国的献礼。今年朗诵会以诗歌诵读为载体，弘扬传统文化、抒发“黄土情结”、歌颂改革开放，体现新时代的新担当。朗诵会采用朗诵名家和中国民乐演奏家同台“对话”的表现形式。朗诵会由“诗意中国”“美丽中国”“开放的中国”“伟大新时代”4个篇章组成。

12月2日，第十八届深圳读书月总结分享暨温馨阅读夜启动仪式，在中心书城南区大台阶举行，市委常委、宣传部部长李小甘，副市长吴以环出席活动。李小甘表示，总结分享会意味着今年读书月即将圆满结束，但是，读书月在深圳永不落幕，每一天、每一周、每一年都是深圳市民阅读的好时光，深圳这座城市因阅读而受人尊重。据统计，本届读书月共吸引超过1000万人次参与。深圳读书论坛莫言专场获得本届读书月最具人气项目，吴以环为活动主办方深圳出版发行集团颁奖。本届温馨阅读夜以“今夜，我们与阅读有个不眠的约定”为主题，在中心书城通宵举行13场丰富多彩的文化活动。

12月2日，第十八届深圳读书月“年度十大好书”正式出炉。《癌症·新知》《上帝的手术刀》《草木深圳·郊野篇》《大森林》《驱魔》《未来镜像》《地球正义宣言——荒野法》《杂草记》《太阳底下的新鲜事：20世纪人与环境的全球互动》《奇点遗民》荣登2017“年度十大好书”榜单。

其中，《草木深圳·郊野篇》获得“年度推荐好书”；“年度致敬译者”奖项颁给作家刘宇昆；“年度致敬作者”为科幻作家韩松；“年度致敬出版人”：空缺；“年度致敬出版社/出版机构”为商务印书馆。

12月3日，由大鹏新区综合办公室主办的第二届“大鹏自然好书奖”在深圳书城中心城南区举行颁奖仪式，揭晓年度“十大自然好书”。《征程》《第三极的馈赠》分别获得“年度华文原创奖”和“年度国际作品奖”；除大奖外，《海错图笔记》荣获年度传播奖、《假如海洋空荡荡》荣获年度思想奖、《香港方物志》荣获年度经典奖、《图案密码》荣获年度视觉奖、《像山一样思考》荣获年度关怀奖，同时《北京路亚记》荣获年度博物奖、《醉酒的植物学家》荣获年度生活奖、《鲸背月色》荣获年度自然文学奖。

12月6日，《深圳青少年报》社、《特区教育》杂志社继续联合主办“南山区第二届教师读书笔记征文”活动。征文分幼儿园、小学和中学三个组别，共收到全区近100所校园优秀征文459篇。最终每个组别各评选出一等奖5名、二等奖10名、三等奖15名，幼儿园、小学各评选出优秀奖30名，中学评选出优秀奖20名。采编团队对活动中获奖的读书笔记征文作品进行精选，编辑出版《南山教师读书笔记》专刊。

12月8日，第三届“晨星”科幻文学奖暨第二届“晨星”科幻美术奖颁奖典礼在深圳图书馆五楼主题报告厅举行。本届“晨星”科幻文学奖共收到投稿文学作品497部，其中微科幻154部，短篇173部，中篇69部，长篇65部，剧本36部。经过评审委员会评分、结合网络投票，灰狐的《全城高考》、太初有七的《孤岛余欢》、奇葩革命的《人形囚牢》、康乃馨的《海莲花》和灰狐的《火车火车》分别获得最佳中篇小说奖、最佳短篇小说、最佳微科幻、最佳原创科幻剧本和最佳科幻微电影剧本五大奖项，最佳长篇小说奖和晋康奖空缺。著名科幻作家王晋康、吴岩、陈楸帆、宝树、阿缺，微像文化 CEO 张译文等嘉宾为获奖作者颁发了奖杯及获奖证书。

12 月 13 日，由海天出版社出版的著名作家邓一光作品《你可以让百合生长》荣获第十届广东省鲁迅文学艺术奖（文学类）。

12 月 15 日，市总工会印发〔2017〕59 号文《关于第十一届“深圳十大书香企业”“十大读书成才职工”评选结果的通报》，深圳地铁集团有限公司运营总部等 10 家企业获得“深圳十大书香企业”，左忠强等 10 人获得“深圳十大读书成才职工”称号。

12 月 21 日，由广东省委宣传部主办、广东新周刊杂志社承办、广州图书馆协办的 2017“书香岭南·最美悦读”评选结果发布活动在广州图书馆举行。海天出版社《草木深圳·郊野篇》获评“最美读物”。

12 月 29 日，第四届“深圳年度十大佳著”颁奖礼在深圳书城中心城举行。杨黎光的《大国商帮——承载近代中国转型之重的粤商群体》、梁二平的《海上丝绸之路 2000 年》、廖虹雷的《深圳风物志·风土人情卷》、杨争光的《杨争光：文字岁月》、涂俏的《袁庚传》、刘元举的《北人南相》、唐诗的《清秋笔记》、孙重人的《荒野行吟：美国自然文学之旅》、楼乘震的《铁骨柔情——当代文化人素描》、王振文的《岁月深处》十部非虚构文学类作品获评第四届“深圳年度十大佳著”，涵盖非虚构类的报告文学、传记文学、口述史、散文、随笔、科普、自然笔记及历史叙事图书等。

12 月 31 日，深圳少儿图书馆举办“爱您一生一世”优秀读者跨年联谊会，100 多个优秀读者家庭共聚跨年。

后记

《深圳全民阅读发展报告（深圳阅读蓝皮书）》自2016年4月份出版以来，得到了业界的高度肯定，我们深感欣慰。《深圳全民阅读发展报告2018》继续由深圳市全民阅读研究与推广中心（设在深圳出版发行集团）组织编辑，由海天出版社出版。

作为目前我国首部以城市为单元的阅读蓝皮书，本书以深圳2017年全民阅读活动为主线，邀请我市乃至全国阅读界专家、学者、阅读团体进行撰稿。全书由特稿、总报告、分报告、大事记等专题内容组成，涵盖全民阅读的新理念、新思路、阅读创新的实践过程、成效及对策建议等。我们期待本书能成为充分展示深圳全民阅读最新成果的平台，成为我市各区各系统、民间阅读组织以及兄弟省市的同行们学习交流的载体。

本书在编写过程中得到了国务院参事室、中国出版协会、南京大学，中共深圳市委宣传部、深圳市文体旅游局、深圳市社科院、深圳图书馆、深圳市爱阅基金会等单位的大力支持。王京生、李小甘、邬书林、徐雁等领导和学者，杨立青、熊德昌、魏甫华、蔡箐等阅读文化界专家以及来自美国哈佛大学、美国麻省理工学院的教授、博士研究生等积极出谋划策，提供稿件。特别是王京生参事、李小甘部长、邬书林常务副理事长、徐雁教授在百忙之中抽出时间为本书撰稿，令我们尤为感动，深受鼓舞。在此，向各相关单位和个人表示衷心的感谢！

当前，推动全民阅读已成为国家文化战略的重要内容和全社会的共识。2012年，党的十八大报告提出“开展全民阅读活动”，自2014年以来，全民阅读连续5次写入政府工作报告，充分体现了党和政府对全民阅读工作高度重视，各项具体措施也有条不紊地持续推进，全民阅读工作迈上了新台阶。深圳作为“全球全民阅读典范城市”，不仅应在阅读推广层面继续开展丰富的实践，还需对全民阅读活动进行系统的总结，开展阅读相关理论研究。只有在实践总结的基础上，在先进理论的指导下，深圳全民阅读活动才能持久、深入、健康地开展，活动的内涵和质量才能进一步丰富和提升，才有可能提供有全国借鉴意义的“全民阅读深圳模式”，保持深圳在全民阅读领域的先进性。

2018年是贯彻党的十九大精神的开局之年，深圳全民阅读工作要以习近平新时代中国特色社会主义思想为指导，实现更大突破和更新的发展。希望这本阅读蓝皮书的出版，能进一步推动深圳全民阅读迈向新的高度，发挥更大的影响力，使更多的人能够分享阅读的红利。

深圳市全民阅读研究与推广中心

2018年4月